Theodor Wolff

»Es ist im Grunde eine schöne Zeit«

Theodor Wolff mit seinen drei Kindern auf dem Balkon (undatiert)

Theodor Wolff

»*Es ist im Grunde eine schöne Zeit*«

Vater-Tagebuch 1906–1913
Mit ausgewählten Dokumenten

Herausgegeben von
Bernd Sösemann

WALLSTEIN VERLAG

Inhalt

Vorwort

Über den Chefredakteur, Schriftsteller und Parteigründer Theodor Wolff (1868-1943) ist vielfach geforscht worden. Seine umfangreichen Tagebücher und historischen Schriften sind über die Geschichtswissenschaften hinaus bekannt. Aber die Bemühungen der Biographen, auch die privaten, die familiären Verhältnisse zu erfassen, mussten scheitern, weil sich bislang dazu keine historischen Zeugnisse hatten auffinden lassen. Jetzt hellen Tagebuchnotizen das Dunkel ein wenig auf: Das Leben mit seiner Ehefrau Aenne Wolff und die ersten Jahre ihrer drei Kinder schildert der begeisterte Vater darin liebevoll. »Du bist heute zwei Tage alt«, wendet er sich an seinen Erstgeborenen, »deine Anwesenheit macht sich mehr und mehr bemerkbar und ich fühle das Bedürfnis, mich mit dir zu unterhalten«. Von der Existenz dieses Dokuments ahnte nicht einmal der jüngere Sohn, Rudolf Wolff, etwas, über dessen frühe Kindheit der Vater ebenso berichtet wie über die ersten Lebensjahre seines älteren Bruders Richard und seiner Schwester Lilly. Das Heft befand sich auch nicht unter den nachgelassenen Papieren, die das Bundesarchiv in Koblenz in den 1980er Jahren erhielt. Die 1906 begonnenen, bis 1913 reichenden und erst kürzlich entdeckten diaristischen Aufzeichnungen werden hier erstmals vollständig veröffentlicht. Sie werden um Korrespondenzen der Familie Wolff mit Verwandten und Freunden ergänzt und erweitert durch einige Beiträge Theodor Wolffs und eine reiche Sammlung von Fotografien.

Auf die Spur von Theodor Wolffs »Vater-Tagebuch« brachte mich der freundliche Hinweis von Frau Dr. Angela Reinthal, Universität Freiburg im Breisgau. Im Deutschen Tagebucharchiv Emmendingen war sie bei ihren wissenschaftlichen Studien und editorischen Recherchen auf eine Abschrift der Handschrift gestoßen. Niemand vermochte ihr jedoch zu sagen, wo sich die Vorlage befand und ob das Original überhaupt noch existierte. Frau Reinthal bin ich sehr dankbar, dass sie mich damals umgehend informierte und dabei die Vermutung äußerte, die Autographe könnte im Geheimen Staatsarchiv Preußischer Kulturbesitz, Berlin-Dahlem, aufbewahrt sein. Dort liefen zwar meine Nachforschungen ins Leere, aber die fortgesetzte Suche endete schließlich mit dem Fund des Originals in der

Handschriftenabteilung der Staatsbibliothek zu Berlin. Es freut mich sehr, dass sich Frau Reinthals Engagement für diese Veröffentlichung auch in ihrem Essay widerspiegelt.

Der Weg der Niederschriften vom Schreibtisch Theodor Wolffs im Kaiserreich durch die Jahrzehnte von Revolution, Demokratie und Diktatur bis hin zur Bundesrepublik Deutschland liegt weitgehend im Dunkeln. Im Anhang findet sich das karge Ergebnis der langwierigen Bemühungen, wenigstens Teile der Überlieferungsgeschichte zu rekonstruieren. Die Kommentierungsarbeiten führten zu etlichen der Dokumente, Korrespondenzen und Fotografien, die den Tagebuchtext ergänzen und perspektivisch erweitern. Diese persönlichen Zeugnisse gestatten einen vertraulich-tiefgehenden Einblick in das Ehe-, Familien- und Freundesleben. Die Großfamilie tritt in Erscheinung, der Kreis der Freunde und Bekannten wird sichtbar, und auch die wiederholt scheiternden Versuche Theodor Wolffs, in seinem Leben neben der Zeitung und der Familie auch noch die Muße für ein ganz persönliches, an seine Kinder gerichtetes Tagebuch zu finden, werden offenbar.

Aenne schreibt ihrem Theodor mitunter täglich aus den Urlaubsorten in den Niederlanden, an der Ostsee oder aus den Bergen, sodass der an die Redaktion des *Berliner Tageblatt* gefesselte Chefredakteur seine geringere Brieffrequenz schließlich durch Telegramme ergänzt. Stärker als die zumeist knappen Briefe vermitteln die Tagesnotizen einen Eindruck von Theodor Wolffs schriftstellerischer und redaktioneller Tätigkeit, von dem Umgang des Chefredakteurs mit seinem Verleger und enthüllen, wie schwer es ihm fiel, von Paris nach Berlin umzuziehen und »die lachende Schönheit mit der tristesten Alltäglichkeit, die Luft der Freiheit mit der nüchternen Atmosphäre preussischer Ordnung« zu tauschen. Da Theodor Wolff diese privaten Niederschriften gewohnt elegant formuliert hat, bieten sie auch demjenigen ein sprachlich-stilistisches Lesevergnügen, der sich ihnen jenseits wissenschaftlicher Absichten nähert.

»Denke nicht«, versichert der junge Vater dem Erstgeborenen, »dass ich dir gute Lehren erteilen und dir von deinen Pflichten und aehnlichen Dingen sprechen will – du würdest dieses Buch vermutlich nicht weiter lesen und die schöne Harmonie könnte leiden, wenn einer von uns beiden den Pädagogen spielen wollte.«

Die dreiteilige Einführung dieses Buches bietet zuerst einen Überblick über die wichtigsten Stationen im Leben Theodor Wolffs vor dem Ersten Weltkrieg. Es sind die Jahre im Elternhaus und in der Schule, als Auslandskorrespondent und Chefredakteur des *Berliner Tageblatts* sowie die Zeit der jungen Familie, wie sie sich in den edierten Dokumenten spiegelt. Im zweiten Abschnitt treten die Personen auf, die im Vater-Tagebuch und in den Briefen erwähnt werden. Im Mittelpunkt stehen die beiden eng miteinander verwandten Familien Wolff und Mosse, ihre Freunde und Bekannten, einige ihrer Geschäftspartner und das Personal. Hinweise auf Eigenheiten, Querelen, Verdienste und Trivia beleben die eher trockenen genealogischen und biographischen Erläuterungen. Der abschließende Teil skizziert den beruflichen und privaten Lebensweg Theodor Wolffs vom Ersten Weltkrieg bis zur erzwungenen Auswanderung und zu seinem Tod im Gewahrsam der Gestapo. In allen drei Durchgängen kommt Theodor Wolff in ausführlichen Zitaten erzählend, berichtend und kommentierend selbst zu Wort.

Frau Dr. Isabelle Mossong, Frau Dr. Angela Reinthal und Frau Barbara Wolff danke ich ebenso für die freundlich gewährte Unterstützung meiner Bemühungen wie den Archiven und Bibliotheken in Berlin, Darmstadt, Düsseldorf, Emmendingen, Hannover, Koblenz und München sowie den Herren Ludwig Müller-Zetzsche, Niels Schaefer, Stephan Schurr und Till Stüber. Frau Ina Lorenz vom Wallstein Verlag hat das Lektorat auf eine so angenehme Weise umsichtig, ideen- und anregungsreich betreut, dass ich auch ihr herzlich danken möchte. Dem Bundesverband Deutscher Zeitungsverleger, Berlin, und insbesondere der Stiftung Presse-Haus NRZ mit ihrem Geschäftsführer Heinrich Meyer, Mitglied des Kuratoriums für den Journalistenpreis der deutschen Tageszeitungen, Theodor-Wolff-Preis, ist die finanzielle Förderung auch dieser Publikation zu Leben und Werk Theodor Wolffs zu verdanken, die an den 150. Geburtstag (2. August) und 75. Todestag (23. September) erinnern soll.

Bernd Sösemann, Berlin 2018
25 Jahre nach dem Tod meines Freundes Rudolf Wolff

»Damit du beim Lesen dieser Zeilen
nicht auf irrige Gedanken kommst«

(Theodor Wolff im Vater-Tagebuch, 16. Juni 1906)

BERND SÖSEMANN

Einführung

Theodor Wolffs Welt war die der Sprache, des geschliffenen Wortes. Seine »zweite Heimat« war die Redaktion des *Berliner Tageblatts* mit Stehpult und Telefon, sein bevorzugtes Handwerkszeug der Bleistift und die Zigarette im Mundwinkel sein Accessoire. Aus allen Lebensabschnitten sind Texte erhalten. Anfangs schrieb er für die Schülerzeitung seines Gymnasiums und später – ohne das Abitur erreicht zu haben – Literaturkritiken und Reiseberichte für das Feuilleton im *Berliner Tageblatt* des Verlegers Rudolf Mosse. Der Schriftsteller und Literaturkritiker Leonhard Adelt urteilte im Berliner *Literarischen Echo*:

> Diese Feuilletons schrieb ein Kosmopolit, der seine Spaziergänge von Göteborg bis Tunis, von London bis Konstantinopel auszudehnen gewohnt ist; schrieb ein Publizist, der auf den Botschafterposten seiner Zeitung die großen und die kleinen Schicksale der Nationen miterlebt hat, ohne darüber die Objektivität des Zuschauers einzubüßen: ein Politiker, der sich für kargbemessene Wochen den Staatsaktionen der Tagesgeschichte in der Verkleidung des harmlosen Ferienreisenden entzieht (Bd. 13, 1910/11, Sp. 794).

»Mosses junger Mann« machte von 1894 bis 1906 Furore mit brillanten Korrespondentenberichten aus Paris über Politik, Gesellschaft, Literatur, Oper und besonders häufig über Theateraufführungen. Die Berliner Redaktion richtete alsbald eine ständige Rubrik »Notizen über Pariser Theater« ein, in der man Selbstbewusstes und Originelles lesen konnte:

> Die Art der Réjane zu erklären, ist nicht ganz leicht. Diese Frau ist eine von jenen seltenen Künstlerinnen, die an jedem Nerv und an jedem Glied Künstlerin sind. Man hat oft darüber debattiert, ob die Kopfschauspieler über die Temperamentsschauspieler zu stellen seien, oder umgekehrt. Künstlerinnen wie die Réjane zeigen, wie die Frage einzig zu lösen ist, sie zeigen die Höhe der Kunst: Der ganze Körper, der ganze Geist, das ganze Wesen ist

Eins, nur Eins, und das alles gehorcht einem Willen oder Instinkt. Ich möchte den Künstler sehen, der herausbekäme, ob die Réjane eine Kopf- oder Temperamentsschauspielerin ist! Es scheint alles an ihr unendlich ausdrucksvoll, aber besonders die Hände. Die Réjane hat die beredtesten Hände, die ich mein Lebtag gesehen. Diese Hände leben fortwährend, und sie drücken nacheinander die ganze Skala der Empfindungen aus (BT, 16.2.1895).

Die nicht minder engagierte Berichterstattung über die skandalösen Dreyfus-Prozesse und Emile Zolas Verdammung von Antisemitismus und Rechtsbeugung *(»J'accuse!«)* steigerten das Interesse an den Morgen-, Mittags-, Abend- und Reichsausgaben des *Berliner Tageblatts*. Unter dem Kürzel »T.W.« fesselte er seine Leser mit einer scharfsinnigen Kritik der Urteilsfindung und mit der Erzählung über die von ihm miterlebte erschütternde Degradierung des Hauptmanns Dreyfus. Er zweifelte die offizielle Darstellung an: Alles deute auf die Unschuld des Offiziers hin, das Kriegsgerichtsverfahren sei formal und inhaltlich höchst bedenklich verlaufen, und die Regierung habe sich umgehend zu bemühen, die Zweifel am Urteil zu beseitigen, und gegen die antisemitischen Rufe »Tod den Juden. Plündert die Juden!« vorzugehen (BT, 21.2.1898).
    Die nationalen Blätter in Deutschland und der größere Teil der französischen und britischen Presse teilten Theodor Wolffs Ansichten nicht und warfen ihm eine unbedachte Einmischung in die französische Innen- und Justizpolitik vor. Dreyfus werde zum »verhätschelten Sorgenkind« der Liberalen stilisiert und mit ihm die republikanische Regierungsform verherrlicht. Diese Vorwürfe begleiteten zumeist antisemitische Töne. Wenige Zeitungen urteilten ähnlich wie Theodor Wolff. Zu ihnen zählten die Wiener *Neue Freie Presse*, die der Begründer der zionistischen Bewegung Theodor Herzl in Frankreich vertrat, die *Vossische Zeitung* mit ihrem Pariser Vertreter Max Nordau und die *Frankfurter Zeitung* mit ihrem Pariser Korrespondenten Paul Goldmann. Außerdem ergriffen die *Berliner Morgen-Zeitung*, die *Berliner Volks-Zeitung* und der sozialdemokratische *Vorwärts* für Dreyfus Partei. Doch sogar Herzls Redaktion zügelte ihn wiederholt, weil sie das Thema Antisemitismus differenzierter behandelt zu sehen wünschte. Empört über ein allgemein vermutetes Abwiegeln vermerkte Herzl in seinem Tagebuch über Theodor Wolff:

Gestern mit dem kleinen Wolff diniert. [...] Er findet den Antisemitismus (in Deutschland) nicht so arg. Der vornehme Preuße
sei überhaupt kein Antisemit, der fühle sich bürgerlichen Chris-
ten wie Juden gleichsam überlegen (Zionistisches Tagebuch,
5.7.1895).

Theodor Wolff ging es in der Dreyfus-Zola-Berichterstattung um
vier Hauptziele. Die Verteidigung liberaler und demokratischer
Grundsätze gegen religiösen Fanatismus und die Förderung der
Einsicht, wie absurd die Übertragung militärischer Denk- und Ver-
haltenskategorien auf das zivile Leben sei. Er betonte weiterhin,
dass sich Staat und Gesellschaft eine sozial- und wirtschaftspoliti-
sche Reformfähigkeit dauerhaft erhalten müssten, um der Arroganz der politischen Macht etwas entgegensetzen zu können, und
wie notwendig eine unermüdliche Aufklärung über die »terroris-
tische Macht der Skandalpresse« sei. Diese publizistische Fehl-
entwicklung attackierte er scharf (Sösemann, Wolff, S. 67):

Sie [die Skandalpresse] ist hervorgegangen aus dieser Diskrediti-
rung und diesem Sündenfall der opportunistischen Bourgeoisie.
Von jeher hat Frankreich diese Erpresser- und Verleumderblätter
gekannt – sie denunzirten unter Marats Leitung die ›Feinde des
Vaterlandes‹, sie wühlten unter dem Julikönigthum allen Schmutz
der Gossen auf, sie waren, wie ein republikanischer Geschichts-
schreiber sagt, unter der zweiten Republik »von wahren Kanni-
balen redigirt«. Aber sie waren nie zahlreicher und nie mächtiger
als heute. Was ihnen ihre Macht gab, war eben, daß ihr Treiben
einen Augenblick lang berechtigt schien. Alles, was die Kloaken
von Paris an Raubgesindel ausspeien, und was die Waffen der
Bedrohung und Erpressung für bequemer und einträglicher hält
als ein Dolchmesser oder einen Dietrich, wirft sich auf diesen
Journalismus. Ein journalistisches Zuhälterthum rast johlend,
berauscht durch den Schrecken, den es verbreitet, über den
öffentlichen Markt. Und während die Bedrohten zittern, reibt
sich das große Publikum schadenfroh die Hände und sagt: »Es
geschieht ihnen ganz recht!«

Der Mosse Verlag zahlte Theodor Wolff ein festes Gehalt von vermutlich mehr als 7000 Reichsmark. Außerdem hatte er von seinem
Vater rund 100.000 Reichsmark geerbt, sodass er sich eine eigene

Wohnung im achten Arrondissement, am Boulevard Haussmann Nr. 46, gegenüber dem damals schon ungewöhnlich großen Kaufhaus »Printemps«, leisten konnte. Sie lag in der oberen, lichtdurchfluteten Etage und verfügte über einen so großen Salon, dass er seine Geschäftspartner wie die Verleger Albert Ahn und Albert Langen dorthin einlud. Unter seinen Gästen waren u. a. die Schriftsteller Frank Wedekind, Knut Hamsun, Anatole France, Alfred Capus, Georges Porto-Riche, Paul Bourget, Ernest Lavisse und George Clemenceau. Hier und auch nach seinem Umzug in das Haus Nr. 53 pflegte er Freundschaften mit Malern, Graphikern und Karikaturisten wie Auguste Renoir, Camille Pissarro, Eugène Carrière, Charles Léandre, Frits Thaulow oder mit Théophile Alexandre Steinlen. Zu seinen Soirées kamen Bildhauer wie Rupert Carabin oder Auguste Rodin. Hier feierte er und stritt sich mit den journalistischen Kollegen Paul Goldmann, Gustave Rouanet oder André Tardieu, dem späteren Ministerpräsidenten. Schauspielerinnen wie Sarah Bernhardt, Yvette Guilbert oder Gabrielle Réjane verkehrten in seiner Wohnung. Von Picasso und Léandre erhielt er Bilder, von Rodin Widmungen auf Photographien (»Éternel Idole«). George Bernhard Shaw, Emile Zola oder Anatol France eigneten ihm Roman- und Gedichtausgaben zu.

In Paris nahm er mit großem Interesse die Gründung der Gesellschaft »Théâtre Libre« wahr. Sie veranstaltete unter der Leitung von André Antoine in privat gemieteten Räumen Aufführungen, die unter dem Verdikt der Zensur standen. Beeindruckt von dem Mut, den Inszenierungen und ihrer öffentlichen Wirkung, übertrug Theodor Wolff zusammen mit Otto Brahm, Samuel Fischer, Maximilian Harden, Julius Hart, Paul Lindau und Paul Schlenther – so der prominente Kreis der Gründer der »Freien Bühne« – die Idee, Konzeption und Organisationsstruktur auf Berlin. Zu den großen Erfolgen des Vereins zählte die private Erstaufführung von Gerhart Hauptmanns Drama *Vor Sonnenaufgang*. Die Inszenierung und der »stärkste deutsche Dramatiker seit der klassischen Periode«, notierte Theodor Wolff, hätten einen von »demonstrativen Beifallsstürmen und Protestgeschrei« begleiteten Tumult hervorgerufen, als die Wöchnerin auf der Bühne in den Wehen lag (Bröhan, Wolff, S. 160).

Einige der Romane und Essay-Sammlungen von Theodor Wolff fanden so viele Leser, dass die Verlage sich zu zweiten Auflagen oder Neudrucken entschlossen. Ihm glückten auch einige Theaterstücke, die in Kopenhagen, Berlin und Wien aufgeführt wurden, andere scheiterten oder blieben gänzlich unveröffentlicht. Die Verlagsbuchhandlung G. Grothe in Berlin ging nicht auf seinen Vorschlag ein, die drei Romane *Der Heide*, *Die Sünder* und der *Untergang* neu aufzulegen, da sie »doch sehr Kinder ihrer Zeit« seien (Sammlung Wolff, 4.7.1900). Anlässlich der Aufführung seines Dramas *Die Königin* korrespondierte das Ehepaar Wolff über Inszenierungs- und Besetzungsschwierigkeiten. Nicht selten hatte Theodor Wolff gleichzeitig einen erhebenden wie dann auch niederschmetternden Bewertungs-Spagat der Literatur- und Theaterkritiker erleiden müssen.

> Das ist das Stück Theodor Wolffs, das uns durch seine kraftvoll entwickelte Szenenreihe wie durch seine schöne, gedankenvolle und bilderreiche Diktion in gleichem Maße fesselt. Die Begebenheit, in der uns das Schicksal der Königin entwickelt wird, mag frei erfunden sein, doch der Charakter in seiner unheilvollen Färbung ist packend und überzeugend geschildert

lobte Hugo Klein im »Hausblatt« *BT*, Friedrich Schütz in der Wiener *Neuen Freien Presse*:

> Es ist ein eigenartiges, kühnes Werk, kühn in der Art, seine Charakteristik ohne ernstere historische Prüfung nur aus der pamphletartigen Tagesliteratur des vorigen Jahrhunderts zu holen, kühn in dem Wechsel seiner Stimmungen und dem Versuche, die Ereignisse von Jahrzehnten in drei Schauspielakten zusammenzudrängen, kühn endlich in den Wendungen des mit starkem Talent geführten Dialogs.

Und der Kritiker des *Pester Lloyd* vermerkt: »Es ist das Werk eines Talents, das uns gewiß noch beschäftigen wird«. Die Berliner Konkurrenz, die *Vossische Zeitung*, gestand ein: »Ein eigenartiges, durch einen knappen, fein ausgearbeiteten, geistreichen Dialog, sowie durch eine nicht gewöhnliche Charakterisirungkunst ausgezeichnetes Werk« (alle am 18. bzw. 19.4.1899).

In Wien kam es bei der Erstaufführung am 16. April 1899 zu einem Skandal. Die Inszenierung, eine »Märchenmaskerade«, habe das Stück »ziemlich entstellt«. Theaterbesucher, die sich durch das Stück »in ihrer Habsburgischen Pietät gekränkt« sahen, hätten ihn, als er sich wie »ein rettender Lotse im Sturm« auf die Bühne gewagt habe, ausgepfiffen. Zu einem gnadenlosen Verriss setzte überdies Karl Kraus in der Fackel an:

> Das Publicum des ›Deutschen Volkstheaters‹ hat sich kürzlich nicht mit Unrecht gegen die Zumuthungen des Herrn Theodor Wolff zu Wehr gesetzt. Gedankenärmeres als das Märchenspiel »Die Königin« ist selbst an dieser Stätte bisher nicht geboten worden. Der Pariser Correspondent des »Berliner Tageblatts« breitet seine Geschichtsauffassung umständlich vor uns aus und entwickelt an der französischen Vorrevolutionszeit, die er zu schildern unternimmt, eine Romantik, die dem Gefühlskreise des Berliner Banquierviertels entsprossen scheint (1, 1899/1900, Nr. 3, S. 27-28).

Theodor Wolff übersetzte in jenen Jahren Komödien des Boulevards aus dem Französischen, konzipierte ein Drehbuch, schrieb Gedichte, verfasste Romane und Erzählungen. Er schätzte die zwölf Jahre in der »Ville lumière« als »die schönsten unter allen, auf die ich zurückblicken kann«. Das Frankreich vor dem Großen Krieg bot ihm offensichtlich politisch, gesellschaftlich, kulturell und intellektuell ungleich mehr an Lebensqualität als das Deutsche Reich, Skandinavien und die von ihm bereisten Länder rings ums Mittelmeer. Den Berlinern zeichnete er ein kritisches Bild ihrer Stadt im Vergleich zu der französischen Metropole, ohne dabei die liebenswürdigen Züge zu übersehen, die der Stadt an der Spree auf dem Weg zur Reichshauptstadt nicht fehlten.

> Der männliche Berliner ist hoch zu Rad geblieben, wie er war, als er noch beschaulich zu Fuße ging. Er giebt nichts auf den äußeren Glanz. Von dem eleganten Chic des Pariser Radlers weiß er nichts, und er will auch nichts davon wissen. Er thut dergleichen lächelnd mit dem Worte »Gigerl« ab. Er behält seine Alltagshose an, wenn er auf das Rad steigt. Und es ist noch der beste Fall, wenn er seine Hose anbehält […] Denn auf den Sportplätzen, die jetzt in Berlin und rund um Berlin so zahlreich sich aufgethan haben, scheint es Mode zu werden, daß man ohne Hosen fährt, oder doch mit Hosen, die kaum diesen Namen verdienen und das muskulöse Bein sehen lassen – nackt wie die Potsdamer Straße, der man ihren grünen Jungfernkranz abgenommen hat (*BT*, 1.11.1897).

In der Pariser Zeit entschied sich Theodor Wolff schließlich für den Journalismus und gegen eine Zukunft als Literat und Dramatiker. Das geschah trotz des großen Lobes für seinen Essay zu *Niels Lyhne* vom alten Theodor Fontane, mit dem er über Romantik, Realismus und Naturalismus in der Literatur korrespondiert hatte. Der Verzicht auf weitere »jugendliche Ikarusflüge« und die daraus auch resultierende Abkehr vom Theater fiel Theodor Wolff besonders schwer. Hatte doch Gerhart Hauptmann über das Theaterstück *Niemand weiß es* so enthusiastisch geurteilt, dass der Gefeierte die Worte empfing wie einen Siegespreis im antiken Theater:

> »Ihr schönes Kunstwerk ist mir zum Wertbesitz geworden. Es ist voller Innigkeit, Glanz, Traum und Inbrunst – fein und reich. – Es ist seit langem keine so seltene Blume aus deutschem Boden gewachsen. Wirklich, das geschaffen zu haben, muß Ihnen ein Glück sein und bleiben, wie es mir ein Glück und Stolz sein sollte, wenn ich sagen könnte: dies Stück ist mir gelungen« (Bröhan, Wolff, S. 208).

Den jungen Dramatiker erfreuten selbstverständlich die Inszenierungen von Max Reinhardt in den Berliner »Kammerspielen«, in denen *Die Königin* mit Tilla Durieux in einer längeren Reihe von Abenden gegeben wurde, und es verlockten ihn die Voraussagen einiger Kritiker über eine erfolgreiche Zukunft. Aber er sah ein, dass er wohl »keinen Anspruch auf eine schmale Zeile in der Theatergeschichte haben« würde.

Theodor Wolff haben die Erfahrungen mit den Stärken des Parlamentarismus und den Parteien, aber auch mit den Schwächen und Gefährdungen des französischen politischen Systems nachhaltig geprägt. Denn trotz seiner gegenteiligen Bewertungen während der Dreyfus-Ära hielt er die Franzosen für ein Volk, das »von unten herauf« demokratisch sei und, wenn auch im zeitweiligen Gegensatz zu seinen Regierungen, über einen tief verwurzelten Sinn für Liberté und besonders für Egalité verfüge.

> Das politische Leben in Frankreich hat sich bis zum Ausbruch des Weltkrieges weit mehr auf der öffentlichen Bühne abgespielt als das Leben der Deutschen, und während sich bei uns die Dinge auf glattem, gut eingezäuntem Rasen verhältnismäßig einfach abwickelten, gab es in den ersten vierzig Jahren der französischen

Republik jene dramatischen Höhepunkte, auf denen sich das Gute und das Schlechte entladen und jeder erst wirklich seine Seele zeigt. [...] Gerade weil diese beiden Völker, Franzosen und Deutsche, so wenig einander gleichen, ergänzen sie sich, können sie viel voneinander lernen. Mögen die Diplomaten ihnen Zeit gönnen, sich auszusprechen. Wenn es schön sein mag, Geschichte zu machen – Kulturgeschichte zu machen ist schöner (Wolff, Beziehungen, S. 148).

1905 offerierte Rudolf Mosse seinem Frankreich-Korrespondenten die Übernahme der Leitung des *Berliner Tageblatts* im folgenden Jahr. Das Angebot war großartig, lebensentscheidend und karrierefördernd. Wie schwer es ihm dennoch fiel, dem Ruf an die Spitze einer bedeutenden Zeitung zu folgen, mit seiner kleinen Familie Paris und das Land zu verlassen, »in dem wir so unendlich glücklich waren, in dem wir die schönsten Jahre unseres Lebens verbracht, in dem wir die Sonne, die Freiheit und die Heiterkeit des Daseins gefunden« hatten, wird erst jetzt bekannt (Vater-Tagebuch, 15.10.1906). Erstmals ist darüber etwas in persönlichen Aufzeichnungen von Theodor Wolff zu erfahren, die er nach der Geburt seines ältesten Sohnes Richard niedergeschrieben hat. Das Diarium trägt den Titel »Meines Sohnes Tagebuch«. In das erste Jahr dieses Vater-Tagebuchs fällt also der Abschiedsschmerz des Ehepaares. Hatten doch so zahlreiche und intensive Freundschaften mit Künstlern und Literaten ihr Leben an der Seine bestimmt, dass die Entscheidung, die großartige Offerte anzunehmen, erst nach Tagen fiel.

Nach einer erstaunlich kurzen Eingewöhnungszeit beeindruckte der mit 38 Jahren jüngste Chefredakteur »tout Berlin« mit seinen essayartigen politischen Leitartikeln, die zwei Drittel der Titelseite und eine weitere Spalte der Seite zwei einnehmen konnten. Zunehmend wuchs seine Bekanntheit auch überregional. Rudolf Mosse ließ in seinen Werbeanzeigen und auf Plakaten stolz die Zahl von 105.000 Abonnenten verkünden, die sechs Beilagen und die ebenfalls in dichter Folge erscheinende *Juristische, Literarische* und *Familien-Rundschau* nennen, das *Sportblatt*, die *Reise-, Bäder-* und *Touristen-Zeitung* sowie die *Parlamentsausgabe*. Das *Berliner Tageblatt* fand weitere neue Leser im Deutschen Reich und im Ausland, wurde zu einer einflussreichen publizistischen Stimme weltweit. Den Wilhelminismus attackierte Theodor Wolff wegen seines Militarismus, Kaiser Wilhelm II. wegen seiner oftmals unverantwortlichen Reden in der Öffentlichkeit und Preußen nicht zuletzt wegen des Dreiklassenwahlrechts und der Arroganz der Junker. Er überreichte Kaiser Wilhelm II. nie die viel zitierten Rosen »aus den Gärten von Byzanz«. Diese Blumen erhielt der Monarch in vollen Bouquets von seinen Paladinen, glückstrahlenden Trägern des Roten Adlerordens Vierter Klasse und von »schweifwedelnden Spalierenthusiasten« (BT, 9.1.1918). Zu dieser Gruppe gehörten aber auch Professoren wie Adolph Harnack, Mitglied der Preußischen Akademie der Wissenschaften und Präsident der Kaiser-Wilhelm-Gesellschaft zur Förderung der Wissenschaften. Hinter den Fehlern der Reichskanzler und der Staatssekretäre sah Theodor Wolff ebenso wie hinter den rhetorischen Fehlleistungen des Kaisers vorrangig nicht individuelles Unvermögen oder persönliche Hybris, sondern vielmehr die Konsequenzen aus der strukturellen Rückständigkeit des deutschen Verfassungs- und Regierungssystems. Er warb für die Ausweitung der politischen Rechte der Bürger, für eine konsequente Parlamentarisierung und eine maßvoll voranzutreibende Demokratisierung. Seine Plädoyers für eine Verständigungspolitik des Reiches mit seinen Nachbarn, insbesondere in den sich verstärkenden krisenreichen Entwicklungen mit Frankreich und Großbritannien, formulierte er entschiedener, als sich Österreich auf dem Balkan in unverantwortlicher Weise in Konflikte verstrickte. Deshalb fiel sein Urteil über die Entente cordiale schonungslos negativ aus für den verantwortlichen Staatsmann in Deutschland, für Bernhard Fürst von Bülow, dessen schönfärberische Reichstagsreden er bloßstellte. Als aber nach dem Zusammenbruch des Wilhelminismus im November 1918 und der Flucht des Kaisers die Kritik am Monarchen wohlfeil war und sie in erster Linie oder sogar ausschließlich Wilhelm II. traf, bemühte sich Theodor Wolff auch in den revolutionären Wirren um ein gerechtes Urteil.

> Es wäre eine gewaltsame Ungerechtigkeit, zu behaupten, er habe alle Fehler selbst begangen, uns allein so weit gebracht. [...] Die Reden, die vielen Reden, kamen hinzu. Wilhelm II. war kein »Alldeutscher«, er ist von den Alldeutschen lange als ein friedliebender Schwächling angesehen worden, und er hat doch das alldeutsche Vokabularium abwechselnd bereichert und ausgeschöpft. [...] Er war nie der »Attila«, dessen blutgieriges, grau-

sames Bild die Ententepresse so rastlos malt. [...] Wilhelm II. war nicht der alleinige Urheber, aber der Repräsentant einer aberwitzig kurzsichtigen, die Kräfte und Ideen des Auslandes falsch einschätzenden Politik, und er war das Symbol einer Zeit und eines Geistes, der, in Machtbegehren und Selbstüberhebung, die Katastrophe herbeigeführt hat. Er mußte abdanken, auch wenn die Aufstandsbewegung im ganzen Lande nicht so brausend und unbezwingbar angeschwollen wäre, wie es niemand erwartet hat. Nur diejenigen sollten ihn heute nicht anklagen, die Hurra gerufen haben, als er ihnen »herrliche Zeiten« und, im August 1914, die glanzvollsten Siege versprach (BT, 9.9.1918).

Der ihm wohlgesinnte und finanziell gesicherte Verleger Rudolf Mosse garantierte ihm jederzeit und sogar im Ersten Weltkrieg gegenüber der immer wieder Erscheinungs- und Schreibverbote rigoros verhängenden Militärzensur die unabdingbare finanzielle, verlagsinterne Unabhängigkeit (Sösemann, Wolff, S.122f.). Als Rudolf Mosse starb, veröffentlichte Theodor Wolff am 13. September 1920 einen Nachruf und eine Selbstverpflichtung:

Die Kraft seiner Persönlichkeit und seines Willens und die ruhige Einfachheit seines Pflichtbewußtseins traten nie schöner hervor als in solchen schwierigen Stunden, wo abwechselnd der Militarismus und der aufgehetzte Nationalismus sich drohend gebärdeten und der Spartacismus wild und gewalttätig das in langen Mühen Aufgebaute an sich riß. [...] Die Fackel des Lebens, die stetig eine Generation der anderen reicht, ist nun auch seiner Hand entfallen. Wir wollen sie tragen, bis auch für uns die Ablösungsstunde kommen wird, und wir wollen dafür sorgen, daß jene andere Fackel, jene Fackel der Aufklärung und des Geisteskampfes, die er geschaffen hat, immer ein helles und reines Licht auf den Weg der Menschheit wirft (Wolff, Journalist, S.157f.).

*

Dem Nachlass von Theodor Wolff ist zu entnehmen, was der unermüdliche Schreiber plante und konzipierte. Dort finden sich neben privaten und beruflichen Schriftstücken, zeitgenössischen Dokumenten und Fotografien auch zahlreiche Tagebuchaufzeichnungen. Sie sind vollständig überliefert zum Ersten Weltkrieg und zu den Anfängen der Weimarer Republik oder in kleinen Fragmenten aus

weiteren Jahren. Es ließ sich jedoch keiner Nachlassnotiz, keinem
der in der Familie zirkulierenden Briefe entnehmen, dass Theodor
Wolff anlässlich der Geburt seiner Kinder jemals ein Tagebuch verfasst hat. In keinem der übrigen Tagebücher, sondern ausschließlich
in diesen Notizen und in den aus den Urlaubsmonaten überlieferten
Briefen erlebt der Leser ihn als Vater und Ehemann. Dieses sehr
persönliche, um nicht zu schreiben intime Diarium und auch die
zeitlich parallel entstandenen Briefe aus dem hier edierten Jahr-
zehnt vor dem Ersten Weltkrieg sind voller Details, Namen und
Anspielungen, die dem ereignisfernen und familienunkundigen
Leser nicht geläufig sein können. Besonders unübersichtlich sind
die engen Beziehungen zwischen der Familie von Theodor Wolff
und der seines Cousins, des Verlegers Rudolf Mosse. Eine erste
Orientierung soll in drei Stufen erfolgen: mit einer Selbstdarstellung aus der Feder von Theodor Wolff, einem genealogischen Überblick und mit einer Skizzierung der wichtigeren Stationen seines
Lebens nach 1913/14.

Mein Vater [Adolph Wolff (1819-1893)] war als junger Mann
aus Schlesien gekommen, aus der Gegend von Grünberg [schle-
sisch; heute Zielona Góra], wo der sauerste Wein wächst, und wo
mein Großvater, der solche wenig respektierten Weinberge be-
saß, eine offenbar einträgliche Schnapsfabrikation betrieb. Die
Firma, die mein Vater in Berlin [nach 1870] gründete, verkaufte
»en gros« die geblümten Kattune, die damals bei den Berlinerin-
nen sehr beliebt waren, offenbar ein Nachklang der Mode aus der
sogenannten Biedermeierzeit. Er war mittelgroß, schlank, hatte
volles kastanienbraunes Haar und einen kleinen Backenbart, wie
unter Wilhelm I. die meisten Bürger – die österreichischen
Franz-Joseph-Backenbärte waren länger – und er trug immer
schwarze Anzüge, einen sorgfältig gebügelten Zylinderhut und
duldete, bis zu seiner Krankheit, sehr penibel und korrekt auch in
seinem Äußeren, kein Stäubchen auf seinem Rock. Noch weniger gab es auf seiner Rechtschaffenheit auch nur den kleinsten
Staubfleck, alles mußte bis auf den letzten Pfennig stimmen,
seine schöne, klare und kräftige Handschrift war der graphische
Ausdruck dieser kaufmännischen Solidität. So lange seine Gesundheit es ihm erlaubte, pflegte er am Nachmittag eine Stunde
in seinem Club zu verbringen, aber er war nur ein Zuschauer am

Spieltisch, er selber rührte keine Karte an. Sein religiöses Empfinden hielt sich nicht an rituelle Vorschriften, aber an den höchsten Feiertagen nahm er in der Synagoge seinen gemieteten Sitz ein und er fastete am Versöhnungstag. [...] Wenn ich von meinem Vater ein Pflichtgefühl geerbt habe, das freilich erst nach den Schuljahren erwachte, so ist sehr wahrscheinlich von meiner Mutter [Recha, 1839-1922] mancherlei anderes auf mich übergegangen. Sie war die Tochter eines hervorragenden Arztes [Dr. Davidsohn] in Danzig, der als wissenschaftliche Kapazität und als Mensch von außerordentlicher Verehrung und Liebe umgeben war. Ich habe ihn nicht mehr gekannt, aber in seinem »Stammbuch« – damals schrieben sich in solche Stammbücher die Herzen poetisch oder in Prosa ein – sah ich, daß viele große Mediziner und zahlreiche demokratische und liberale Politiker der Generation von 1848 ihn als Freund und Gesinnungsgenossen grüßten, unter anderen der tapfere Ostpreuße Johann Jacoby, der an Friedrich Wilhelm IV. die berühmten sträflichen Worte gerichtet hatte: »Es ist das Unglück der Könige, daß sie die Wahrheit nicht hören wollen« (Bröhan, Wolff, S. 114-116).

Über die Jugend seiner Mutter, ihre Liebe zur Lyrik und das Leben in Danzig erzählt Theodor Wolff noch einiges, nicht aber, dass er sie einmal hat überreden können, ihm zur Veröffentlichung in seiner Schulzeitschrift *Erste Waffengänge* ein gefühlvolles Gedicht zu überlassen.

Wenn man von seiner Mutter sagt, daß sie eine wundervolle Frau war, so ist das nur eine abgedroschene Gebetsformel an Gräbern, denn ist nicht im Gedächtnis ihrer Kinder fast jede Mutter die beste und jede wundervoll? Hohle Schaupuppen, Amüsierweiber, die keine Häuslichkeit kennen, natürlich ausgenommen. Ich rühme unsere Mutter nicht mit den Worten aus dem Lexikon der Liebe, das arm und durch den Gebrauch schäbig geworden ist. Es gibt Schätze, die man entwertet findet, wenn man sie zeigt. Alles läßt mich annehmen, daß meine Mutter als Mädchen in Danzig mit jungen Menschen verkehrte, die wie sie selbst ein reges Interesse für Poesie hatten, und genau weiß ich, daß sie mit dem Dichter Johannes Trojan befreundet war, der in Deutschland sehr populär wurde und die Frauen und den Wein besang. [...] Sie war durchaus keine »geistreiche« Frau, sie paradierte nicht in der Konversation, sie hatte für die Beurteilung der Dinge und Menschen nur die Wärme ihres Herzens und den geraden, helläugigen Verstand. Ihre Ehe, niemals durch ernste Uneinigkeit getrübt, war nicht unter den Blütenzweigen der Jugendromantik geschlossen, eine feine, nur für sie vernehmbare Melodie stellte sich manchmal ein, durch ihre Seele zog ein erinnernder Ton, der aus den Jugendträumen herüberklang und, von der gesunden Natürlichkeit ihres Wesens bezwungen, wieder verklang (ebd., S. 116 f.).

In seinen Erinnerungen erwähnt Theodor Wolff den Namen seines Großvaters, Adolph Wolff (1819-1893), nicht aber den seiner Großmutter. Das Ehepaar hatte einen Sohn, der den väterlichen Vornamen Adolph erhielt; er starb um 1903. Die jüngere Tochter Ulrike (1813-1888) heiratete Markus Mosse (1808-65); die vier Jahre ältere Schwester Jeanette starb 1880. An seine Eltern und drei Geschwister erinnert sich Theodor Wolff im französischen Exil ungleich besser: »Wir dagegen waren nur vier Geschwister […]. Meine eine Schwester wohnt jetzt mit ihrer Tochter, von dem deutschen Bombenhagel beängstigt, in London, die andere in einer deutschen Stadt, unter den Bombenwürfen der englischen Flieger, mein Bruder, der fröhliche Zeichner, ist in Paris gerade vor dem Einzug der Sieger aus dem bedrohlichen Leben geschieden […]« (Bröhan, Wolff, S. 115).

Das älteste der vier Kinder von Adolph (1819-1893) und Recha Wolff (1839-1922) war Käthe (1866-1941), verheiratete Hirschfeld. Früh verwitwet musste sie 1933 nach London emigrieren. Jünger als ihr Bruder Theodor Wolff waren Martha (1871-1942), unverheiratet – sie wurde im Konzentrationslager Theresienstadt ermordet. Der Jüngste war Fritz, 1876 geboren, verheiratet mit Elsa [Nachname unbekannt]. Er war Maler und auch als Karikaturist für etliche Berliner Blätter tätig und nahm am Ersten Weltkrieg teil. Im Frühsommer 1933 musste auch er emigrieren. Er ging nach Frankreich, das er in der zweiten Hälfte 1920er Jahre kennen- und schätzengelernt hatte. Wenige Wochen später schrieb er Theodor Wolff, wie sehr er sich darüber freue, dass sein Rudolf soeben in Paris eingetroffen, ihn und seine Frau Elsa dabei unterstütze, die Finanzen zu ordnen, und dass nunmehr die Immigration »beängstigende Dimensionen« anzunehmen drohe (Sammlung Wolff, 10.10.1933). Als sich Theodor Wolff im Herbst 1936 um ein Visum für die USA bemühte und seinen Bruder, den er trotz seiner längst ergrauten Haare wie einen ewigen Schuljungen behandelte, zur Überfahrt in die Neue Welt ermunterte, erklärte ihm dieser: »Ich bin für Ruhe! Mein Bedarf an Völkerwanderung ist gedeckt« (ebd., 8.12.1936). Er starb 1940 in Paris nach einer Operation.

> Man trauert um den Bruder, aber darf man den Tod verwünschen, der ihm in der zur Übergabe bestimmten Stadt, in diesem von ihm so sehr geliebten Paris, eine Fülle von Not und Unglück ersparte und ihn mit tragischem Griff gerade noch fortriss, bevor die letzte Illusion entschwand? (ebd., S. 68).

Theodor Wolff wurde am Dönhoffplatz in Berlin geboren. Dieser Platz lag in der Nähe des »Hôtel de Russie« und des Konzerthauses Bilse, in das stolze Mütter ihre Töchter und Söhne heiratsfähigen Alters führten, wie Theodor Wolff erzählt, um bei Musik, Kaffee und Kuchen »die zur Verlobung reifen Herzen einander näher zu bringen«. Wenig später konnte sich der Vater den Kauf eines Eigentums in der Potsdamer Straße leisten. Mit den beiden älteren Kindern, der vierjährigen Käthe und dem zweijährigen Theodor, zogen die Eltern also zum Matthäikirchplatz und damit in eines der prächtigen Eckgebäude an der Einmündung zur Margaretenstraße, unfern der Potsdamer Brücke. Von dort, von den hellen Lichtern, ging der Blick in der Dämmerung am Kanal entlang bis zum Zoologischen Garten. Zum damals geruhsamen Bild dieses Stadtviertels der Potsdamerstraße gehörten während der Schulzeit von Theodor Wolff nicht die rasselnden Wagen der Tram, sondern die verhalten trabenden Pferdebahnen, mondäne Läden, Restaurants und Cafégärten. Die amüsiert- ironischen Rückblicke auf diese Jahre und die Erinnerungen an das Königliche Wilhelms-Gymnasium zu Berlin sind von der Klarheit, die keinen Zweifel daran lässt, mit welch geringer Freude Theodor Wolff die Zeit in der »Anstalt« verbüßt hat und warum sein schulischer Eifer vor dem Abitur erkaltete. »Meinem Vater, der ihn [den Direktor] aufsuchte, als ich eine besonders schlechte Zensur nach Hause gebracht hatte, riet er, mich in eine Handelsschule zu schicken, worin sich ebenso die Würde des klassischen Philologen äußerte, wie ein nicht überhörbares antisemitisches Nebengeräusch« (ebd., S. 119). Es soll hier nicht der verbreiteten Neigung nachgegeben werden, aus frühen Lebensdokumenten herausragender Persönlichkeiten Folgerungen auf die

Substanz ihres Talents herzuleiten. Es überrascht aber doch, unter den Fachnoten nicht ein einziges klares »gut« zu finden.

> *Censur* für den Schüler der Klasse *Theodor Wolff* für das 2te Vierteljahr des
>
> Winter-Semesters 1883/4. [...] Platz der Rangordnung 20 unter 49. – Sittliches Betragen: *gut* / Aufmerksamkeit, Fleiß: *meist bewiesen* / *Leistungen* – Religion: –, Deutsch: *mittelmäßig* [= 4], *z.T. besser* / Lateinisch: *noch genügend* [= 3] / Dichter: *gut, im Lernen für Verse genügend* / Griechisch: *genügend, oft gut* / Französisch: *notdürftig genügend* / Geschichte, Geographie: *noch genügend* / Mathematik: *notdürftig genügend, aber nicht immer den Kräften entsprechend* / Naturkunde: *genügend* / Turnen *genügend*. – Er ist im Klassenbuche 2mal getadelt, mit 1 St. Arrest bestraft. Beschaffenheit der Hefte und Bücher: *meist befriedigend* – Er ist versetzt" (Sammlung Wolff).

Wenn bereits zeitgenössische Leser und nicht erst die Chefredakteurs-Jury des bis heute jährlich verliehenen »Theodor-Wolff-Preis. Journalistenpreis der deutschen Zeitungen« die Sprache und den Stil der Reise- und Theaterkritiken, Korrespondentenberichte und der Leitartikel von Theodor Wolff lobten, dann fragt man sich verwundert, weshalb die Schule im Fach Deutsch nur auf ein »mittelmäßig« erkannt hat. Ein Aufsatzheft hat die gut 130 Jahre überstanden und bietet eine gewisse Erklärung. An den Antworten auf die Fragestellung »Wie schildert Homer leblose Gegenstände?« rügte der Deutschlehrer »eine gewisse Oberflächlichkeit in der Betrachtung« und »empfindliche Mängel« in der Sprache. Als Theodor Wolff zum Thema »Ist der Naturalismus eine berechtigte Kunstform und was versteht man überhaupt unter Naturalismus?« seine Gedanken niederschrieb –

> Der Naturalismus ist der krasseste Gegensatz der Romantik, aber er ist keineswegs, wie oft angenommen wird, auch der Gegensatz des Idealismus. Überhaupt wird der Begriff des Naturalismus im allgemeinen falsch verstanden. Wenn man dies Wort von »naturalia« ableitet und diese Kunstform in einen Zusammenhang bringen will mit übelriechenden Stoffen und Unrat, so hat man, wie gezeigt werden wird, Zola und seine Schüler einfach nicht verstanden. »Extreme Realisten« sollte man sie nennen, nicht »Naturalisten« –

notierte der Lehrer zum vorletzten Satz am Rand »Feuilleton Kitzel!« und schloss seine Beurteilung mit der Gesamtbewertung ab:

> Es fehlt 1) an einer durchgreifenden, wohl durchdachten u. recht ersichtlichen Disposition 2) an einer sachgemäßen Einleitung u. 3) an einem befriedigenden Schluß. – *Was* gesagt wird, ist meist richtig, obwohl es nicht immer die Hauptpunkte trifft (der Darwinismus u. seine Stellg. zum N. ist ganz übersehen worden); *wie* es aber gesagt wird, entspricht durchaus nicht den Anforderungen, die man an eine wissenschaftliche Arbeit stellen muß. Die Fehler im Einzelnen werden sich aus den Correcturen ergeben. Rand lassen! (Sammlung Wolff, 10.5.1886).

Theodor Wolff hat in seinen autobiographischen Manuskripten und in den memoirenhaften Fragmenten äußerst selten persönliche oder familiäre Einzelheiten mitgeteilt. Über die privaten Verhältnisse nach der Mittleren Reife – damals die »wissenschaftliche Befähigung für den Einjährig-Freiwilligen Militärdienst« – informiert allein die hier veröffentlichte Korrespondenz zwischen den Eheleuten. Deshalb ist unbekannt, ob die schon vor der Jahrhundertwende in Paris lebende Schauspielerin Marie Louise Anna Hickethier (20.1.1872-30.4.1956) dort den 33-jährigen und damit dreieinhalb Jahre älteren Theodor Wolff 1898 kennengelernt hat oder ob sie ihm bereits früher einmal in Wien begegnet ist. Der Maler Walther Leistikow bat Wolff im Sommer 1898 brieflich um die besten Grüße an dessen »Freundin«, ohne dass aus den näheren Umständen und anderen Korrespondenzen hervorgeht, ob diese Person identisch ist mit »Anna«, »Änne« oder »Aenne«, wie Theodor Wolff seine Marie Louise nannte. Sie selbst unterschrieb ihre Briefe bis ins hohe Alter immer mit »Änne«. Sie war wie ihr Vater Johann Friedrich Hickethier, ein Gutsbesitzer in Mitteldeutschland, und ihre Mutter Adelgunde Wutschke, Witwe des Victor Carl Grünberger, protestantischen Glaubens. Vielleicht waren ihre Eltern um 1880 nach Berlin umgezogen, denn sie besuchte in Moabit das Königliche Luisen-Gymnasium, die erste preußische Schule, an der Mädchen ein Abitur ablegen durften. Unsicher ist, ob Änne mehrere Geschwister hatte. Im Tagebuch und in einem Brief Ännes wird die Schwester Benoitt genannt – vermutlich die französische Variante des Namens Benedikta –, die mit dem Besitzer einer Treibriemenfabrik verheiratet war, und eine weitere Verwandte, Tini

Grünberger, die eine Tochter Lily hat. Benoitt, verheiratete Schulz, starb im Frühjahr 1939, vermutlich im April. Das Ehepaar hatte zwei nicht namentlich erwähnte Söhne – Änne benennt mit Hans vielleicht einen von ihnen (Sammlung Wolff).

Es ist zu vermuten, dass Theodor Wolff seine Frau am Theater oder wenigstens im Umfeld der Bühne kennengelernt hat. Das Aufgebot wurde am 19. September 1902 in Paris bestellt und eine Übersetzung ins Deutsche zwei Tage später nach Berlin geschickt, sodass die beiden – unvorstellbar in der heutigen Hauptstadt – am 11. Oktober 1902 im Pariser 9. Arrondissement heiraten konnten (ebd.). In der Heiratsurkunde findet sich »Schauspielerin« als Beruf, doch die Karriere liegt im Dunkeln. Im Vater-Tagebuch und in den Briefen gibt es keinen Anhaltspunkt für die Vermutung, dass Änne Wolff noch am Theater tätig war. Theodor Wolff teilte mit ihr die Liebe zur Theaterbühne. Ihre musikalische Begabung prägte das Familienleben und die Erziehung ihrer drei Kinder.

Im Mittelpunkt der väterlichen Aufzeichnungen und ganz besonders in den Briefen der Mutter, die nahezu täglich dem vielbeschäftigen Chefredakteur von den Urlaubserlebnissen berichtete, stehen Richard, Rudolf und Lilly. Den Anlass zur Niederschrift eines separaten Tagebuchs bildete die Geburt von Richard. Er wurde in Paris am 14. Juni 1905 geboren. Im Diarium des Vaters wird er liebevoll Butz, (Gold-)Butzi oder Dick genannt. Wie sein Vater schloss er die Schule nicht mit dem Abitur ab. Da er sich für die Landwirtschaft interessierte, ging er als »Praktikant« auf ein Gut in Schleswig-Holstein und nach 1933 in Genf. Im Oktober 1933 gab Theodor Wolff Richards Beruf mit »Verwalter« an. Schon vor dem Reichstagsbrand hatte er Berlin verlassen und wohnte vorübergehend in München. Von dort floh er nach Lugano, arbeitete als Praktikant in einem landwirtschaftlichen Betrieb in Genf und fand schließlich in der Wohnung seiner Schwester in Nizza, in der Promenade des Anglais 63, eine Heimstatt. 1935 wanderte er in die USA aus und fand Arbeit in einer Brauerei, in einem Stahlwerk und zuletzt als Bankangestellter. Er nahm die amerikanische Staatsangehörigkeit an und zog als Soldat in den Krieg. Nach seiner Verwundung auf den Philippinen kehrte er in die USA zurück. Als Angehöriger des *Military Intelligence Service* diente er 1945 in der US-Besatzungszone in Deutschland, heiratete eine Österreicherin, genannt Lee, und sorgte 1948 dafür, dass seine Mutter zu ihnen nach New York, an den Bogardus Place in Manhattan, übersiedelte. Änne Wolff lebte seit 1952 in einem Seniorenheim in Yonkers, dem südlichen Stadtteil von New York. Sie sehnte sich in jenen Jahren nach Frankreich zurück:

> Hätte ich Geld, wie brennend gern wäre ich mit Euch. So bleibt mir nur die Sehnsucht [,] die ich mit in's Grab nehmen muss. [...] ich wäre so glücklich, wenn ich länger so an Frankreich [denke], wo ich die schönsten Tage mit Theo verlebte, die ich bis zum letzten Atemzug nicht vergessen kann (ebd., Brief an Rudolf Wolff, Juli 1952).

Änne Wolff starb am 30. April 1956 im Sunny Rest Sanatorium.

Rudolf wurde am 9. Mai 1907 in Berlin geboren. In den väterlichen Tagesaufzeichnungen wird sein Name häufiger zu Rudi verkürzt und manchmal auch spielerisch in Rudi Trudi, Bebich oder »mein Schwarzer« verändert. Er studierte seit dem Herbst 1927 an der Friedrich-Wilhelms-Universität in Berlin Nationalökonomie, Pressewesen und Jura (ebd., eidesstattliche Erklärung, 8.4.1959). Nach dem Mai 1933 musste er aus Berlin emigrieren. Er lebte zuerst in Lugano, seit Mitte 1934 aber in Paris, wo er als freier Journalist für mehrere Exilzeitungen arbeitete. Von 1935 an verdiente er sein Geld als Lehrer und Übersetzer an der Berlitz-School sowie als Privatlehrer im Sprachunterricht für »eifrige und hübsche Französinnen« in Nizza, wie Theodor Wolff seinem ehemaligen Innenredakteur Ernst Feder nach Brasilien schrieb (ebd., 20.12.1937). Seit dem September 1939 diente er in der Fremdenlegion in Nordafrika, in der Hoffnung, eingebürgert zu werden. Theodor Wolff war entsetzt und musste seine Kontakte zu den französischen Behörden nutzen, um seinen Sohn wieder freizubekommen. Nach Monaten bangen Wartens erhielt er Anfang 1941 endlich vom *Commandant Supérieur les Troupes du Maroc* die Bestätigung, dass sein Sohn Rudolf am 18. Dezember 1940 aus der Fremdenlegion entlassen worden sei (ebd.). Zusammen mit seiner Ehefrau überlebte er auf abenteuerliche Weise die Zeit der deutschen Besatzung fern von Nizza im Gebirge. Rudolf Wolff starb am 18. Dezember 1993 als letzter Angehöriger der Familie Wolff. Seinem Wunsch folgend wurde er im Krematorium auf dem Pariser Friedhof Père Lachaise verbrannt und seine Asche auf dem Feld für anonyme Tote verstreut. Auch er hinterließ keine Kinder.

Ebenfalls in Berlin wurde die Tochter Lilly am 7. Mai 1909 geboren und am 9. August getauft. Im Vater-Tagebuch erscheint sie außerdem als Lalla, Lallakind, Bébé oder »meine kleine Helle«; 1913 übernimmt Theodor Wolff das von der Großfamilie und den Kindermädchen favorisierte »Lilli«. Die kleinen Brüder rufen sie »Lillusch«, die Mutter nennt sie in ihren Briefen nur einmal so. Lilly schloss eine Ausbildung als Reklamezeichnerin ab. Im Sommer 1936 konnte sie vor den Olympischen Sommerspielen noch einmal nach Deutschland einreisen. Sie schrieb ihrer Familie auf einer undatierten Ansichtskarte aus Berlin, dass es ihr gutgehe, sie aber sofort wieder aufbrechen würde, »wenn's kritisch wird« (ebd.). Seit 1933 soll Lilly mit Dr. Alfred Sprinx verlobt gewesen sein, den sie 1934 heiratete. Am 3. November 1938 konnte das Ehepaar Deutschland verlassen. 1939 siedelte es von Cannes nach Nizza über. Nach dem Zweiten Weltkrieg und ihrer Scheidung arbeitete sie als Innenarchitektin mit ihrer Lebensgefährtin in Nizza.

Im Vater-Tagebuch werden neben der Mutter, Änne Wolff und den Kindern noch drei Personen außerhalb der engeren Großfamilie erwähnt: Walter Leistikow (Vater-Tagebuch, 10.5.1907), Friedrich Dernburg und Albert Traeger (ebd., 1.8.1913). In den Jahren unmittelbar vor dem Beginn der ersten Notizen zur Geburt von Richard war für Theodor Wolff die Freundschaft mit dem Maler und Graphiker Leistikow von hoher Bedeutung. Wie eng die Beziehung zu ihm war, geht auch aus seinem Nachruf im *Berliner Tageblatt* hervor (BT, 26.7.1908); wie hoch er den »alten Dernburg« geschätzt hat, schildert er in seinen Erinnerungen, die er im Exil niederschrieb. Mit dem bürgerlich-linksliberalen Parlamentarier Traeger, dem Freund des liberalen Meinungsführers im kaiserlichen Reichstag Ludwig Richter, fühlte sich Theodor Wolff parteipolitisch eng verbunden. Von den drei Persönlichkeiten berichtet er in seinem Tagebuch, weil er es an vielen Stellen zu perspektivischen Veränderungen, zu persönlichen Erweiterungen nutzt. Dann erzählt er von sich und seiner Arbeit, von der Schulzeit und eben auch von seinen Freunden. Die drei Hervorgehobenen sind bereits vor dem Abschluss des Vater-Tagebuchs verstorben, sodass die Kinder von ihnen keinen persönlichen Eindruck erhalten haben. Traeger war 38 Jahre älter als Wolff. Er hatte nach einem Studium der Rechts- und Staatswissenschaften als Rechtsanwalt gearbeitet. Nach dem frühen Tod seiner Frau siedelte er von Nordhausen nach Berlin über, publizierte in Zeitungen – Theodor Wolff gewann ihn für das *Berliner Tageblatt* –, schrieb in mehreren Auflagen verbreitete Gedichte und gab die Zeitschrift *Deutsche Kunst in Bild und Lied* heraus. Als Reichstagsabgeordneter vertrat er zwischen 1874 und 1912 die Deutsche Fortschrittspartei, die Deutsche Freisinnige Partei, die Freisinnige Volkspartei und die Fortschrittliche Volkspartei. Einen Monat vor seinem Tod vermochte er als Alterspräsident noch den 13. Reichstag zu eröffnen. Theodor Wolff konnte besonders in den ersten Jahren nach seinem Amtsantritt als Chefredakteur von Traegers Erfahrungen, Kompetenz und freundlicher Zugewandtheit politisch und persönlich profitieren.

Leistikow war drei Jahre älter als Theodor Wolff, litt jahrelang schwer unter Syphilis und verstarb bereits mit 43 Jahren. Das Porträt im Vater-Tagebuch setzte der »liebsten Freundschaftserinnerung« geradezu ein Denkmal. Rudolf Wolff konnte zwar als Vierjähriger zu seinem schwerstkranken Patenonkel keine Beziehung aufbauen, verbarg aber seine Rührung nicht, wenn er sich erinnerte, wie intensiv Leistikow in den Erzählungen seines Vaters präsent war.

> Auch wenn nicht die Photographien Walter Leistikows und manches Bild, das er auf unseren gemeinsamen Wanderungen gemalt hat, an den Wänden meiner Wohnung hängen würden, so wäre er mir doch immer sichtbar, die gemeinsamen Erlebnisse begleiten mich, alles ist mir nahe, sein ringender Anfang und sein Glück, seine leidenschaftliche Kämpferseele und seine edle Reinheit, seine burschikose Heiterkeit auf der Höhe des Schaffens, sein Siechtum, seine Flucht aus der verzweifelnden Angst in die dunkelste Nacht (Bröhan, Wolff, S. 171).

In den Jahren zuvor war Theodor Wolff mit Walter Leistikow und Friedrich Dernburg eng befreundet. Von beiden berichtet er seinen Kindern im Vater-Tagebuch. Während der Korrespondentenzeit festigten die beiden Freunde ihre Beziehung in einem dichten Briefwechsel so sehr, dass Leistikow Pate von Rudolf, dem Zweitgeborenen, wurde (Vater-Tagebuch, 10.5.1907, 1.8.1913). Nach einem Paris-Besuch dankte der Maler Theodor Wolff mit den Zeilen:

> Lieber Wolff! Ach du gütiger Himmel, wo sind die Tage in Paris hin! Wo sind die angenehmen Dejeuners und Diners[,] wo ist all

dieser Zauber und diese Lust! [...] Lieber Wolff, ich will Ihnen heut endlich danken für die Zeit, die Liebenswürdigkeit und die Freundschaft, die Sie uns in Paris gewidmet haben. Meine Frau und ich grüßen Sie bestens. Ja, es waren schöne Stunden (Sammlung Wolff, 25.6.1895).

Über das Patengeschenk, das Gemälde »Grünheide«, erzählte Rudolf Wolff, dass es zuerst im Salon, später im Kinderzimmer gehangen habe. Als die Familie Wolff 1933 emigrieren musste, konnte das Ölbild dank der Unterstützung des Außenministers Konrad Neurath zusammen mit einem Viertel der kostbaren Bibliothek und Mobiliar in die Schweiz und später von dort nach Nizza transportiert werden. Nach der Vermählung von Rudolf mit der holländischen Jüdin Hélène (Helna) Marie Tenbergen (März 1943) hing das Bild »Grünheide« in ihrer Wohnung in der Avenue des Baumettes, unfern der Wohnung von Theodor und Änne Wolff in der Promenade des Anglais 63. Als Rudolf und Helna Wolff mit gefälschten Papieren als »Ehepaar Baratier« vor den Razzien der Gestapo im Winter 1943/44 in die Cevennen flüchteten, verloren sie das Patengeschenk aus den Augen. Durch einen glücklichen Zufall entdeckten sie es nach der Befreiung Nizzas auf einer Ausstellung. Die amerikanischen Behörden hatten dort die vom NS-Besatzungsregime für den Abtransport ins Deutsche Reich zusammengestellten Gegenständen zusammengetragen. 1948 nahmen sie das Gemälde mit nach Paris (ebd., eidesstattliche Erklärung von Mathilde Rollet, 13.11.1957, und Rudolf Wolff, 22.9.1984).

In einem Vater-Tagebuch überrascht auch die Erwähnung von einer Persönlichkeit wie »de[m] alte[n] Friedrich Dernburg« (1.8.1913). Der jüdische Jurist, Darmstädtischer Hofgerichtsadvokat und nationalliberale Politiker (1833-1911), ebenfalls deutlich älter als Theodor Wolff, lebte ähnlich wie er leidenschaftlich für liberal-freiheitliche Ideen und beeindruckte ihn mit seinen dreißig Jahren längeren Erfahrungen als Chefredakteur. Er hatte sie u.a. in der reichsweit bedeutenden *Nationalzeitung* gewonnen, dem Berliner Hauptblatt der Liberalen, die mit der *Spenerschen Zeitung* fusionierte. 1894 stellte ihn der Vorgänger von Theodor Wolff im Chefredakteursamt, Arthur Levysohn, als Feuilleton-Redakteur im *Berliner Tageblatt* ein. Theodor Wolff sah in Dernburg auch deshalb eine »verwandte Seele«, weil jener ebenfalls Ludwig Bamberger hoch schätzte, Dramen und Lustspiele sowie einen zweibändigen Kriminalroman schrieb. Dernburg starb im Dezember 1911. Seinen Rat hätte er im Sommer 1914, als ein völlig unnötiger Krieg drohte, gern gesucht.

> Er fehlte mir sehr in dieser ganzen Zeit, es wäre schön gewesen, wenn ich ihm in den Julitagen, nach meiner Heimkehr aus Scheveningen [aus dem Urlaub mit Änne und den Kindern], meine Gespräche mit Jagow, dem Staatssekretär, der mich um so schnelle Rückkehr gebeten hatte, und dann meine täglichen und nächtlichen Erlebnisse und Unterhaltungen im Auswärtigen Amt, wo ich der einzige unamtliche Zeuge war, hätte mitteilen können. Ich hätte mich an seinem ruhigen Skeptizismus erfreut und erquickt, wenn rings um mich herum die kriegswilden, siegessicheren Mitarbeiter über meine kühlere Beurteilung der Tatsachen und Illusionen, über meinen Mangel an Enthusiasmus entsetzt waren und nur noch betrübt an mir vorbeischlichen (Bröhan, S. 243).

Der häufiger im Vater-Tagebuch erwähnte Onkel Rudolf war der 25 Jahre ältere Cousin von Theodor Wolff, der Verleger Rudolf Mosse (1843-1920). Er hatte Emilie Löwenstein geheiratet, die Tochter eines Verlegers (»Demokratisches Wochenblatt«). Das Ehepaar blieb kinderlos. Da einige Autoren noch heute Rudolf Mosse für den Onkel von Theodor Wolff halten und die Eltern beider Familien ihren Kindern häufiger gleiche Vornamen gegeben haben, sollen die folgende Übersicht und einige biographische Stichworte es ermöglichen, einen Überblick über die Genealogien und die Verwandtschaftsverhältnisse zu gewinnen, sowie dazu beitragen, die im Vater-Tagebuch lediglich mit ihren Vornamen erwähnten Tanten und Onkel, Nichten und Neffen zu identifizieren.

Zum besseren Verständnis der Familienverhältnisse folgt eine knapp erläuterte genealogische Übersicht. Im Mittelpunkt stehen die im Vater-Tagebuch erwähnten Personen (Sammlung Wolff). Der Großvater von Rudolf Mosse handelte mit »Schnittwaren«, also Textilien en gros, und lebte als »Schutzjude« mit Aufenthaltsrecht in Sachsen. Dieser Salomon Moses aus Friedland im Kreis Waldenburg (Niederschlesien) heiratete 1796 Jüttel (Güttel) Henriette geb. Levin. Ihr ältester Sohn, Markus Moses (1808-1865), schrieb sich seit 1828 »Mosse«. Nach einem Studium der Medizin wurde er

Salomon Moses (1767-1811) ∞ 1796 Jüttel Henriette geb. Marcus ∞ (2. Ehe, 1816) Jacob Fuchs (1790-1870)	Gabriel Wolff [1] ∞ ?
Markus (Moses) Mosse (1808-65) ∞ Ulrike geb. Wolff (1813-88)	Adolph Wolff (1819-93) ∞ Recha geb. Davidsohn (1839-1922)
Rudolf Mosse (1843-1920)	Theodor Wolff (1868-1943)

... mit folgenden weiteren Geschwistern

Salomon (1837-1903) Therese (1838-1913) Wolfgang (1840-85) Leonore (1841-1909) Theodor (1842-1916) Albert (1846-1925) Anna (1848-1919) Paul (1849-1920), Elisabeth (1850-1913) Benigna (1850-1913) Margarete (1855-1943) Clara (1856-1934) Maximus (1857-1920)	Käthe (1866-1941) Fritz (1876-1940) Martha (1871-1942)

Rudolf Mosse ∞ Emilie Löwenstein (1851-1924)	Theodor Wolff ∞ Anna geb. Hickethier (1872-1956)
Felicia geb. Marx (1888-1972)	Richard (1905-91) Rudolf (1907-93) Lilly (1909-90)

[1] Vater einer unehelichen Tochter (s. Ulrike Wolff, 1813-88) und zwei ehelicher Kinder.

1828 promoviert und praktizierte als Arzt in der kleinen Kreisstadt Grätz (Grodzisk Wielkopolski), südwestlich von Posen. Zwei Jahre nach dem Tod ihres Ehemanns, Salomon Moses (1767-1811), zeugte Jüttel, verwitwete Moses, mit dem Schnapsfabrikanten Gabriel Wolff aus Karge bei Grünberg (Schlesien) eine uneheliche Tochter Ulrike (1813-1888). Drei Jahre später heiratete Jüttel ein zweites Mal (1816). Aus dieser Ehe mit dem Kaufmann Jacob Fuchs (1790-1870) aus Luckau bei Berlin ging die Tochter Jeanette (1818-93) hervor. Die unehelich geborene Ulrike (Wolff) vermählte sich 1836 mit ihrem Halbbruder Markus Moses (Mosse); sie hatten 14 Kinder, zu ihnen gehörte Rudolf Mosse (1843-1920). Gabriel Wolff heiratete eine unbekannte Frau, mit der er noch zwei eheliche Kinder zeugte: 1809 die Tochter Jeanette (gest.1880) und 1819 einen Sohn Adolph Wolff (gest. 1893), den Vater von Theodor Wolff (1868-1943). Theodor Wolff und Rudolf Mosse waren Cousins, weil der Vater von Theodor Wolff (Gabriel Wolff) und die Mutter von Rudolf Mosse (Ulrike, Tochter von Jüttel und Gabriel Wolff) ebenfalls Halbgeschwister waren. Markus Mosse wurde wegen seiner Beteiligung an der Revolution von 1848/49 wegen Hochverrats zum Tode verurteilt und schließlich zur Inhaftierung in der Festung Küstrin begnadigt.

Ulrike und Markus Mosse hatten acht Söhne und sechs Töchter. Die Älteste der Mädchen, Therese, heiratete den Arzt Carl Litthauer (1836-1895). Es wurden ihnen acht Kinder geboren. In den Texten treten Elsbeth (1875 geb.) – Theodor Wolff nennt sie irrtümlich »Else« – und Max (1865 geb.), beide unverheiratet oftmals zusammen auf. Die jüngste Schwester Margarete (1879-1956) erscheint als Ehefrau von Hermann Ullstein (1875-1973).

Eleonore (Leonore) Mosse war mit Emil Cohn (1832-1905) verheiratet, von 1871 bis 1884 Mitinhaber der Rudolf Mosse OHG. Ihre fünf Kinder treten im Vater-Tagebuch auf: Bianca (1870 geb.), Antonie (1875-1943), Fritz (1875-1943), Else (1878 geb.) und Martin (1872-1933, Freitod). Letzterer nannte sich Carbe, war Rechtsanwalt und Notar, verheiratet mit Klara Muks (1947 gest.); er fand 1904 eine Anstellung im Verlag von Rudolf Mosse, wurde 1907 Generalbevollmächtigter und schied nach längeren Auseinandersetzungen mit Lachmann-Mosse Ende 1930 aus.

Theodor Mosse (1842-1916) betrieb mit seinem Bruder Salomon (1837-1903) das Berliner Wäschegeschäft »Gebrüder Mosse«, in das in den späten 1860er Jahren noch ihr jüngerer Bruder Paul (1849-1920) eintrat. Theodor heiratete Anna Boas (1847 geb.); Max (1873-1936), Ernst (1875 geb.) und Felix (1877-1940) waren ihre Kinder.

Den Juristen Albert Mosse berief die japanische Regierung nach Tokio, damit er sich an der Ausarbeitung der Staatsverfassung beteilige. Seit 1907 leitete er das Kuratorium der Hochschule für die Wissenschaft des Judentums. Er und seine Ehefrau Caroline Meyer (1859-1934) – Schwester von Gertrud (1862-1937), die mit Alberts Bruder Emil Mosse (1854-1911) verheiratet war – hatten fünf Kinder: Martha (1884-1977), Dora (1885-1965), Walther (1886-1963), Hans (1888-1916) und Erich (1891-1963).

Anna Mosse (1848-1919) war mit dem Kaufmann Selmar Wetzlar (1842-1901) verheiratet.

Aus der Heirat von Paul Mosse und Johanna Fried (1864-1922) gingen drei Kinder hervor: Curt (1887 geb.), Marie (1888-1911) und Fritz (1891).

Elisabeth (Lisbeth, Lise) Mosse, verheiratet mit Jacques (Jacob) Hartog (1837-1917), hatte zwei Kinder: Anselm (Anselmus) Johannes (1875 geb.) und Martin (1880 geb.).

Emil Mosse vermählte sich mit Gertrud Meyer (1862-1937) und knüpfte die familiären Bande noch enger, denn seine Frau war die Schwester von Caroline (1859-1934), die mit seinem Bruder Albert Mosse (1846-1925) vermählt war. Zu ihnen gehörten fünf Kinder: Hedwig (1884 geb.), Rudolf (1890-1933), Werner (1892-1914), Oskar (1894-1895) und Carl (1896 geb.).

Clara Mosse heiratete Paul Alexander (1850-1905); sie hatten eine Tochter Helene (1881 geb.).

Die übrigen Kinder von Markus und Ulrike Mosse blieben unverheiratet und kinderlos; Margarete (1855-1933) und Maximus Mosse (1857-1920) werden weder im Vater-Tagebuch noch in den Dokumenten erwähnt.

Rudolf und Emilie hatten keine Kinder. Sie nahmen 1893 Felicia Marx – im Vater-Tagebuch und in den Briefen auch Licia genannt – an Kindes statt an, adoptierten sie aber erst 1919. Die illegitime Tochter Felicia Mosse heiratete 1911 Hans Lachmann (1885-1944), Sohn des Messingfabrikbesitzers Georg Lachmann und seiner Frau Hetty. Nach Abbruch eines Jura-Studiums war er 1910 als buchhalterischer Mitarbeiter in die Geschäftsleitung der Firma von Rudolf Mosse eingetreten. Mosse übereignete seinem Schwiegersohn zwar

Abb. 1: Elsa Wolf (undatiert).

Abb. 2: 1. Reihe (von links): unbekannt, Lilly Wolff, Theodor Wolff; 2. Reihe (von links): Käthe Hirschfeld, Rudolf und Richard Wolff, Elsa Wolff, Alice Hirschfeld (undatiert).

Abb. 3: Die Gebrüder Mosse (von links):
Albert, Salomon, Paul, Emil, Theodor, Rudolf, Max (undatiert).

Abb. 4: Die Schwestern Mosse (von links):
Anna Wetzlar, Clara Alexander, Margarete Ullstein,
Elisabeth Hartog, Eleonore Cohn, Therese Littauer (9. 4. 1891).

50 % des *Berliner Tageblatts*, doch setzte er ihn nicht als seinen Nachfolger ein. Testamentarisch vermachte er sein übriges großes Vermögen Felicia. Lachmann nannte sich seit seiner Vermählung Lachmann-Mosse und fungierte als Felicias Bevollmächtigter. Dass Ehepaar Lachmann-Mosse hatte drei Kinder: Hilde (1912-82), Rudolf (1913-58), Gerhard (George) Mosse(1918-99). Zum Generalbevollmächtigten für das gesamte Mosse-Unternehmen bestellte Rudolf Mosse seinen Neffen Martin Carbe, den Sohn seines Schwagers und Partners Emil Cohn (1832-1905). Emil Cohn war bereits 1871 als offener Gesellschafter in die Firma seines Schwagers eingetreten.

Wenige Jahre nach dem Tod von Rudolf Mosse kam es zu langanhaltenden Auseinandersetzungen zwischen Lachmann und seinem selbstbewussten Chefredakteur über den politischen Kurs des *Berliner Tageblatts*, die Organisation des Verlags und Lachmanns rigorose, unsoziale und redaktionsschädigende Personalpolitik. Rudolf Mosse hatte Theodor Wolff frühzeitig am *Berliner Tageblatt* finanziell beteiligt (50 %), sodass dieser über ein starkes Mitbestimmungsrecht verfügte. Der Konflikt kulminierte in der Entlassung des Chefredakteurs im März 1933, mit der Lachmann zwar der NSDAP entgegenkam, aber ohne dass sich anschließend der politische Druck auf die Zeitung und das gesamte Unternehmen abschwächte (Sösemann, Wolff, S. 193-196). Am 15. April wandelte Lachmann den Konzern in eine Stiftung um. Anschließend floh das Ehepaar Lachmann nach Paris. 1938 wurde ihre Ehe geschieden, die bereits seit Anfang der zwanziger Jahre als zerrüttet galt.

*

Im Sommer 1914 befand sich Theodor Wolff bei seiner Familie in Scheveningen, als sich die sogenannte Julikrise – ausgelöst durch die Querelen nach der Ermordung des Thronfolgers Franz Ferdinand und verschärft durch das Ultimatum Österreich-Ungarns an Serbien – schließlich so dramatisch entwickelte, dass der Staatssekretär im Auswärtigen Amt, Gottlieb E. von Jagow, es für opportun hielt, den renommierten Chefredakteur um seine Rückkehr nach Berlin zu bitten, da »es gut sei, Fühlung zu halten« (Wolff, Tagebücher, S. 61). Doch Theodor Wolff verfolgte mit dem *Berliner Tageblatt* weder in jenen Tagen noch in den späteren Jahren unter den Bedingungen der Kriegszensur einen regierungsnahen Kurs. Als am 17. Februar 1915 ein hoher Diplomat des Auswärtigen

Amtes, Wilhelm August von Stumm, den Beginn des Ersten Weltkriegs mit den Worten rechtfertigte: »Wenn der Krieg nicht jetzt
gekommen wäre, hätten wir ihn unter schlechteren Bedingungen in
zwei Jahren gehabt«, wandte Theodor Wolff ein: »Das weiß man
doch nie, was in zwei Jahren passirt« (ebd., S. 167). Er war überzeugt:

> Noch niemals ist ein Krieg ausgebrochen, den diejenigen, die ihn
> auskämpfen sollen, so wenig herbeirufen [...] die öffentliche
> Meinung Deutschlands ist [...] vor fertige Tatsachen gestellt
> worden, und sie kann bis zuletzt die Bemühungen zur Erhaltung
> des Friedens nur unterstützen, indem sie eine kaltblütige Ruhe
> zeigt. [...] Es kann wirklich staatsmännischen Persönlichkeiten
> nicht unmöglich sein, die Form und den Weg für einen solchen
> Versuch zu finden. [...] Es ist sehr möglich, daß auch dieser letzte
> Versuch mißglückt. Aber vor der Welt und vor der Geschichte
> wird derjenige seine Stellung gewiß nicht verschlechtert haben,
> der ihn unternimmt (ebd., S. 759; 30.7.1914)

Mit der Frage nach der deutschen Mitverantwortung beschäftigte
er sich in seiner Artikelsammlung <i>Das Vorspiel</i> (1917), in seinem
Hauptwerk zum Ersten Weltkrieg, <i>Der Krieg des Pontius Pilatus</i>
(1934), und in seinem memoirenhaften Buch <i>Der Marsch durch
zwei Jahrzehnte</i> (1936). Nicht nur die Geschichtswissenschaft seiner
Zeit beachtete seine erinnerungsgesättigten und dokumentenorien-
tierten Monografien, auch in Darstellungen der letzten Jahrzehnte
werden sie und einige seiner Leitartikel zitiert. Die Lektüre der
beiden Bände (Wolff, Tagebücher) lässt erkennen, wie geschickt
Theodor Wolff während des gesamten Weltkriegs seine Nähe zur
Staatsführung nutzte, um die politischen und militärischen Entwicklungen besser verstehen zu können, ohne sich von den offizi-
ellen Einschätzungen abhängig zu machen. Er zählte zu den Journalisten, die trotz wiederholter Schikanen und mehrmonatiger
Verbote ihrer Zeitung für entschiedene Reformen im Reich und in
Preußen plädierten. Daher fand sich in der revolutionären Situation
des Winters 1918/19 eine linksliberale Gruppierung um ihn und
Alfred Weber zusammen, welche die Deutsche Demokratische Partei gründete. Mit diesen Gleichgesinnten stützte Theodor Wolff die
junge Republik und baute bis 1926 eine gemeinsame politische
Abwehrfront gegen Rechts auf. Politisch nüchtern, ja hellsichtig,

Abb. 5: Porträt von Max Liebermann (20.8.1919).

*Abb. 6: Paul Block, Spezialkorrespondent des »Berliner Tageblatts«,
an Theodor Wolff mit spezieller Post und Stempelung
der »Deutschen Friedensdelegation« in Versailles (28.6.1919).*

befürchtete er demokratiefeindliche Legendenbildungen vom »Dolchstoß«, lehnte einen Friedensvertrag ab, der nicht von den Verantwortlichen für den verheerenden Krieg, den kaiserlichen Militärs
und Politikern, unterschrieben würde:

> Wir wollen nicht, daß dreiste Lügenpriester hinterher dem Volke
> sagen können: all das verdankt ihr der Demokratie. Wir wollen
> nicht, daß ein Oberlehrer seinen Schülern vorreden könne, die
> Demokratie habe das deutsche Volk um den Sieg gebracht. Wir
> wollen nicht, daß Geschichtsschreibern, wie wir sie in dieser Zeit
> kennen gelernt haben, die Möglichkeit zu neuen Entstellungen
> der Wahrheit bleibt. Niemand darf jemals täuschend behaupten
> können, die erste deutsche Volksregierung habe im Oktober 1918
> anders gehandelt, als es durch die Lage der Dinge nach dem Ur-
> teil der Berufensten geboten oder nützlich gewesen sei.

Denn die »Kriegsmacherpresse« könne dann erzählen,

> daß die deutsche Armee nun zerstört, der Widerstandsgeist ge-
> brochen sei, weil man das Heer in den Rahmen des Staates ein-
> gefügt [...] hat. Sie sagen den Truppen – die ihnen freilich nichts
> glauben – daß man ihnen verräterisch in den Rücken gefallen sei
> (BT, 10.10.1918).

Die Inhalte und die Gefährlichkeit der späteren Dolchstoßlegende –
der Lüge von einem »Dolchstoß« in den Rücken des »im Felde
unbesiegten« Heeres durch »vaterlandslose« Zivilisten, Streikende,
Sozialisten und Juden – die Methoden und die Wirkungsmacht
ihrer Apologeten sind hier bereits formuliert. Seit ihrer ersten
Stunde haben die Weimarer Republik Krisen und Kriege, Terror
und politisch motivierte Mordtaten begleitet. Theodor Wolff stand
zusammen mit Maximilian Harden, Walther Rathenau und dem
ebenfalls jüdischen Politiker (SPD) und Schriftsteller Eduard Bern-
stein auf den völkischen Mordlisten; im weiteren Verlauf des Hitler-
Putsches von 1923 hatte er »liquidiert« werden sollen. Die Politiker
hatten sich mit dem Versailler Vertrag auseinanderzusetzen, mit
den Freikorpskämpfen und Privatarmeen, den Unruhen und Streiks,
den Putschversuchen und Aufständen von Links- und Rechtsradi-
kalen. Sie mussten ihren Weg finden zwischen den Ansprüchen der
Militärs und der Wirtschaft, der Parteien und Verbände, den wirt-
schaftlichen und technischen Abhängigkeiten sowie durch die Fülle

Abb. 7: Leipziger Straße in Berlin (1925).

der währungspolitischen und finanziellen Pressionen. Sie hatten die physischen, moralischen und psychischen Zerstörungen mit zu berücksichtigen, die ihre unübersehbaren Auswirkungen im Kirchen- und Bildungswesen und nicht zuletzt in der Rechtsprechung zeigten.

Als die Liberalen 1926 ein Zensurgesetz, das »Schmutz- und Schundgesetz« zum Schutz Jugendlicher, im Reichstag einbrachten und sogar Liberale wie Theodor Heuss der Freiheitsbeschränkung ihre Stimme gaben, verließ er zwar umgehend seine Partei, unterstützte jedoch weiterhin liberale Politik. So prangerte er in seinen Leitartikeln fragwürdige Gerichtsurteile und Polizeiaktionen, Antisemitismus und alle Versuche der völkisch-chauvinistischen Radikalen an, den Parteienstaat, die Rechtsstaatlichkeit und die parlamentarische Demokratie zu unterminieren. In einem Protestbrief an den Vorstand des Berliner Bezirksverbandes im *Reichsverband der Deutschen Presse* verwies er auch auf die chauvinistischen Vorwürfe und auf antisemitische Begleittöne und forderte, dass

der Vorstand gegen diejenigen Fälle Stellung nimmt, in denen ganzen Zeitungen oder Richtungen von Zeitungen die nationale Gesinnung abgesprochen, deren Deutschtum geleugnet, von »Judenpresse«, »Fremdstämmlingen«, »östlichen Elementen«, »Partei des Auslandes« (unter Einbeziehung der der Partei nahe-

stehenden Presse) gesprochen wird. Ich halte es schon für eine
dreiste Beleidigung, wenn die rechtsstehende Presse sich als die
nationale Presse bezeichnet und damit die gesamten übrigen
Zeitungen aus dem Bereiche des national empfindenden Journalismus ausschließt.[...] Stets die Front gegen das eigene Vaterland, das ist der Grundsatz dieser fremdstämmigen Presse
(Sammlung Wolff, 14.5.1927).

Die antisemitische Agitation in der Weimarer Republik förderte in
Theodor Wolff Reflexionen über sein Judentum, die er nach 1933,
im französischen Exil, niederschrieb. Sein Judentum hatte er auch
zuvor nie verleugnet, es aber für minder wichtig gehalten, eine
Synagoge zu besuchen oder in der Gemeinde tätig zu werden. Die
Lektüre der Bibel erinnere ihn an die Wärme seines alt-jüdischen
Familienlebens, doch wenn »hinter den Fenstern einer benachbarten Wohnung ein frommes Ehepaar die Sabbatlichter anzündet,
so sind das zwar nicht meine Kerzen, aber ihr Licht ist warm«
(Wolff, Juden, S. 37). Entscheidend für Theodor Wolff und das assi-
milierte liberale Judentum war die Überzeugung, es sei das Beste,
sich gegen die modernitätsfeindlichen Einstellungen der Ostjuden
zu wenden und sich der christlichen Gesellschaft anzugleichen.
Man hegte die Befürchtung, mit den Zuwanderern könne das
»Mittelalter« mit den traditionell antijüdischen Haltungen und
Vorurteilen ebenso zurückkehren wie in der Öffentlichkeit das
abwegige Gerede vom »ewigen Judenhaß«. Nicht Resignation, sondern Nüchternheit ließ ihn resümieren:

Wie auch die Welt sich verändern und wie sie sich bessern mag,
ein jüdisches Problem wird weiter bestehen. Es wird nach dem
Krieg nur ein Problem geben, das noch schwerer zu lösen sein
wird, und das ist das deutsche Problem. Ich meine damit keineswegs die Frage der politischen Neugestaltung, der Grenzziehung,
das Verhältnis zu dem alten Österreich und all das, was die
Staatsmänner in ihrer Weisheit zu entscheiden haben und
hoffentlich mit mehr gesunder Vernunft, Gewissenhaftigkeit,
Kenntnissen und psychologischem Verständnis entscheiden werden, als es im Jahre 1919 geschah. [...] Dinge gehören auch nicht
in eine Betrachtung, die dem jüdischen und nicht dem deutschen
Schicksal gilt, und nur ein paar Worte darüber sind in diesen
Rahmen einzufügen, weil unverkennbar die deutsche Zukunft,

so eng verknüpft mit den Zuständen in großen Teilen Europas, auch auf die jüdische zurückwirken wird. Das deutsche Problem, das ich meine, ist das Moralproblem, und dieses läßt sich nicht umgehen. Und wenn man in einem weiten Umweg, unzählige Meilen weit, darum herumkreisen wollte, man wäre doch sofort wieder mitten darin (ebd., S. 264).

Theodor Wolff begleitete Stresemanns konsequent eingeschlagenen Aussöhnungsprozess mit Frankreich mit großer publizistischer Zustimmung. Das Vertragswerk von Locarno schuf 1925 die Grundlagen für ein Sicherheitssystem in Mitteleuropa, billigte Deutschland die volle Mitverantwortung für die Arbeit des Völkerbunds zu (BT, 10.9.1926) und gipfelte in der Zusage, das Rheinland von Besatzungstruppen zu räumen. Mit inoffiziellen Aufträgen der Regierungen reiste Theodor Wolff nach London und wiederholt nach Paris. Der plötzliche Tod Stresemanns verhinderte die Vollendung des außenpolitisch Erstrebten durch ähnliche Verträge mit den östlichen Nachbarn.

Zu seinem sechzigsten Geburtstag porträtierte ihn der Schriftsteller und Kritiker Joseph Chapiro:

Theodor Wolff ist heutzutage unbestritten der vielseitigste und dabei tiefste und stilvollste politische Journalist Deutschlands. Jeder Leitartikel, jeder Wochenbericht ist ein Kunstwerk, ein Edelstein von vollendetem Schliff wie jener des Amsterdamer Diamantenschleifers, an den Wolff während seines Besuchs bei Anatole France denken musste. Er ist ein Maupassant der Politik, ein Skizzenzeichner, der selten zu bunten Farben greift, aber mit dem Bleistift alle Nuancen herausholt, die dem behandelten Thema seine Prägnanz und Abgeschlossenheit geben. […] Ich gebrauchte eben das Wort „Dichter«. Dieser dichterliche Hauch, dies Künstlerische in seiner Natur ist neben seinen anderen Vorzügen das, was Theodor Wolff so sehr von seinen übrigen Kollegen unterscheidet. […] Der Zeitbetrachter, der Kritiker, der Politiker, die Unabhängigkeit und die Unparteilichkeit dieses Parteimenschen, des Historikers und Künstlers – all das, all diese hervorragenden Eigenschaften, die er so wunderbar zu vereinigen weiß, machen aus Theodor Wolff das, was es ausmacht, daß er eben Theodor Wolff ist (Neues Wiener Journal, 29.7.1928).

In der Endphase der Weimarer Republik bekämpfte das *Berliner Tageblatt* die Nationalsozialisten und die Kommunisten gleichermaßen. Die Präsidialkabinette Brüning, Papen und Schleicher nannte Theodor Wolff »legal maskierte Diktaturregime«. Unter der Überschrift »Es ist gar nicht wahr« schrieb er bereits vor Papens Staatsstreich in Preußen vom 20. Juli 1932:

> Wer die gewalttätige rechtsradikale Tobsucht und die linksradikale Rauflust bändigen will, muß doch einsehen und sollte zugeben, daß nicht zuletzt die Festigkeit der preußischen Regierung […] die Möglichkeiten für eine Abwehr geschaffen hat. […] Diese Parole: ›Gegen den Marxismus!‹ ist […] so ziemlich der dümmste Kinderquatsch. […] Man muß eine besondere Veranlagung zum Selbstmord haben, wenn man vergißt, daß man die preußische Sozialdemokratie und die unbequemen Gewerkschaften in der Periode des Spartakismus sehr dringend gebraucht hat, und nicht bedenkt, daß man sie vielleicht eines Tages noch dringlicher brauchen wird (BT, 15.3.1931).

Einen Monat später hatte Theodor Wolff sich mit Lachmanns verfehlter Unternehmensführung auseinanderzusetzen. Die Differenzen verschärften sich in den folgenden Monaten, als Mosses Neffe und Generalbevollmächtigter auf Lebenszeit, Martin Carbe, das Haus verließ und zum Konkurrenzverlag Ullstein überwechselte, als langjährige Redakteure wie Ernst Feder, Alfred Kerr oder Rudolf Olden entlassen wurden oder selbst kündigten. Hinzu kam, dass Theodor Wolff die NSDAP für eine größere Gefahr als Lachmann hielt. Zur Reichstagswahl vom 31. Juli 1932 erschien die Mahnung:

> Wenn heute der Nationalsozialismus triumphiert und von nun ab noch mehr als bisher schon der mit ihm verbündeten Reaktion seinen Willen diktieren kann, dann werdet ihr, solange diese Herrschaft dauern wird, nicht mehr zur Wahl gehen, nicht mehr eure Meinung in die Waagschale werfen dürfen – dann wird man die letzten Reste eurer Freiheit und eurer Bürgerrechte zerschlagen und, mit den brutalen Mitteln, die ihr kennt, euch zu dumpfem Gehorsam, zu schweigender Unterwerfung zwingen. (BT, 19.6.1932).

Im Sommer 1932 brachte Theodor Wolff seine Einstellung auf die Formel: »Da kein Parlament sein [des Volkes] Sprecher ist, andere geistige Führer schweigen, kann ihm nur die Presse, der es vertraut zu Hilfe kommen« (BT, 24.7.1932). Zu Beginn des Jahres 1933 hoffte er auf einen Erfolg von Kurt Schleichers Regierungsprogramm. Aber rheinische Industrielle, Deutschnationale, ostpreußische Großgrundbesitzer, Papen und der Bankier Kurt v. Schröder intrigierten gegen den »sozialistischen General«, wollten zwischen den Nationalsozialisten und der Kamarilla um den Reichspräsidenten vermitteln. Papen überwand mit seinem Kabinett der »nationalen Konzentration« Hindenburgs Sträuben gegen die Entlassung Schleichers. Er verhalf Hitler in die Steigbügel und nahm an, dass er ihn werde zügeln können. Vor der damit verbundenen realitätsfernen Prämisse seien die Nationalsozialisten erst einmal in der Mitverantwortung, dann würden sie »abwirtschaften«, warnte Theodor Wolff vergeblich. Die Bedeutung der Übergabe der Regierungsverantwortung an die Hitler-Papen-Hugenberg-Koalition unterschätzte er nicht. Auf Hitlers »Garantien« gab er am 31. Januar nichts, denn in seinem Kabinett säßen die Leute, die »alles Heil [..] im Staatsstreich, im Verfassungsbruch, in der Beseitigung des Reichstags, in der Knebelung der Opposition, in der unbegrenzten diktatorischen Gewalt« sähen (Wolff, Journalist, S. 352).

Die Ende Februar erlassene »Verordnung zum Schutze des deutschen Volkes« erklärte den permanenten Ausnahmezustand und schränkte die Grundrechte drakonisch ein. Theodor Wolffs letzter Artikel erschien am Wahlsonntag, dem 5. März 1933, in einem zweispaltigen Kasten und schloss mit dem beschwörenden Aufruf »Geht hin und wählt!« Sein jüdischer Verleger diente sich den neuen Machthabern umgehend an. Lachmann-Mosse teilte Theodor Wolff ohne einen Hauch persönlichen Wohlwollens mit:

> Für unabsehbare Zeit wird sich das »Berliner Tageblatt« innenpolitisch im wesentlichen neutral konzentrieren müssen. Aber wahre Demokratie und Gerechtigkeit verlangen, dass positive Leistungen des Staates, auch dann, wenn dieser Staat eine wesentlich andere Gestalt angenommen hat, sachliche Anerkennung erfahren. Ich kann mir nicht denken, dass Sie sich der Gefahr aussetzen wollen, von der Öffentlichkeit missverstanden zu werden, wenn Sie das ›Berliner Tageblatt‹ auch dann noch als Chefredakteur verantwortlich zeichnen (BT, 13.3.1933).

Es war für Theodor Wolff eine bittere Erfahrung, von seinem opportunistischen Verleger und einer das Recht missachtenden Regierung
zu erfahren, dass für einen deutschen Patrioten jüdischer Konfes-
sion in seinem Vaterland und in dem Unternehmen, für das er vier
Jahrzehnte gearbeitet hatte, kein Platz mehr sein sollte. Anfang März
folgte Theodor Wolff dem Rat von Freunden, fuhr nach München,
dann nach Tirol (10.3.1933) und im April in die Schweiz. Aus Lugano
schrieb er seinem Ältesten, dass sich die unerfreulichen Angelegenheiten mit Lachmann hätten regeln lassen. Ende 1934 soll Theodor
Wolff über ein Jahreseinkommen von rund 100.000 Reichsmark
verfügt und eine »Reichsfluchtsteuer« in Höhe von 49.642 Reichsmark gezahlt haben (Sammlung Wolff, 12.5./13.6.1933, 4.12.1934;
Landesverwaltungsamt Berlin, 5.7.1951/ 8.7.1952). In Zürich ver-
handelte er 1933 mit dem Verlag Oprecht & Helbling über die
Drucklegung seiner Monographie *Der Krieg des Pontius Pilatus*, die
im folgenden Jahr erschien. Doch auch dort gewährte man ihm
keine dauerhafte Zuflucht. Bis zum 31. Dezember 1933 duldete man
ihn; im Reisepass heißt es zur »Erholung«. Das Schweizer Milizwe-
sen hatte er dem Kanzler Schleicher zur Sicherung von Demokratie
und Republik empfohlen. In den Alpen war er mit seinen beiden
Söhnen wiederholt gewandert, und dort hatte er auch seinen *BT*-
Autor Albert Einstein auf einer Bergwiese getroffen (ebd.).

Überliefert ist aus jener Zeit ein eigenartiges Dokument. Es ist
ein offizieller Vordruck des Bezirksamts, den Theodor Wolff mit
vollem Namen eigenhändig unterschrieben hat (1.10.1933) und der
am 1. Oktober 1933 beim Polizeiamt Charlottenburg-Tiergarten
abgegeben worden ist. Darin wird ein Umzug der Familie Wolff in
die Berliner Regentenstr. 3 bekundet (ebd., Polizeiliche Abmeldung.
Großer Meldeschein, Eingangsstempel): Die Angaben zu Richard
sind im Formular nachträglich gestrichen; zum Ehepaar Wolff heißt
es, sie seien auf Reisen. Diese Wohnung könnten vielleicht die
Kinder Rudolf und Lilly noch bis 1934 oder 1936 genutzt haben.

Die Nachricht von seiner Vertreibung ging um die Welt. Der
deutsche Generalkonsul in Chicago berichtete am 13. März 1933
der Botschaft in Washington:

Die Stimmung in der hiesigen Bevölkerung und der Presse [...]
wird neuerdings unter dem Eindruck der aus Deutschland kommenden Pressemeldungen von Terrorakten gegen Angehörige

*Abb. 8: Zufällige Begegnung mit Albert Einstein in Wallis,
nahe Leukerbad, im Juli 1927.*

jüdischen Glaubens immer unfreundlicher. [...] Besonderes Aufsehen hat auch die hiesige Meldung der *Tribune* hervorgerufen, wonach Theodor Wolff, Prof. Bernhard, Georg Tietz und der frühere Staatssekretär Weismann sich gezwungen gesehen hätten, Deutschland zu verlassen. Es würde zur Beruhigung der hiesigen Öffentlichkeit beitragen, wenn ich diese Nachrichten dementieren könnte. Ich fürchte andernfalls, dass dem Ansehen Deutschlands durch diese Vorgänge ein Schaden entsteht, der in Jahren nicht wieder gutzumachen ist (ebd.).

Nichts dergleichen geschah, sodass Theodor Wolff seine Flucht vor den Nationalsozialisten fortsetzen musste. Erst im südfranzösischen Nizza fand er Schutz. Dort schrieb er auch seinen einzigen Roman *(Die Schwimmerin,* 1936) sowie Manuskripte zu politischen und kulturhistorischen Themen. Er dachte über sein Judentum nach, trieb Studien zum historischen und aktuellen Antisemitismus. Er begann im Zweiten Weltkrieg die Niederschrift des ersten Bandes einer Trilogie *(Die Juden)* im vollen Bewusstsein der quälenden Ungewissheit über sein eigenes Schicksal. Es waren die Jahre, in denen Fritz Hippler in seinem antisemitischen Hetzfilm

»Der ewige Jude« (1940) nur eine Sequenz mit Theodor Wolff und dem *Berliner Tageblatt* einzufügen brauchte, um dem Publikum die Macht der »Judenpresse« zu veranschaulichen. In seinem Manuskript versuchte er die Behauptung der Nationalsozialisten, eine deutsch-jüdische Gemeinschaft sei nicht möglich, historisch zu widerlegen. Das Werk, dem Studien über *Die Deutschen* und *Die Franzosen* folgen sollten, wurde sein literarischer Abschied.

> Ich habe diese Betrachtungen im Jahre 1942 begonnen, ich beende sie im Frühjahr 1943, und vielleicht hat auch da noch die Beschäftigung mit dem jüdischen Problem und mit allen Problemen von Heute und Morgen wenig Wert und Zweck. Aber vom Horizont aus ist schon die Helligkeit höher gestiegen, und es ist nicht mehr, wie in der überwundenen dunkelsten Zeit, nur ein mystischer Wunschglaube, daß die Ideen des Rechtes, der Freiheit und der Menschlichkeit nicht unterliegen können (Wolff, Juden, S. 19).

Das Denken von Theodor Wolff wurde durch die Idee geleitet, dass die überlebenden Juden in einem freien Deutschland wieder und weiterhin leben könnten. In dieser Idee spiegelt sich das Weltbild eines liberalen Juden, den die Kultur und die Politik der Republik von Weimar mitgeprägt hatten. Als Emigrant beteiligte er sich nicht an den Kämpfen aus der Ferne gegen die nationalsozialistische Diktatur: Einen Schneeball könne man noch aufhalten, eine Lawine nicht mehr. Obwohl das US-Konsulat in Nizza ein Visum für ihn bereit hielt – u.a. hatten sich Arthur H. Sulzberger *(New York Times)*, Varian Fry *(Emergency Rescue Committee)* und Albert Einstein für ihn eingesetzt –, lockte ihn nicht die »Neue Welt«, deren Sprache er nicht beherrschte und deren Kultur ihm fremd war (Richard Wolff an Wolfram Köhler, 15.11.1978). Alles, was er im Alltag erlebte und über die Zusammenarbeit der französischen lokalen Sicherheitskräfte mit den Nationalsozialisten erfuhr, musste ihn ebenso tief enttäuschen wie die Kollaboration der französischen Verwaltung mit den auf das Territorium des Vichy-Frankreichs 1942/43 vorstoßenden italienischen Truppen. Die französische Polizei denunzierte ihn, das italienische Militär verhaftete ihn am 18. Mai 1943 und lieferte ihn an die Gestapo aus. Am Morgen vor dem Abtransport nach Auschwitz rettete ihn seine Prominenz vor dem Transport von Drancy nach Auschwitz. Er wurde in Geiselhaft ins Berliner Polizeigefängnis in der Invalidenstraße verbracht. Das

Die armen Emigranten am Gardasee

„Oder ist das Wohlbehagen erblich,   Ein jeder ist an seinem Platz unsterblich,
Die Wange heitert und der Mund,   Sie sind zufrieden und — gesund —."

Abb. 9: Neben Theodor Wolff galt die NS-
Schmähung Georg Bernhard, Emil Ludwig und
Alfred Kerr (Kladderadatsch, 9.7.1933).

NS-Regime tauschte die dort inhaftierten Juden gegen im Ausland gefangengenommene deutsche Offiziere aus (Amman, Juden, S. 63).

Aus dem Polizeigewahrsam berichtete ein Mithäftling seiner Lebensgefährtin, Wolff wisse nicht, was man mit ihm vorhabe und bitte den Hotelier Louis Adlon um Hilfe: »Kannst Du Dich mit Herrn Adlon persönlich in Verbindung setzen und ihn bitten, für Th. W. irgendwelche Sachen (Käse, Brot, Butter, Wurst etc, auch wenn möglich Zigaretten) zur Verfügung zu stellen und hierher schicken. Adlon sagen, daß Ausgleich später ab Nizza erfolgt, da W. dort durchaus bemittelt. – (Ist nicht ungefährlich und sehr diskret zu behandeln.).« Ob Theodor Wolff jemals irgendetwas Stärkendes erhalten hat, ist nicht bekannt (Sammlung, Wolff). Dagegen weiß man, dass eine eitrige Entzündung des Zellgewebes viel zu spät ärztlich behandelt wurde, so dass sein Leben am 23. September 1943 im Jüdischen Krankenhaus Berlin erlosch. Sein Grab befindet sich auf dem Jüdischen Friedhof in Berlin-Weißensee. Änne Wolff versteckte sich nach der Verhaftung ihres Mannes auf dem Lande in einer Scheune. Nach der Kapitulation der deutschen Truppen fand sie eine Wohnung in der Avenue des Baumettes in Nizza (Sösemann, Wolff, S. 252-255).

Theodor Wolff gehörte zu den Menschen, die von ihrer Jugend an »zum Mann der Feder gestempelt werden«, urteilte 1944 der in die USA emigrierte Schriftsteller und Kunstkritiker Max Osborn (1870-1946).

> Wir haben zusammen die Schulbank des Berliner Wilhelms-gymnasiums gedrückt [...], und ich sehe noch die Titelseiten der schülerhaften »Zeitungen« vor mir, die der 17jährige leitete [...]. Die Henkersgesellschaft der Hakenkreuzler verschlug ihm alles Glück seines Lebens, zerschlug ihm den Frieden des Abends (ebd., S. 256).

Als Autor hatte er mit seinen Leitartikeln und Büchern die Zeitgenossen informieren wollen, über Zusammenhänge aufklären und dazu beitragen, unabhängiger und selbständiger zu denken. Er argumentierte engagiert politisch, beeindruckend unabhängig und sich allein der Öffentlichkeit verpflichtet fühlend. Sprachlich zog er dem schweren Säbel das Florett vor. Er achtete darauf, dass ihm keine Anspielung zu langatmig und keine Andeutung zu breit gerieten. Sein Witz verzichtete auf den letzten erläuternden Satz und sein Hieb auf das Aggressiv-Verletzende. Ihn begleitete die Ironie mit verzeihendem, versöhnendem und entspannendem Gestus – leise, lächelnd und sogar etwas versonnen, wie es in den an Anatole France oder Victor Auburtin erinnernden Texten geschieht. Fern jeglicher Ideologie stehend, liberal, offen und mit einem deutlichen Anflug von Skepsis, misstraute er ehernen oder ewigen Wahrheiten und ihren Propheten. Die dabei zu beachtende Zurückhaltung und Skepsis wendete er auch gegen sich selbst. Über seinen Urteilen schwebte letztlich ein selbstkritisches »Vielleicht«.

An Theodor Wolff erinnern die Städte Berlin (Ehrengrab, Gedenktafel, »Stolperstein«) und Nizza (Gedenktafel), der Bundesverband der deutschen Zeitungsverleger (Journalistenpreis) und der Berliner Bezirk Mitte (Park und Stele). Berlin ehrt Rudolf Mosse mit Straße, Grab, Gedenktafel und »Stolperstein«.

Theodor Wolffs Vater-Tagebuch
1906-1913

»Richtige, frische, sonnige, lustige, erwärmende –
wenn auch etwas turbulente Kinder«

(Theodor Wolff im Vater-Tagebuch, 1. August 1913)

Meines Sohnes Tagebuch.
Begonnen: Paris, den 16. Juni. 1906.
Paris, 16. Juni 1906.

Mein lieber Sohn!
Du bist heute zwei Tage alt, deine Anwesenheit macht sich mehr und mehr bemerkbar und ich fühle das Bedürfniss, mich mit dir zu unterhalten. Denke nicht, dass ich dir gute Lehren erteilen und dir von deinen Pflichten und aehnlichen Dingen sprechen will – du würdest dieses Buch vermutlich nicht weiter lesen und die schöne Harmonie könnte leiden, wenn einer von uns beiden den Pädagogen spielen wollte. Du hast heute früh begonnen, an der Brust deiner Mutter den warmen, von der göttlichen Natur bereiteten Nahrungsstoff in dich auf zu nehmen, du hast dich mit deinen kleinen suchenden Lippen erst etwas verständnisslos und dann recht begierig dem Urquell zugewendet. Und ich vertraue erheblich mehr auf all' das Gesunde, Klare und Wundervolle, das du, mein lieber Dick, dort einsaugen musst, und auf die segensvollen Kräfte, die heute schon in dir ruhen müssen, als auf trockene Moralpredigten und alle Hülfsmittel der Dressur.

Als mir vorgestern Nachmittag, zehn Minuten nach zwei, der kluge, treu wachsame Arzt deine glückliche Ankunft gemeldet, fand ich dich an der Seite deiner Mutter, in ihrem Arm, versteckt unter der Bettdecke, die man dir waermend ueber das Köpfchen gezogen hatte. Schon ehe ich eintrat, hatte ich deine Stimme gehört – lang gezogene Töne, die wie ein dünnes, feines »ä« klangen – und du weisst nicht, welch' ein beseeligender Zauber in dieser Musik lag und wie beruhigend und befreiend sie nach drei bangen, angstschweren Stunden wirkte. Aber du weisst noch weniger, und ich kann es dir auch nicht schildern, welch' eine himmlische Schönheit, welch' eine leuchtende Sonne von dem Bette ausstrahlte, in dem du, umhütet und umschmiegt vom Arm deiner Mutter, unter den Decken kauertest. Ich habe auf mancherlei Fahrten sehr viel Schönes, Ueberraschendes und Erhebendes gesehen, habe den traumhaftesten Sonnenuntergang geschaut, der die Eisdecke des nordischen Wintermeeres violett färbte, und die Säulentempel der Akropolis, die sich rötlich schimmernd vom wunderblauen griechischen Himmel abheben. Das Alles war leer, aermlich und äusserlich, verglichen mit dieser aus der Tiefe kommenden Lichtflut, mit dieser herrlichen, grossen und heiligen Offenbarung des Mutterglücks.

Ich würde dir gern noch mehr von deinen ersten Lebensminuten erzählen, aber indem ich dir das Bild, das ich gesehen, zu malen versuche, empfinde ich die ganze Schwäche des Wortes. Und ich empfinde nicht nur die Schwäche des Wortes, sondern auch *unsere* peinliche Schwäche, die meinige und die deinige, mein lieber Dick, und die Schwäche aller Männer. Wie weit bleibt Alles, was wir mit Geist, Phantasie und Verstand etwa zu erzeugen vermoegen, hinter dem schöpferischen Werke der Frauen zurück, wieviel dürftiger und kälter ist auch die Zeugungsarbeit der Groessten unter uns und wieviel unergründlicher und geheimnissvoller ist die Mission der Frauen! Wenn ein Künstler, oder ein Dichter seine Schöpfung vollendet hat, dann wendet er sich fremd von ihr ab und das Band, das ihn solange mit seinem Gebilde verknüpfte, zerreisst am Tage der Verwirklichung. Die Frau, die wahre Frau, hat ihr ganzes Sein und ihres Lebens Inhalt in das entstehende Werk ergossen und die Fäden, die sich geknüpft haben, wurzeln unlösbar im Innern. Der Künstler ist stolz, oder unzufrieden, selbstbewusst, oder zweifelnd. Er spürt nichts von der grundgütigen, lichten und feierlichen Seeligkeit, mit der deine Mutter behutsam die Decke emporhob und lächelnd sagte: »Willst du ihn sehen?«

Damit du beim Lesen dieser Zeilen nicht auf irrige Gedanken kommst und nicht eitel schmunzelst, muss ich dir erklaeren, dass du selber noch keineswegs der Inbegriff der Schönheit warst. Die Athene ging fertig aus dem Haupte des Zeus hervor, Aphrodite erhob sich liebreizend aus dem Meeresschaum, uns Anderen aber ist, nach dem Worte eines Dichters, den du spaeter noch lesen wirst, ein »Erdenrest, zu tragen peinlich«. Als du, mein lieber Sohn, deinen Einzug in die Welt hieltst, warst du, wie viele andere Lebensdebütanten, ein wenig verbeult und schraeg ueber deine Stirn zog sich ein langer roter Streifen – die erste Schmarre, die du im Kampfe um's Dasein davongetragen. Zunächst fiel uns auf – und der Doktor hob es immer wieder rühmend hervor – dass dein Kopf sehr umfangreich und sehr kräftig entwickelt war. Dein Haar war dunkelblond, wie das Haar deiner Mutter, und deine Glieder waren rundlich und wohlgebildet. Gleich im ersten Moment deines Lebens öffnetest du ohne jede Schüchternheit die Augen, und du blicktest um dich, ohne noch zu sehen, genau wie manch' preussischer Staatsbürger in weit reiferen Lebensjahren.

Auf die Gefahr hin, dich durch ein etwas animalisches Wort zu verletzen, will ich dir sagen, dass du dich seither bereits erfreulich gemausert hast. Ohne jene törichte Schönfärberei, in der die meisten Väter sich gefallen, habe ich deiner Grossmutter – der besten aller Grossmütter – heute telegraphisch und brieflich berichten können, dass du einige Veranlagung hast, ein Mensch von angenehmem Äussern zu werden. Besonders wenn du in dem Wagen liegst, den deine Grossmutter dir geschickt hat, und deine kleine runde Nase in das weisse Kissen drückst, erscheinst du mir hübsch und ich ertappe mich dann bei uebertriebenen Ausrufen der Bewunderung. Deine Wange ist zart und gewölbt, wie das äussere Blatt einer rosafarbenen Rose, deine Stirn ist stark und nicht ungünstig geformt und die massive Gestaltung deines Hinterkopfes braucht nicht als ein Schönheitsfehler zu gelten. Du hast ein weiches, etwas zurückgezogenes Kinn, einen zierlichen, aber kräftigen Mund mit vollen Lippen und deine Mutter rühmt deine kleinen Hände, deren lange schmale Fingerchen blitzblanke rosige Nägel mit scharfkratzigen weissen Rändern haben. Wenn du wachst und häufig auch, wenn du schläfst, greifen diese lieben Hände auf dem Kissen und in der Luft umher und geleitet von einem geheimen Instinkt, scheinst du so den Gebrauch deiner Glieder zu erlernen. Deine Lippen öffnen und schliessen sich, bisweilen spitzst du den Mund und bisweilen geht ein leises Zucken über deine Stirn, als müsstest du schon schwere Gedanken verarbeiten. Wie möchte ich dich behüten, mein lieber Dick!

Du hast noch keine Gedanken und auch die meisten deiner Sinne schlummern noch. Ich möchte, dass du immer nur gute, helle und tapfere Gedanken haben solltest. Die Natur hat uns so grosse Wohltaten erwiesen – sie wird weiter wohltätig sein und mir erlauben, dir den Weg zu solchen Gedanken zu zeigen. Aber der Tag ist noch fern, an dem du, mein künftiger Wahrheitsucher, das alles lernen wirst, und einstweilen lerne ich nur von dir. Ich lerne von dir das Wunderbarste, das wahrhaft Göttliche, ich lerne von dir, was wir lernen können, ohne es jemals zu begreifen.

17. Juni.

Seit gestern bist du ein Mitglied der Gesellschaft, denn du hast einen Geburtsschein und deine Papiere sind in Ordnung. Ich bitte dich, nie zu vergessen, dass du früher ein Mensch, als ein Mitglied der Gesellschaft geworden bist.

Am Vormittag kam der städtische Arzt, der bescheinigen sollte, dass du wirklich vorhanden und dass du ein Knabe wärest, denn die Behörden neigen, aus mancherlei Gründen, zu misstrauischer Vorsicht. Der Arzt war ein liebenswürdiger, beweglicher Herr, der es sehr eilig hatte und mir und sich selber gern alle lästigen Ceremonieen ersparte. Er trat in mein Zimmer, richtete einen bewundernden und liebenden Blick auf die Bibliothek an der Wand und erklärte, dass es sehr wohltuend wäre, soviel schön gebundene Bücher zu sehen. Ich fragte ihn, ob er nicht auch *dich* zu betrachten wünschte, aber er lehnte mit hastiger Höflichkeit dankend ab. Während er die Namen in seine Meldezettel eintrug, schielte er nach dem Rousseau und nach den Werken des wackeren Lebenskünstlers Montaigne. Mit einem leichten Seufzer, mit dem flüchtigen Bedauern eines Vielbeschäftigten musterte er die Büchertitel und nachdem er noch gesagt hatte: »Ja, ja, das sind die schönsten Stunden des Lebens!« und nachdem er mir verbindlich zu meiner Bibliothek und zu meinen Vaterfreuden gratulirt, verschwand er liebenswürdig, bedauernd und eilig.

Du bist im Hause 46 Boulevard Haussmann zur Welt gekommen, gegenüber der Grossen Oper, und die Mairie des Opern-Arrondissements, in der ich deine Ankunft meldete, liegt in der Rue Drouot. Diese Mairie, in der vor drei Jahren deine Eltern getraut wurden, ist ein vornehmes altes Gebäude im ruhig graziösen Stile Louis Seize, ohne schwerfälligen Prunk und ohne moderne Verquältheit. Ein köstlicher Mittelbau und zwei neuere Seitenflügel umgürten den Hof mit einer fast zu zierlichen Statue Voltaires und eine geräumige Treppe mit bronzenem Empire-Geländer führt zu den Zimmern der Registerschreiber hinauf. Dort bist du, mit sauberer Bureaukratenschrift, in zwei gewaltige dicke Bücher eingetragen worden und dein Vater und deine beiden Zeugen, Antoine Bavier-Chauffour und Doktor Berthold Frischauer, haben das Attest unterzeichnet. Deine Mutter hat dir den Namen »Richard« gegeben, Richard Coeur-delion, Richard Loewenherz. Werde mir ein Coeur-de-lion!

Auf derselben Seite des grossen Buches, auf der deine Geburt ordnungsmässig vermerkt wurde, ist vor dir ein anderer Ankömmling eingetragen worden. Eine dicke Frau mit einem roten listigen Gesicht diktirte den Namen und zwei schmutzige, armselig zerlumpte Maenner kritzelten als Zeugen mühselig ihre Unterschriften auf's Papier. Draussen auf dem Flur gab die dicke Frau dann jedem der beiden Männer ein Francstück und die Männer machten einen Kratzfuss und schoben, ohne etwas zu sagen, das Geld in die Tasche. Vielleicht war das arme Kind ein Findling, oder sein Vater wollte nichts von ihm wissen und darum war die hässliche Frau von der Mutter geschickt worden. An allerlei trübe Geschichten konnte man denken – und in dem dicken Buche stehen, zwischen den Zeilen, viele solcher trüben Geschichten.

Wer weiss, wie es dem kleinen Jungen geht, dessen Name der Beamte dicht vor dem deinigen in das grosse Buch, in das Buch der neuen Generationen eingeschrieben! Wird er geliebt und behütet, wie du, schläft er, wie du, auf weissen Kissen, hat man ihn, wie dich, mit frohem Jubel empfangen? Er ist gewiss ein guter kleiner Junge, er hat dasselbe Anrecht auf Glück, wie du, und er hat noch nichts getan, um die Missgunst des Schicksals zu verdienen. Wenn das Glück ihm nicht lächelt, wenn er nicht Freude verbreitet und Freude geerntet hat – nicht wahr, dann ist es nicht *seine* Schuld? Vergiss' nicht, mein lieber Dick, dass solch' ein armer Junge dicht neben dir im Hauptbuche des Lebens steht, dass er dein Nachbar ist, und bleibe – nicht nur im Buche – auf seiner Seite!

Neuilly–Saint-James, 15. September.

Ich habe fast drei Monate lang dieses Tagebuch nicht vorgenommen – und was haben wir alles in diesen drei Monaten mit dir erlebt, mein lieber Dick! Ich erinnere mich, dass ich dich in deinem Zimmer – im Zimmer deiner Mutter – schreien hörte, während ich die Zeilen dort oben niederschrieb – du warst unruhig und wolltest nicht einschlafen. Niemand von uns ahnte an jenem Abend, dass du, unser goldiger Liebling, bereits von entsetzlichen Gefahren bedroht warst, niemand ahnte, dass unser Glück sich so bald in Angst und Schrecken verwandeln würde. Heute, wo wir dich gesund, ohne eine Spur der ueberstandenen Krankheit vor uns sehen, wo wir dein volles, rosiges Jungensgesicht und deine kräftigen, derben und rundlichen kleinen Glieder mit täglich neuer Freude streicheln und hätscheln dürfen, möchte ich die Erinnerung an das Vergangene nur im Fluge wachrufen, nur so wenig als möglich das aussprechen, was wir niemals doch vergessen werden.

Am fünften Tage deines Lebens erkranktest du an einem Darmkatarrh und am 19. Juni nahm die Krankheit einen gefährlichen Charakter an. Um 11 Uhr Abends stieg die Fiebertemperatur auf mehr als 41 Grad, aber sie fiel nach einem Bade, das der herbeigeholte Arzt verordnet hatte. Um halb fünf Uhr Morgens sass ich mit der Wärterin, Madame Delbost, an deinem Wagen, der nahe beim Bette deiner armen, unablässig weinenden Mutter stand, und plötzlich schien es uns, als ob dein stilles, bleiches Gesichtchen noch stiller und bleicher würde. Eine neue Krisis, noch schwerer und unheimlicher, als die erste, war eingetreten, alle Wärme war aus dem kleinen Körper gewichen. Du wurdest mit Decken, mit heissen Eisen und Wärmflaschen umhüllt und umpackt und nach einigen Minuten begannst du, dich zu regen, zu athmen, wieder zum Leben zurückzukehren. Ach, dieses neue Erwachen zum Leben, mein wonniger Liebling, welch' ein grosses, beglückendes Wunder! Wir konnten wieder aufathmen, wieder hoffen und vertrauen – aber wieviel Wunder waren noch nötig, in sechs langen qualvollen Wochen, um dich allen Gefahren zu entreissen!

Aus dem Nebenzimmer, mein lieber Dick, kommen das Lachen deiner Mutter und deine ersten, abgerissenen, lustig hervorgestossenen Sprechlaute. Es regnet draussen, der Wind schüttelt die nassen Baumkronen, du kannst nicht hinaus in den Garten, bist ein kleiner Gefangener und sitzt in einem rosa seidenen Jäckchen, das deine Grossmutter dir geschenkt hat, auf dem Schoosse deiner Amme. Du hast jetzt eine Amme, eine Nounou, denn seit jener furchtbaren Nacht hat deine Mutter dich nicht mehr nähren können. Deine Nounou ist eine Bauersfrau, Maria Jarrige, aus dem Dorfe [Textlücke] im Département Corrèze, sie hat schon drei eigene Kinder mit Nahrung versorgt, aber du, mein lieber Junge, bist ihr erster fremder Kostgänger, ihr erster städtischer Dinergast. Die Aerzte hatten uns nicht erlauben wollen, dir eine Nounou zu holen, der berühmteste von Allen hatte dir eine »humanisirte« Flaschenmilch verschrieben, aber dieses Präparat war durchaus nicht nach deinem Geschmack gewesen und du warst immer schwächer und müder und blässlicher geworden. Dann, an einem Abend, als du ganz matt und traurig dalagst, warfen wir die humanisirten Flaschen hinaus, liessen die gelehrten Aerzte bei ihrer Weisheit und sandten Madame Delbost auf die Suche nach einer Nounou. Um Mitternacht zogst du deinen ersten Schluck aus dem wohlgefüllten Busen der kleinen phlegmatischen Bäuerin, die alte gute Mama Bavier-Chauffour rief strahlend: »er trinkt, er trinkt!« und die Natur triumphirte ueber die hochmütig dünkelhafte Wissenschaft. Maria Jarrige sass zwei Nächte lang neben deinem Wagen und seufzte: »Mon pauvre chat! mon pauvre chat!« Sie hat ihre Fehler, wie alle menschlichen Wesen, aber ich denke immer an diese beiden Nächte.

Das, was sich bis dahin ereignet hatte, war nur die erste Etappe auf einem langen Leidenswege gewesen – Schlimmeres folgte, ueber das ich schnell, ohne Aufenthalt, hinweggehen möchte. Am 24. Juni, einem Sonntag, zeigte sich auf deiner rechten Hand eine grosse blaurote Geschwulst, in der die aerztliche Gelehrsamkeit zuerst die Folge eines Fliegenstiches sehen wollte. Die Geschwulst war verursacht durch eine Infektion, durch den Giftstoff, den die Darmkrankheit in deinem Körperchen zurückgelassen, und sie wurde am 27. Juni geöffnet. Einen Augenblick lang schien es, als ob die Operation das Uebel beseitigt hätte, aber am Abend des 28. – einem unsagbar traurigen Abend – bildeten sich neue Infektionsheerde und die Aerzte verliessen uns mit Worten, in denen nichts Tröstendes, nichts Hoffnung-gebendes lag. Du wurdest am nächsten Morgen operirt – dann wieder am 5. Juli, am 19. und am 20. Juli – denn jedes Mal, wenn wir glaubten, nun gesiegt zu haben, brach die Krankheit wieder hervor. »Il nous déroute!« sagten die Aerzte, die abwechselnd ueber die Zaehigkeit des Uebels und ueber *deine* Zaehigkeit, deine herrliche Widerstandskraft den Kopf schüttelten. Fünfmal verliessen sie uns ratlos und mit trüben Prophezeiungen und fünfmal nannten sie es ein »Mirakel«, wenn dein Wille zum Leben sich stärker erwies, als alle Leiden.

Mein lieber Dick, du wirst nie ahnen können und du sollst auch garnicht ahnen, wie sehr wir alle in diesen Wochen gelitten haben, wieviel Tage und Nächte hindurch deine Mutter geweint hat, immer nur ein wenig Beruhigung in dem Gedanken suchend, dass ihr Liebling noch nicht begreifen, oder doch erst halb begreifen und halb empfinden könnte. Wie oft habe ich neben deinem Wagen gestanden und dir heimlich zugeflüstert: »Bleib' bei uns, mein lieber

Dick, bleib' bei uns!« Du bist bei uns geblieben, du bist gerettet worden und wir verdanken das dieser unermüdlichen, rastlos kämpfenden Madame Delbost und dem Antistreptocox-Serum des Doktor Marmoreck, den wir gegen den Wunsch und den Rat der Aerzte herbeigerufen. In den letzten Tagen des Juli war der Krankheitsstoff erloschen und du begannst, zuzunehmen und rosiger und gesünder auszusehen. Wir konnten deiner Grossmutter, die im ersten Schrecken ueber deine Erkrankung von Heringsdorf nach Berlin geeilt war, deinem Grossvater – dem Papa deiner Mutter – und all' den Lieben, die in Berlin und Paris um dich gebangt und gezittert, gute Nachrichten geben und am Vormittag des 5. August – einem Sonntag – machten wir zu vieren – du, deine Mutter, ich und die Nounou – den ersten Ausgang. Dann fuhren wir täglich mit dir in einem Wagen zu den Champs-Elysées, und wir waren überzeugt, dass du für alle Spaziergänger ein Gegenstand der Bewunderung wärest – beinahe wie für uns. Und am 16. August zogen wir hierher, zu einer hübschen Villa am Boulevard de la Seine – N° 25 – in Neuilly Saint James, nicht weit vom Bois de Boulogne und gegenüber der Ile de la Grande Jatte.

Ich habe dir gesagt, mein lieber Dick, wem wir deine Genesung verdankten, aber es ist ja klar, dass alle Geschicklichkeit, alle treue Fürsorge und alle Mittel und Mühen ohnmächtig gewesen wären, wenn jene geheimnissvolle Schöpferkraft, die wir bald natürlich und bald göttlich nennen und die wir niemals verstehen und ergründen können, dich nicht so wunderbar zum Widerstande gerüstet hätte. Soll ich dir noch sagen, dass wir, deine Mutter und ich, seit jenen Wochen, die wohl die schwersten unsres Lebens waren, dich noch ganz anders lieben, als früher, und dass sich in unsere Liebe noch etwas Neues, etwas noch Tieferes und Ernsteres gemischt hat? Wir sprechen fast nie von den überstandenen Sorgentagen, aber oft, wenn wir zusammen dein lächelndes Jungensgesicht betrachten, drücken wir uns still die Hände und jeder weiss dann, was der andere denkt.

Neuilly Saint-James, 30. September.

Die Freunde und Bekannten, die uns hier draussen besuchen und die dich bewundern, suchen fast immer nach der »Aehnlichkeit«.

Dabei geschieht es, dass die Einen mit grosser Bestimmtheit versichern, du glichest ganz ueberraschend deiner Mutter, während die Anderen mit ebensoviel Sicherheit beschwören, du seist deinem Vater gradezu fabelhaft aehnlich. Gestern erklaerte ein Besucher, du haettest genau das blonde Haar deiner Mutter, ihre Augen und ihre Nase, und heute beteuerte ein Freund aus London, er würde dich unter tausenden als meinen Sohn herauserkennen und dich ohne Zögern begrüssen: »Bonjour, Monsieur Wolff!«

Wenn die Leute somit ueber den Aehnlichkeitspunkt nicht grade einig sind, so sind sie doch alle darin einig, dich »superbe« und »magnifique« zu finden und dir andere schmeichelhafte Adjectiva zu widmen. Jeder, der dich nicht in deinen Krankheitstagen gesehen hat, kann nicht glauben, dass du wirklich so krank gewesen, und jeder, der dich damals gesehen, ist jetzt starr vor Staunen. Du hast nach deiner Krankheit an jedem Tage vierzig bis funfzig Gramm zugenommen, du hast alles Versäumte im Eiltempo nachgeholt und du bist mit deinen elf Pfund, deinen runden, strammen Armen und Beinen und deinem ganzen rosigen und fleischigen Körperchen ein Bild der Behaglichkeit und des Wohllebens. Als du auf dieser Welt erschienst, dünkte es mich zweifelhaft, ob du neben anderen Vorzügen eines Tages auch den der Schönheit besitzen würdest. Du hast dich seither ungemein zu deinem Vorteil verändert und ich kann dir erklären, dass du ausserordentlich hübsch bist.

Noch mehr als alles Andere gefällt mir an dir, dass du nur in gewissen Minuten – nämlich wenn du schreist – dem landläufigen Durchschnittsbaby, dem etwas geistlosen und unpersönlichen Babytypus gleichst. Dein runder frischer Kopf mit den kurzen blonden Härchen ist bereits seit Wochen weit mehr jungenshaft, als babyhaft, und wenn man dich näher kennt, so bemerkt man, dass du bereits ein ganz eigenes Individuum, eine Persönlichkeit bist. Mit deinen grossen Augen beobachtest du alles, was um dich herum vorgeht, verfolgst du jede Bewegung der Umstehenden, und wenn du schlechter Laune bist, genügt es gewöhnlich, dich an einen anderen Platz zu fahren, oder zu tragen: du beruhigst dich, sobald dir neue Eindrücke geboten werden. Am Vormittag, wenn deine Mutter und die nounou im Hause zu tun haben, trage ich dich gewöhnlich in dem wunderschönen Garten unserer Villa herum – wenigstens in Stunden, wo du es ablehnst, zu schlafen. Sobald ich dann ermüdet Halt mache, oder gar mich zu setzen und in ein Buch zu blicken wage, puffst du mich ärgerlich mit deinen kleinen Fäusten und giebst mir mit zornigen Lauten deine Unzufriedenheit zu erkennen. Wir marschiren dann weiter und du musterst still und aufmerksam die Bäume, die Blumen und die steinernen Vasen. Ich blicke dann und wann mit einem leisen Seufzer zu den bequemen Stühlen und zu meiner verlassenen Lektüre, aber ich respektire entsagungsvoll deinen unersättlichen Bildungstrieb.

Am 14. September, als du drei Monate alt warst, habe ich dir dein erstes Spielzeug gekauft: eine in bunte Wolle eingehäkelte Klapper und eine noch buntere »folie«: eine Puppe mit wehenden Seidenfetzen, die sich dreht und beim Drehen eine zarte Musik ertönen lässt. Soll ich dir's gestehen – ich habe mich ein wenig geschämt, als ich dir diese albernen Gegenstände brachte, und ich war ein klein wenig enttäuscht, als du besonders der Klapper noch einige Beachtung schenktest. Ein kleines Mädchen, das dich besuchte, hat mit flinken und geschickten Fingern die Klapper zerstört und ich habe mich beeilt, dir andere, ähnliche Instrumente herbei zu schleppen. Diesmal hattest du für das läppische Spielzeug höchstens einen verächtlichen Blick und ich kann es nicht leugnen – dieser verächtliche Blick hat mir wohlgetan.

Eine Kunst, für die du von frühester Jugend ab ein besonderes Verständniss bewiesen hast, ist die Kunst des Gesanges. Deine Mutter pflegt dir schöne alte Lieder vorzusingen, wenn sie dich im Arm hält, und du schmiegst dich dann zufrieden und wohlig an sie an und beobachtest mit Eifer die Bewegung ihrer Lippen. Deine Nounou singt und pfeift dir oft die volkstümlich eintönigen Weisen ihrer Heimat und das Lied von der Paimpolaise »qui m'attend au pays breton« … und du geniessest auch diese populären Melodieen mit ersichtlicher Befriedigung. Dein Vater, dessen stimmliche Begabung einem reiferen Publikum nicht genügen würde, singt dir: »Büblein, wirst du ein Rekrut« … und du wirst nicht müde, diese kriegerischen Strophen zu hören. Seit fast einer Woche findest du an diesem Liede und an der dramatisch belebten Vortragsweise deines Vaters Gefallen und wer deinen leicht veränderlichen Geschmack und deinen ewig fortdrängenden Neuigkeitshunger kennt, weiss diesen Erfolg zu schätzen.

Bereits vor einiger Zeit hast du auch angefangen, sprachliche Laute von dir zu geben und dich mit deinen Eltern und deiner nounou zu unterhalten. Besonders am Morgen bist du vergnügt und gesprächig, ganz wie die kleinen Vögel des Morgens am fröhlichsten zwitschern. Du liegst in deinem Wagen, lächelst sonniger, als die strahlendste Morgensonne, fuchtelst mit den Aermchen in der Luft umher, bäumst das ganze Körperchen in dem Bestreben, deine Sprache zu finden, drückst und stösst deine hellen Kehllaute hervor und sagst »ei«, »ih« und »egäh!« Dann blickst du uns so klug, so beglückt und so fragend an – es ist, als seiest du beglückt, dich schon äussern zu können, und als wolltest du uns fragen, ob wir deine Geschichte verstanden. Und in diesem Wunsch nach Ausdruck und Verständigung, der dein Gesichtchen durchleuchtet, liegt etwas wunderbar Ergreifendes.

Neuilly-Saint-James, 15. Oktober.

Mein lieber loup, deine Eltern gehen mit schwerem Herzen, beklommen und bedrückt herum und sie werden nur wieder froh, wenn sie dich ansehen, oder von dir sprechen. Wir werden, mein goldiger Junge, dieses Paris verlassen, in dem wir so unendlich glücklich waren, in dem wir die schönsten Jahre unseres Lebens verbracht, in dem wir die Sonne, die Freiheit und die Heiterkeit des Daseins gefunden und jeden Baum und jeden Winkel, jede der wechselnden Tagesstimmungen und jedes Strassenbild mit immer erneutem Entzücken geliebt. Du weisst noch nicht, was das heisst: Paris verlassen! von dieser Stadt scheiden, in der Alles Harmonie, Anmut und Rausch ist! Wir ziehen nach Berlin – und du kannst noch weit weniger ahnen, was *das* bedeutet! O, wir müssen dich sehr viel ansehen, sehr viel bei dir Trost suchen, uns fortwährend sagen, dass wir ja *dich* besitzen und dass das Schönste uns begleitet – !

Ich bin gestern aus Berlin zurückgekehrt, wo ich vier Tage verbracht habe und wo ich schliesslich eingewilligt, die Leitung des Berliner Tageblatts zu übernehmen. Der Kampf war schwer und während viele mich beneidet haben mögen, bin ich in Berlin herumgewandert, wie ein Verlorener, oder ein Verurteilter, der die Mauern des Gefängnisses vor sich auftauchen sieht und hinter dem dann die Gefängnisstür in's Schloss fällt. Wie ist der Himmel hoch und warm über Paris – und welch' ein niedriger freudloser Himmel über Berlin, selbst in diesen sonnigen Herbsttagen! Welche Enge, welche verletzende Banalität, welch' plumper Ungeschmack in dieser deutschen Hauptstadt, die garkeine Stadt, sondern nur eine Aufhäufung unlustig und gleichmässig ausschauender Menschen ist! Ich schäme mich nicht, es zu sagen: ich habe geweint bei dem Gedanken, dass wir Paris mit Berlin, die lachende Schönheit mit der tristesten Alltäglichkeit, die Luft der Freiheit mit der nüchternen Athmosphäre preussischer Ordnung vertauschen sollten! Und als ich mein Jawort gegeben, habe ich es bereut – ich habe bereut, dass ich der Vernunft gefolgt bin, und habe mich gefragt, ob es nicht weiser gewesen wäre, weniger vernünftig zu sein.

Ich denke mir, mein lieber Dick, du fühlst bereits – wenn du es auch nicht begreifen kannst – dass du die beste, treueste, herrlichste Mutter hast, eine Mutter, wie nicht jeder kleine Dick, nicht jeder kleine Erdenbürger sie besitzt. Wir haben beide das grosse Loos gezogen, du und ich: du, weil du in den Armen einer solchen Mutter ruhen kannst, und ich, weil mir der Himmel eine Frau bescheert hat, deren Herz so klar und schön und warmleuchtend ist, wie ihr liebes Antlitz. Als ich in Berlin so recht traurig und zerschlagen war, kam ein Brief von ihr: »Wir gehen zusammen durch Dick und Dünn und werden den Mut haben, wo es auch sei, *unser* Leben zu leben!« Sie hängt mit ganzer Seele an Paris, hat seit Monaten vor der Entscheidungsstunde gezittert und ist nun doch die Stärkere. Und als ich dann gestern früh zurückkam, als sie mich am Gartentor empfing und die Tränen in meinen Augen sah, umarmte sie mich mit ihren Küssen, vor denen kein Kummer stand hält, und sie hatte, während wir noch im Garten umhergingen, so kluge und gute Worte der Billigung und Ermutigung! Nur als wir beide, sie und ich, heute Nachmittag in unserer Wohnung am Boulevard Haussmann standen, in unserem hellen und heiteren Heim, wo wir vier Jahre gelebt und wo du uns geboren worden, sah ich, dass auch ihre Augen feucht wurden. Dann fuhren wir durch die Champs-Elysées zu dir hinaus und im Dämmerlicht jagten hunderte von Automobilen mit dem unsrigen um die Wette, der Arc de Triomphe war von einem weichen Duftschimmer umwebt und wir fanden keine Worte … Aber als wir wieder bei dir waren, als du auf dem Bette lagst, mit den nackten feisten Beinchen strampeltest, nach allen Seiten hin mit den kleinen Fäusten Hiebe austeiltest, uns anlachtest und dann plötzlich, ohne langen Uebergang, ungeduldig und zornig zu grollen begannst, sagten wir uns ganz fröhlich: »wir haben *ihn*!«

Paris, 6. November

Ich muss dir von einem neuen Ereigniss berichten – von einem neuen Ereigniss in deinem bereits so ereignissreichen Leben. Deine gute Amme, Maria Jarrige, hat uns verlassen müssen und seit sechs Tagen nährt dich eine andere nounou, eine junge Debütantin, Helène Cardinali.

Maria Jarrige war uns mehr, als eine gewöhnliche nounou – sie war das rettende Geschöpf, das dich in schweren Krankheitstagen gestärkt, dir geholfen, all' das Schlimme zu überstehen. Ich habe dir schon erzählt, wie gern ich diese kleine Bäuerin hatte, und in den Monaten, die sie bei uns verbracht, habe ich sie immer lieber gewonnen. Sie war, wie dein Onkel Fritz zu sagen pflegt, ein »type« – drollig und herzensgut und lustig, solange, bis sie sehr traurig wurde. Sie hatte den Drang zum Hoeheren, hatte sich, mit dem merkwürdigen Anpassungstalent der Französinnen, schnell aus einer weltfremden Bauersfrau in eine kleine Pariserin verwandelt und war, wenn sie mit dir in Neuilly Saint James deine Bewunderer empfing, oder in den Champs-Elysées mit dir lustwandelte, unendlich glücklich und stolz. Zum ersten Male in ihrem Leben hatte sie den Schmutz und das Elend ihres Dorfes verlassen, unsere hellen Zimmer erschienen ihr wie die Säle eines Palastes und sie erwachte zur Kultur. Sie wollte sogar die Kunst des Schreibens erlernen, machte Pläne, wie sie ihren drei Kindern eine hoehere Dorfbildung verschaffen wuerde, und hatte in ihrer Freude bisweilen Worte und Gesten von naiver Koketterie. Dich, mein lieber loup, vergötterte sie und sie war eifersüchtig, wenn deine Mutter dich herumtragen, oder in trockne Windeln wickeln wollte. Wir hatten ihr eine reiche Zulage versprochen, wenn sie uns nach Berlin begleiten würde, und sie strahlte vor Begeisterung bei dem Gedanken an diese Reise.

Die arme Maria Jarrige ist leider mit einem Manne behaftet, der ein recht widerwärtiger Patron ist. Er war ihr, nicht grade zu unserer Freude, aus dem Dorfe in der Corrèze nach Paris gefolgt, hatte hier Arbeit bei der Orléans-Bahn gefunden und zeigte nun von Zeit zu Zeit sein rohes, stumpfsinniges und wenig sympathisches Gesicht. Er gab keinen Centime für seine Frau und seine Kinder her, aber er quälte seine Frau desto mehr mit herrschsüchtigen, eigensinnigen Zumutungen und plötzlich fiel es ihm ein, ihr die Reise nach Berlin zu verbieten. Seine Kameraden mochten ihn gehänselt, mochten ihm gesagt haben: »ein schöner Mann, der seine Frau so weit in die Fremde ziehen lässt!« und er hatte wahrscheinlich mit der Faust auf den Kneiptisch geschlagen und geschworen »qu'on ne lui la ferait pas!« Ich liess ihn kommen und er erschien, durchdrungen von seiner Macht und seinen Rechten, warf sich unhöflich in meine beste bergère, vergass, den Hut vom Kopfe zu nehmen, und war so recht geeignet, einem das ganze allgemeine Stimmrecht zu verekeln. Ich bot ihm Geld, das er verächtlich zurückwies, ich suchte ihn mit Vernunftgründen zu gewinnen, die an seinem Stierschädel abprallten. Er wiederholte nur immer, stumpf und hartnäckig: »ich bin der Mann, ich will nicht, es ist mein Recht!«

Du wirst noch häufig bemerken, mein lieber Dick, dass die Gesetze, die angeblich die Menschheit schützen sollen, oft nur dazu da sind, um die Menschen wehrlos zu machen und auszuliefern, und das gilt – in Frankreich noch mehr als anderswo – ganz besonders für die Frauen. Maria Jarrige möchte glücklich sein, Geld verdienen, etwas lernen und ihre Kinder gut erziehen, und ihr Mann, der nichts leistet, nichts hergiebt und ihre berechtigten Wünsche vereiteln will, hat alle Gesetze auf seiner Seite. Er hat auch nicht erlauben wollen, dass wir in Paris einen anderen Platz für sie suchten, oder dass sie in ihr Dorf zu ihren Eltern und ihren Kindern zurückkehrte – er hat verlangt, dass sie zu ihm käme, weil er sich vor seinen Kameraden gerühmt hatte, dass sie kommen *müsste*. Maria Jarrige ist schwach und die Energie gehört nicht zu ihren Tugenden und als ihr Mann, vor dem sie zittert, einen kräftigen Freund nach ihr aussandte, war sie schon gewillt, ihrem Herren und Meister zu gehorchen. Das wenigstens haben wir verhindert: ich habe um elf Uhr Abends deine weinende nounou in den Zug gesetzt und sie ist ihrem wutschnaubenden Gatten entwischt und zu ihren Eltern heimgekehrt. Ich habe den Eltern geschrieben, ihnen Marias Trefflichkeit und ihres Schwiegersohns Gemeinheit geschildert und als sie den Brief erhalten, als sie die Geschenke gesehen, die Maria mit heimgebracht – oder doch einen Teil der Geschenke, denn Maria ist klug und sagt nicht Alles – haben sie bedauert, dass Maria uns verlassen.

Arme Maria Jarrige, arme nounou! Sie sitzt nun wieder in ihrem schmutzigen Dorf, andert[h]alb Stunden von der Grossstadt Arnac-Pompadour, in dem Hause ihrer Eltern, in dem sechs Personen in einer Stube und einer Küche leben, isst ihre armselige Suppe und denkt mit gebrochenem Herzen an ihr versunkenes Glück, an die Tage ihres Glanzes und an dich, ihren vergötterten Liebling, ihre »petit boule«, ihren »polisson«! Wir sorgen noch ein bischen für sie, werden ihr weiter helfen und hoffen, dass es ihr bald vergönnt sein möge, nach Paris zurück zu kehren. Was soll sie noch in ihrem Dorf? Sie ist nun eine »déracinée«, eine »Entwurzelte«, hat andere Menschen und ein anderes Leben gesehen und kann sich nicht mehr zurechtfinden. Diese arme kleine nounou (die sich nicht scheiden lassen kann, weil die dörflerischen Vorurteile sie verhindern) ist keine Nora, aber in ihrem Schicksal liegt sehr viel echte Tragik.

Deine neue nounou, mein lieber Dick, scheint dir erfreulicher Weise zu gefallen und sie verdient in vollem Masse deine Sympathie. Sie ist erst achtzehn Jahre alt, Tochter eines Italieners und einer Elsässerin aus Weissemburg, in Paris geboren und im Elsass erzogen, und sie hat in einem Hause in der Rue Rivoli, wo sie in Stellung war, jenes verzeihliche Malheur gehabt, das sie zum Ammendienste befähigte. Sie ist sanft, bescheiden u. willig, ihre Gestalt ist zierlich und ihr Gesicht hat etwas städtisch-Verfeinertes, nichts Landammenhaftes. Sie ist noch mager, denn sie hat Monate des Elends hinter sich, aber wir werden sie schnell herausfüttern und dann wird sie vermutlich aufblühen. Die Milch, der wichtigste Schönheitsreiz einer Amme, scheint dir trefflich zu munden und obwohl du grade in diesem Augenblick die ersten beiden Zähnchen erwartest und manchen Schmerz erduldest, hat die Wiegeprobe den regelmässigen Fortgang deines Gedeihens ergeben. Ich fürchte beinahe, mein lieber Dick, du denkst kaum noch in deinen Träumen an dieses arme Unglückswesen, an Maria Jarrige. Sie wird nicht die einzige Frau sein, die du vergessen wirst!

Berlin, 23. April 1907.

Mein lieber Butzi (dieses ist augenblicklich der Name, mit dem du gerufen wirst), ich habe dir ein volles halbes Jahr lang, und sogar ein wenig mehr, nichts in dein Buch geschrieben, aber ich will nun nachholen. Ich war in diesem halben Jahre ziemlich reichlich beschäftigt, und in den freien Stunden musste ich mit dir spielen, dich bewundern, mich mit dir unterhalten und mir vieles von dir gefallen lassen. Du bist jetzt zehn Monate und neun Tage alt und du bist – ich sage nicht zuviel – der Stolz, die Freude und das Entzücken der Familie. Aber bevor ich deine äussere Schönheit, deine erwachende Intelligenz und all' deine kleinen Künste rühme, will ich nachholen …

Wir haben Paris am 14. November verlassen. Vor Abgang des Zuges, in der Gare du Nord, bist du von deiner lieben alten Pathin, der Tante Bavier-Chauffour, und von vielen anderen Damen noch einmal geküsst und von den Herren bewundert worden. Du fuhrst im Schlafwagen des Nord Express, bequem und behäbig wie ein kleiner Prinz, und Alles, was du sahst, schien dich – eine Weile lang – lebhaft zu interessiren. Dann schliefst du, eingewiegt von dem Geschaukel des Zuges, und dein Schlaf war ruhig und beneidenswert. Weder Jüterbog noch Spandau konnten dich aus diesem ahnungslosen Schlummer aufschrecken, und ohne das mindeste Protestgeschrei kamst du am Morgen nach Berlin.

Auf dem Bahnhof Friedrichstrasse, wo ein kalter Wind wehte, erwarteten dich – und auch uns – deine Tante Martha und dein Onkel Fritz. Du wurdest schnell in schützende Tücher gehüllt und fuhrst mit Mama, mit Tante und mit deiner Amme Helene zur weit entfernten Spichernstrasse 15, wo wir, im Parterre, vorläufig eine »möblirte Wohnung« gemietet hatten. Die gute Grossmama, die Tante Käthe und deine Cousine Alice, harrten dort deiner voll Rührung und Spannung, und es war ein schöner Moment der Freude und der Begeisterung, als du nun ausgewickelt und der Familie gezeigt wurdest. Auch ein treffliches Hausmädchen, die Else, die schon manches Familienkind gepflegt und grossgezogen hatte, und Auguste, die vorzügliche Köchin, standen schon bereit. Und all' diese Personen waren sehr schnell, wie in einem Wetteifer, beflissen, dich zu verhätscheln und zu verziehn.

Die Spichernstrasse liegt in jenem »bayerischen Viertel«, das an modischer Geschmacklosigkeit und oedem Reizmangel noch die meisten anderen Stadtviertel dieser Steinwüste uebertrifft, und die Wohnung war zwar reich an Comfort, aber arm an Gemütlichkeit. Während *du* dich, mit jugendlichem Anpassungsvermögen, in den neuen Verhältnissen bald zurechtfandest, litten deine armen Eltern unter der Poesielosigkeit dieser Umgebung, und es war nur ein kurzer Trost, dass einige Wochen nach unserem Einzug dein Pathe

Bavier-Chauffour erschien und acht Tage bei uns blieb. Wir suchten in reizvolleren Stadtgegenden nach einem anderen, behaglicheren Heim, und wir fanden es in der Hohenzollernstrasse 23, ganz dicht beim Tiergarten. In den ersten Januartagen zogen wir in eine hübsche und, dem Himmel sei Dank, nicht »moderne« Parterrewohnung ein. Von einem Balkon führt eine Treppe in einen kleinen Vordergarten mit einigen Fliederbäumen und Büschen, dein Zimmer, an der Hofseite, ist hell und freundlich, und wenn Paris auch leider fern ist, so scheint Berlin – das Berlin mit seinem »Grosstadtleben« – doch erfreulicher Weise nicht zu nah.

Vor einigen Wochen musstest du dir jene peinliche Veränderung gefallen lassen, die man das Entwöhnen nennt. Helene Cardinali, deine Amme, die dich aus Paris hierher begleitet hatte, besass nicht mehr genügend Nährstoff, und da sie, in verzeihlicher Eitelkeit, ihre zierliche Figur nicht verderben wollte, lehnte sie jene kräftigen Suppen ab, die vielleicht geeignet gewesen wären, dem Mangel abzuhelfen. Mehrere Tage lang sträubtest du dich mit ungeheurer Energie gegen jeden neuen Ernährungsprozess und mit zornigem Geschrei, mit wilden Gesten und Fusstritten erhobst du gegen Flasche und Schnabeltasse Protest. Es bedurfte der heiteren Ruhe des klugen Doktor Thalheim und der gleichmässigen Geduld der guten Else, um diesen Widerstand schliesslich zu überwinden, aber keine Gewalt der Erde konnte dich bewegen, deine Lippen an die Flasche zu legen, und man muss dir die Milch löffelweise, unter zärtlichen Ermahnungen, eintrichtern. Du zeigtest in diesen Tagen, dass du ein Mann wirst, der seinen Willen hat und ihn durchsetzt. Es giebt Fehler, die mir unerfreulicher erscheinen.

Nachdem Else dich entwöhnt hatte, wurdest du einer neuen Hüterin uebergeben: der runden, hübschen, lustigen Anna aus dem Spreewalde. Else verliess uns, da sie zu heiraten gedachte, Helene Cardinali wurde nach Paris zurückbefördert, und das Regime der lustigen Anna begann. Die Wahl war glücklicher Weise zu deiner Zufriedenheit ausgefallen und du hast dich mit deiner Anna so ausserordentlich befreundet, dass wir anderen allen Grund hätten, einige Eifersucht zu verspüren. Du strahlst, wenn Anna mit ihrer weissen Riesenhaube und ihren bunten Brusttüchern erscheint, und du juchzst vor Lachen, wenn sie dich auf dem Schoos hält und mit dir Unsinn treibt. Sie behandelt dich mit einer handfesten Naturmenschen-Derbheit, zieht bei Wind und Wetter mit dir los in den Tiergarten, ist nie ängstlich oder verlegen, wenn ihr einregnet, und ist doch auf Sauberkeit und alle kleinen Details bedacht. Sie kann Berlin nicht leiden und liebt nur das Land u. die freie Luft. Sie ist dir und uns ungeheuer sympathisch.

Ich muss noch ein Ereigniss nachtragen, das sich kurz vor unserem Auszuge aus Paris abgespielt und das ich, im Geruder jener Wochen, hier nicht vermerkt hatte. Am [Textlücke] bist du in der reformirten Kirche [Textlücke] in Paris, hinter dem Coligny-Denkmal in der Rue de Rivoli, getauft worden. Deine Mutter war der Meinung, dass es wegen der Ausfragerei in den preussischen Schulen (die eines der ekelhaftesten Merkmale preussischer Vermuckerung und bureaukratischer Kulturlosigkeit ist) so am richtigsten für dich wäre, und ich habe nicht nein gesagt, da es mir im Grunde egal ist. Ich ziehe es – für mich – vielleicht vor, zu einer Minorität zu gehören, aber ich weiss nicht, wie *du* darüber denkst, und du kannst es mir nicht sagen. Wenn du so recht mein Junge bist, würdest du auch ohne das Taufattest über das Pack der Dummen und der Gemeinen hinweggesehen haben. Aber auch *mit* dem Taufattest kann man so stolz werden …

Herr und Frau Bavier-Chaffour waren deine Taufpathen. Die alte Frau Bavier, die mit ihrem weissen Haar und ihren Bindebändern unter dem Kinn wie ein altes gutes Gemälde aus dem dixhuitième aussah, hielt dich stolz auf ihren Armen. Du schriest ein bischen in der kalten halbdunklen Kirche, aber während der Prediger sprach, warst du ruhig. Nur als er dir die Wassertropfen in's Gesicht spritzte, schien dir die Sache wieder ungemütlich. Baviers hatten eine Droschke voll kleinen Paketen mit Bonbons mitgebracht, die nach französischer Sitte an deine Bekannten verschickt wurden. In unserer Wohnung, am Boulevard Haussmann, wo die Kisten schon bereit standen, war es ziemlich ungemütlich, und als du zur Ruhe gebracht worden warst, führten wir die Taufpathen und Gratulanten schleunigst fort. Wir gingen mit ihnen in eine holländische Teestube, neben der Oper, und tranken Tee und Chokolade auf dein Wohl. Der Prediger bekam hundert Francs in einer Schachtel Bonbons, und so wurdest du ein Mitglied der Kirche.

Abb. 10: Theodor Wolff mit Frau Bavier-Chauffour, Paris (um 1900).

Abb. 11: Wohnzimmer in Berlin, Hohenzollernstraße 17 (1931).

Berlin 10. Mai. 1907

Mein lieber Butzi, gestern hast du ein Brüderchen bekommen, das wir, nach einigem Ueberlegen und Schwanken, Rudolf genannt haben. Es kam einige Tage früher, als wir erwartet – ziemlich schnell und ohne allzu lange Beschwerden für deine gute Mutter, die noch am Abend vorher bis nach Mitternacht mit deinem Vater bei unseren Freunden Leistikow gewesen war. Dein Brüderchen ist weniger verbeult auf die Welt gekommen, als du, und es hat sehr viel Haare, die einstweilen dunkel sind. Eigentlich war eine kleine »Lilli« erwartet worden. Aber nur deine rundliche Spreewälderin, die Anna, war ein bischen enttäuscht, als es ein Rudi war – Pap und Mam sind ganz stolz, nun zwei Jungen zu haben, und du, mein Butzi, hast jetzt einen Spielkameraden, mit dem du dich amüsiren und prügeln kannst.

Während ich schreibe – auf unserem hübschen kleinen Balkon in der Hohenzollernstraße, liegt die gute Mama im Bett und der kleine Rudi schläft in dem neuen Bettchen, das bei ihr steht. Du, mein Aeltester – der »Große« – bist beim Pap auf dem Balkon. Du sitzt festgeschnallt in deinem Stühlchen, hast eine weiße gestrickte Wollkappe auf dem Kopf, die dir Onkel Fritz geschenkt und die man vorn, wie eine Fischermütze, hochgeklappt hat, und du bist ein sehr drolliger Mensch. Da Pap schreibt und sich nicht fortwährend mit dir beschäftigen will, so machst du Krach, schimpfst und ruderst vor dich hin, und nur, wenn ein Wagen, oder ein Automobil vorüberkommt, blickst du ihm mit großen runden Guckeln nach. Da du vor einigen Minuten, in plötzlicher, andächtiger Stille, sehr rot geworden bist, kann deine Unruhe, dein Hin- und Her-Gewackele und Haf-Haf-Haf-Geschrei noch besondere Gründe haben, und es ist gut, daß grade die Anna kommt, die dich baden will. Sie schnallt dich ab, du legst beide Händchen vorn auf den Rand deiner Tischplatte, um dich hochzuziehen, und stehst beglückt, hopsend und mit offenem Mäulchen in deinem Stuhlgestell. Dabei blickst du strahlend den Pap an, ob er auch sieht, was du kannst, und der Pap muß sagen: »Nein, was der Butzi schon kräftig ist!«

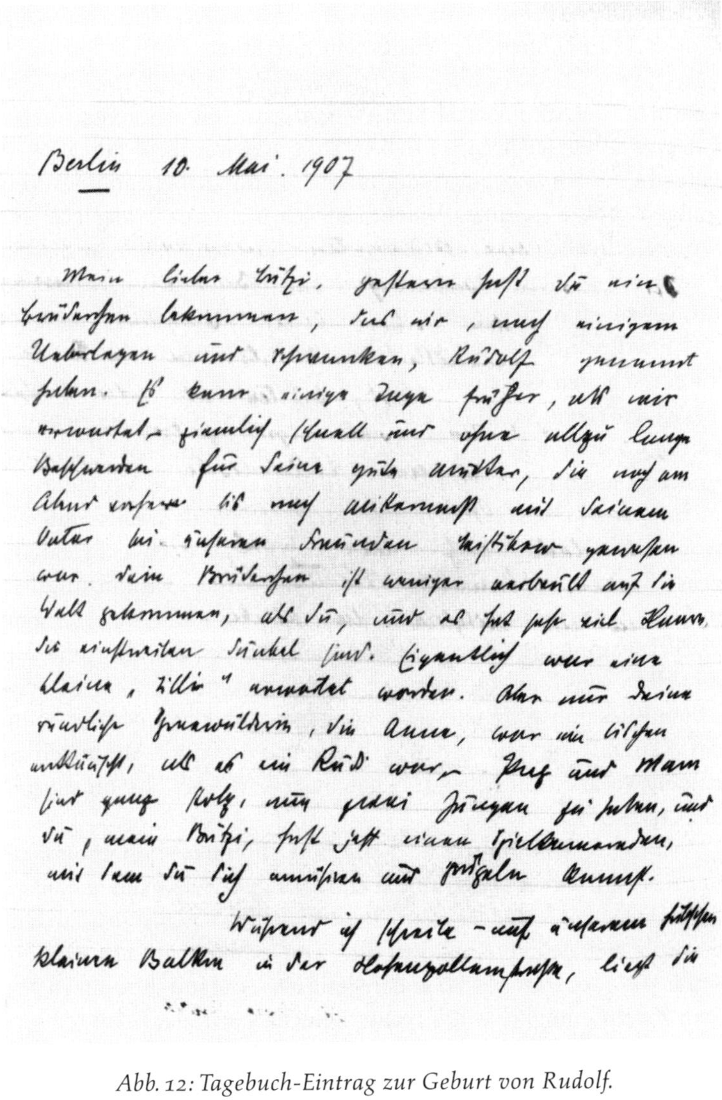

Berlin 10. Mai. 1907

Abb. 12: Tagebuch-Eintrag zur Geburt von Rudolf.

1. September 1908.
Hornbäck in *Dänemark*, Pension Hornbäckhus.

Diesmal sind fünf viertel Jahre vergangen, seit ich zuletzt deine Erlebnisse hier niedergeschrieben. Du mußt mir diese lange Pause verzeihen – ich war ein wenig überhäuft mit Arbeit und das Vergnügen mußte darunter leiden. Daß ich nicht aus Mangel an Interesse schwieg, weißt du. Denn wenn ich auch nicht in diesem Buche mit dir geplaudert habe – wir unterhalten und beschäftigen uns sehr viel mit einander.

Ich will schnell wieder die wichtigsten Ereignisse nachtragen, um zu der schönen Gegenwart, zu dem Butzi von heute zu kommen. Als ich zuletzt dieses Buch zur Hand nahm, war Rudi grade geboren worden, was eine gewisse Veränderung in unser und natürlich auch in *dein* Dasein brachte. Sehr fühlbar wurde dir diese Veränderung nicht, denn du wurdest nicht weniger verzogen als vorher, und obwohl Rudi gleichfalls verzogen wurde, glaube ich doch nicht, daß du ernste Gründe zur Klage hast. Es ist wahr, daß die Köchin Auguste in Rudis Geburtsstunde ausrief: »Armes Butzichen!« – was dir eine Zurücksetzung hinter den Jetztgeborenen verheißen sollte, und daß du selbst den Säugling lange Zeit mit argwöhnischen, fast feindlichen Blicken betrachtetest. Du wirst mir und deiner Mutter heute das Zeugniß ausstellen, daß sich Augustens trübe Ahnungen in keiner Weise erfüllt haben und daß auch dein Argwohn unbegründet gewesen ist.

Während deine Mutter noch das Bett hütete, hast du guter kleiner Kerl mir einen neuen und nicht geringen Schrecken eingejagt. Anna hatte entdeckt, daß dein eines Beinchen, das rechte – an dem du während deiner Krankheit in Paris zweimal operirt worden warst – kürzer wäre als das andere, und sie teilte mir das mit. Es war kein Zweifel möglich – das rechte Beinchen war etwas kürzer, und ein paar Tage lang ging ich mit traurigen Gedanken und recht verzweifelt herum, obgleich Dr. Thalheim die Sache nicht so tragisch nahm. Als deine Mutter dann das Bett verlassen konnte, machten wir ihr schonend von der Entdeckung Mitteilung, und wir baten den Geheimrat Professor Hoffa, den berühmten Orthopäden, um seine Hülfe und seinen Rat. Hoffa hat dich dann in seiner Privatklinik zweimal mit Röntgenstrahlen untersucht (die Anna und ich begleiteten dich hin, du benahmst dich beidemale sehr tapfer und der Röntgen-Apparat interessirte dich sehr) und es wurde zum Glück nur eine Muskelschwäche konstatirt, die durch Massage zu beseitigen war. Bis zum Juni dieses Jahres wurdest du von einer liebenswürdigen blonden Dame, einer Schülerin Hoffas, massirt, und diese Behandlung bekam dir ganz ausgezeichnet. Du hast, als du etwas mehr als ein Jahr zähltest, leicht und ohne jede Anstrengung laufen gelernt, das rechte Beinchen ist nur in der ersten Zeit noch, und nur sobald du ermüdet warst, ein ganz klein wenig schwach gewesen, und heute marschirst du wie ein Grenadier. Zu unserem großen Schmerz ist im vorigen Winter der Geheimrat Hoffa plötzlich gestorben, der uns zuerst über dich beruhigt und dann die Behandlung geleitet hat. Er war ein prachtvoller, schöner und scheinbar lebenssprühender Mann, der sein Herzleiden genau kannte, aber seiner Umgebung verbarg – ein Mann, der die Güte und Liebenswürdigkeit selbst war, den Armen ein großer Wohltäter, seiner Wissenschaft ein Bahnbrecher und Erneuerer. Er hatte alle begeistert, die ihm näher getreten waren, hatte auch mit seiner Kunst oft wie ein Zauberer gewirkt, und es sind ihm, auch von uns, sehr viele Thränen nachgeweint worden.

... da Rudi erst im Mai geboren worden, fand ihn im vorigen Sommer seine Mutter zum Reisen noch zu jung, und so blieben wir, oder blieb vielmehr deine Mutter mit Rudi in Berlin. Ich mußte mich für vierzehn Tage von euch trennen, da ich im Juni zur Eröffnung der Haager Friedenskonferenz nach Holland fahren mußte. Als ich von Scheveningen zurückkam, wo ich mich die zwei Wochen lang aufgehalten und wo ich lauter dicke runde rotbäckige Holländerkinder gesehen hatte, fand ich dich ein wenig städtisch blaß. Es war des Morgens früh, du lagst noch in deinem Bettchen, gucktest mich [mit] deinen großen Augen zuerst etwas prüfend, dann aber doch gleich erkennend und lächelnd an, und da du eine sehr zarte Haut und einen sehr feinen Pfirsichteint hast, erschienst du mir in deinem Bettchen weniger robust, als du zum Glück es bist, und der Kontrast mit den Strandkindern von Scheveningen berührte mich beinahe schmerzlich. Deine Mutter sah ein, daß etwas Seeluft für dich sehr vorteilhaft wäre, und da deine gute Großmutter, die wie fast alljährlich nach Heringsdorf reiste, sich beglückt bereit erklärte, dich aufzunehmen, gaben wir dich – nicht mit leichtem Herzen – für einen Monat fort. Die Anna ging mit dir, deine Mutter brachte euch nach Heringsdorf, wo die Großmama (die noch heute gerührt von diesem Empfang schwärmt und jenen Monat als ihre schönste Erholungszeit bezeichnet) euch erwartete. Ihr wohntet dort in einer sehr hübschen Parterrewohnung, in deren Garten du zum ersten Mal Hühnchen und anderes Hausfedervieh sahst, und du spieltest auf der Veranda mit buntbemalten Bauklötzchen, die du unermüdlich, sinnend und still zufrieden, aufeinander türmtest, während deine verliebte Großmutter bewundernd vor dir saß. Natürlich fuhr die Anna dich Vormittags und Nachmittags zum Strand und du machtest dort deine ersten Gehversuche, indem du dich an den Rädern deines Wagens festhieltest. Du sahst auch die Eselchen auf dem Strand, zeigtest bald mit ausgestrecktem Zeigefinger alle Schiffchen, die vorüberfuhren, und bildetest ersichtlich deinen Geist. Der erste Anblick der See hatte dich nicht allzusehr überrascht – wie alle Leute deines Alters hast du die Fähigkeit, dich mit neuen Umgebungen schnell abzufinden. Deine Mutter, die dich nach Heringsdorf begleitet hatte, holte dich nach einem Monat – gebräunt und gestärkt – auch von dort ab. Ich besuchte dich zweimal, und das eine Mal fuhren wir – du, die Anna und ich – in einem Ruderboot auf die See hinaus, wobei dir zuerst das viele Wasser sehr imponirte, bis du, nach einer knappen Viertelstunde, die Sache recht eintönig fandest und das Boot durchforschen wolltest …

Am 16. November wurde Rudi getauft. Diese Ceremonie ging vor sich in der Kaiser-Wilhelmsgedächtnisskirche, der Pastor Nithack-Stahn, der auch mehrere Theaterstücke geschrieben hat, hielt eine recht erträgliche Rede, Rudi lag abwechselnd auf den Armen der Anna, seiner Mutter und seiner Pathin, Frau Leistikow, und er schrie in all' diesen Armen mit gleicher Lungenkraft. Nur mein lieber Walter Leistikow und seine Frau – Rudis beide Taufpathen – wohnten dem Akte bei, *du* schliefst während dieser Feierlichkeit ruhig zu Hause in deinem Bettchen. Dann kamen Leistikows noch mit zum Frühstück, und der arme Walter überraschte uns mit einem prächtigen Pathengeschenk, mit einem großen Bilde aus der Gegend bei Grünheide, das nun dem Rudi gehört. Er – unser Walter Leistikow – hatte keinen guten Tag, die schwere Krankheit, die ihn durchwühlte und zerfraß, ließ ihm keine Ruhe, schon in der Kirche hatte er sich niedersetzen müssen und auch jetzt suchte er vergeblich, sich zu verstellen und seine Schmerzen zu verbergen. Er hat jenen Tauftag nur um wenige Monate überlebt: vor fünf Wochen haben wir diesen besten und treuesten Freund, diesen ehrlichen tapferen Menschen und Künstler begraben. Seit den Tagen seiner Erkrankung haben wir nichts so Tiefschmerzliches erlebt.

Ein anderer, ja nicht so schmerzlicher aber doch bedauerlicher Verlust hatte uns schon vorher betroffen: am 1. April verließ uns euere Anna, um sich zu verheiraten. Ihr beiden, du und Rudi, kamt auch über diesen Verlust weit schneller hinweg als wir: ihr wandtet ohne langes Zögern euere Gunst einer neuen Erscheinung zu, die diesmal Emma hieß. Euere Eltern hatten für die robuste, lustige, hübsche und blitzsaubere Anna ein großes Faible gehabt, und es ist uns wenigstens erfreulich, daß sie, in Eisleben, mit einem braven Mann verheiratet ist, nur Gründe zur Zufriedenheit hat und oben[dr]ein bereits selbst ein Kindchen erwartet. Im Juli hat sie uns besucht – sie war sehr gerührt, euch wiederzusehen, und war sehr glücklich, als du sie wiedererkanntest und »Anna« zu ihr sagtest.

Nun sind wir seit dem 12. August hier in Hornbäck, auf der dänischen Küste, am Kattegatt, und wir Alle fühlen uns, trotz des mäßigen Wetters, hier ungemein wohl. Für dich, mein lieber Butzi, war es ja nicht die erste Reise, aber der kleine Rudi kam doch zum ersten Male hinaus in die Welt. Wir fuhren des Abends ab, da ihr ungestümen und sehr beweglichen Knaben in der Nacht leichter ruhig zu halten seid, als am Tage, und als ihr um halb zehn aus eueren Betten genommen wurdet, in das Automobil kamt und dann auf dem Stettiner Bahnhof anlangtet, wart ihr mopsfidel und beglückt über die neuen Eindrücke. Deine Tante Käthe (die Groß-mama und Tante Martha waren in Gossenfuß in Tirol), die Köchin Auguste und das Hausmädchen Bertha waren zum Bahnhof gekommen, um euere Abfahrt zu sehen – *du* spaziertest stolz und kühn auf dem Perron herum, sahst strahlend die vielen »H-schs«, wie du die Eisenbahn zu nennen pflegst, und hättest am liebsten Alles in der Nähe untersucht.

Hier in Hornbäk gehst du herum wie einer, dem sozusagen die Welt gehört. Du marschirst über die Landstraße vor dem Hotel, oder über den Strand, eine dänische Fahne in der Hand, und wenn die kleinen Jungen und Mädchen, die sonst noch im Hotel wohnen, mit dir spielen, bist du der Keckste von allen. Du ziehst die andern Kinder an den Locken, reißt ihnen ihr Spielzeug weg, zupfst das Kätzchen im Hotelgarten am Schwanz, gehst ungenirt in fremde Gärten, deren Türen du öffnest, willst jeden Hund streicheln, und machst mit allen fremden Menschen und Tieren sofort Bekanntschaft. Deine besondere Leidenschaft ist: Steinchen in die Wellen zu werfen, und im Notfall auch in die Pfützen auf der Straße – wobei dann Papa neben dir stehen und dir womöglich die Steinchen zureichen muß, die du – nach richtigem, überlegendem Zielen – wirfst, jedesmal ein zufriedenes Hah! anstimmend und begeistert den linken Arm in die Luft werfend, wenn das Wasser recht in die Höhe spritzt. Die Gerechtigkeit zwingt mich zu sagen, daß du Knirps, du Dreikäsehoch, hier der allgemeine und von Allen verzogene Liebling bist, und daß »Butzi« hier bei den dänischen Kindern und Großen eine unbestreitbare Popularität genießt.

Berlin. 3. Januar 1909.

Da heute Sonntag ist, kommt ihr – Rudi und du – des Morgens zu Papa und Mama in's Bett. Das geschieht so an jedem Sonntag und an jedem Feiertag. Wir hören euch dann schon vor der Tür ungeduldig scharren, und mit eurem Hoh! und Huh! (du entwickelst bei solchen Gelegenheiten eine tiefe, männliche Baßstimme) dringt ihr in's Zimmer, allerlei Spielzeug und Bilderbücher hinter euch herschleppend. Du, mein guter Butz, liebst sehr die Bilderbücher. Heute früh im Bett mußte ich dir aus einem ganz dummen Buche vorlesen, das du – mit vielen anderen – zu Weihnachten bekommen hast und worin, nach Struwelpetermanier, die Unarten der Kinder und die Strafen geschildert wurden. Dass ein Kind, weil es im Bett nicht ruhig sitzt, bis in den Keller hinunterfällt, durch alle Fußböden hindurch, und daß ein andres in einen Käfer verwandelt wird, sind Dummheiten, die man euch nicht erzählen sollte, weil euer Köpfchen sie – mit Recht – nicht fassen kann, und ich habe mir dann auch erlaubt, dir das Schlimmste zu unterschlagen. Du saßt neben mir, von der Decke warm zugedeckt, hattest ganz freiwillig dein linkes Aermchen um meinen Hals gelegt und schmiegtest von Zeit zu Zeit deine weichwarme wonnige Wange an meine Stoppelbacke. Bisweilen küßte ich zwischen dem Vorlesen dein dunkelblondes seidiges Haar, und von der Seite sah ich dein geliebtes Profil mit dem entzückenden Näschen, der fein und hochgewölbten Stirn (für mich eine deiner größten Schönheiten!) dem runden hübschen Kinn, und ich beobachtete, wie deine klugen großen ausdrucksvollen Augen jede Einzelheit der Bilder studirten. Wenn du dann fühlst, daß du beobachtet wirst,

Geh. Med.-Rat Prof. Dr. U. Hoffa †
Begründer der modernen Orthopädie.

Abb. 13: Prof. Dr. Albert Hoffa
(1859-1907).

Abb. 14: Kindermädchen
mit Rudolf (undatiert).

Abb. 15: Walter Leistikows Patengeschenk
für Rudolf Wolff: »Grünheide« (1907).

lächelst du, halb zufrieden und halb verschämt, ohne aufzublicken. Bis dann manchmal deine Zufriedenheit und deine Verlegenheit einen Ausweg suchen, du plötzlich gassenbubenhaft die Zunge herausstreckst, oder dich zurückwirfst und über das Bett wälzst.

Während wir so sitzen, krabbelt Rudi – den wir auch noch Bebich nennen – neben der guten Mama herum. Rudi krabbelt immer, er ist ein unruhiger Geist, er muß auf seinen harten Beinchen, die wie kleine Eisenstangen sind, immer vorwärts und hat kein Sitzfleisch. »Turnen!« sagt er, und dann stolpert er zu den kupfernen Stangen des Geländers am Bettende hin, wo er, frech wie ein kleiner Daibel, hin und herwippt. Er hat nie – wie du, schon vor fünf viertel Jahren, schon in Heringsdorf es tatest – still vor einem Spielzeug oder einem Bildchen gesessen, in langen sinnenden Betrachtungen. Er ist für die Veränderung und für die körperliche Bewegung.

Doch das klingt, als ob du, mein lieber Butz, Anlage zum Stubenhocker hättest, und das ist wahrhaftig nicht der Fall. Du bist, Gott sei Dank, ein richtiger kerniger, draller und manchmal sehr eigensinniger und unnützer Bursche. Du bist wild und ausgelassen, wie ein richtiger Bengel sein soll, aber du hast daneben auch Neigung für die stilleren Spiele. Eben hast du mit dem großen Rollwagen, den wir euch zu Weihnachten geschenkt, zwanzigmal unter Fuhrmannsgeschrei die Runde um den Eßtisch gemacht und hast übermütig gejuchzt, wenn die Kisten und Kissen vom Wagen fielen. Aber du kannst dann wieder eine Stunde lang aus kleinen Holzhäusern, die »Pich«, der Onkel, euch gekauft, eine Stadt bauen, die Bleisoldaten hintereinander aufreihen, oder irgend etwas zusammen- und auseinanderbasteln.

Dein Verhältniß zu Rudi ist ein sehr eigenartiges und dem Wechsel unterworfenes. Bis vor einem Vierteljahr – d.h. bis Rudi noch nicht ein Mensch von andert[h]alb Jahren war und noch nicht fest genug auf seinen Beinchen stehen konnte – hast du ihn unerhört tyrannisirt. Du hast ihn geschupst, geziept, wo du nur konntest, und wenn er seine Gehversuche machte, oder neben dir auf dem Boden saß, hast du ein besonderes Vergnügen darin gesehen, ihn umzuwerfen. Dann gab es jedesmal ein großes Geschrei, du wurdest gescholten und manchmal auch gehauen, aber nichts half – mit einer diebischen Freude fuhrst du in deinen Angriffen auf den armen Rudi fort. Natürlich faßte Rudi eine sehr deutliche Abneigung gegen dich, schrie schon auf, wenn du ihm nur nahtest und schüttelte energisch den Kopf, wenn man ihn fragte: »Hast du Butzi lieb?« Das wurde ein wenig anders, als Rudi sich mehr zur Wehr setzen und auch schon ein wenig mit dir spielen konnte, und gegenwärtig befinden wir uns in einer Uebergangsperiode. Rudi, der »sich fühlt«, will unter keinen Umständen zurückgesetzt werden, und verlangt genau die gleichen Rechte wie du. Da ich dir angewöhnt habe, daß du morgens beim Frühstück auf meinem Knie sitzen und meinen Thee »rühren« darfst, so verlangt Rudi das Gleiche, und ich muß ihn, um nicht ungerecht zu sein und vor Allem, um eine füchterliche Schreiszene zu vermeiden, auf mein anderes Knie heben. Du darfst mit dem Zucker »Eisenbahn« spielen und er auch, du darfst von meinem »Eichen« kosten, und er ganz ebenso. Du – verwöhnt und herrschsüchtig – nimmst ihm noch sein Spielzeug fort, oder »tauschst« doch mit ihm (ein wenig gewaltsam), sobald ihr beide etwas bekommt, und du schubst und maltraitirst ihn auch noch gern ein bischen, aber er fängt an, sich zu verteidigen, und haut sehr tapfer mit seiner kleinen Hand auf den Quälgeist los. Dann hast du Anfälle von Zärtlichkeit, gehst zu ihm, umarmst und küßt ihn – worauf du dann gewöhnlich »ziehen« sagst und ihn, damit er deine Zärtlichkeit nicht überschätze, ein bischen an den Haaren ziehst. Ich glaube, daß er dich im Stillen bewundert und daß ihr euch beide im Grunde sehr gern habt. Wie zwei kleine Aeffchen macht ihr einander Alles nach und wenn der eine etwas erfunden hat, probirt es sofort der andere. Rudi geht gebückt, was er sehr schön findet, oder kriecht mir zwischen den Beinen hindurch, und sofort tust du das Gleiche. Du legst dir ein Tuch auf den Kopf und Rudi hebt, wenn er nicht gleich ein Tuch findet, wenigstens den Arm so zum Kopf hinauf, wie du – du marschirst wie ein Soldat, den Trommelstock als Gewehr auf der Schulter haltend, um den Tisch herum, und Rudi marschirt drollig, eifrig und athemlos hinter dir her. Du hast sehr spät zu sprechen angefangen, aber du sagst jetzt die meisten Worte, freilich noch ohne mehr als zwei mit einander zu verbinden. Rudi spricht dir schon sehr viele Worte nach und wenn du, im Tiergarten, in deinem Wagen sitzend, rufst: »Junge Mädgen!« dann ruft auch Rudi begeistert: »Junge Mädgen!« So ganz, wie du möchtest, kann er freilich noch nicht mit dir spielen, und das ärgert dich dann, wenn er sich nicht als »Pferd« einspannen lassen will. Aber du hast doch schon deutlich die Empfindung, in ihm einen kleinen Kameraden zu besitzen.

Norderney, 30. August 1909

Mein geliebter Goldbutzi, ich schreibe heute fern von euch, in Norderney, wo ich seit einer Woche bin. Die gute Mama und ihr habt mich leider nicht herbegleiten können, denn wir haben seit dem 7. August auch noch eine kleine Lilly, und da hat Mama es doch vorgezogen, zu Hause zu bleiben. Aber ihr habt doch, und das tröstet mich ein bischen, doch auch einen sehr schönen Sommer gehabt. Ich will das Alles wieder in der rechten Reihenfolge erzählen.

Ihr beiden Jungens seid meine geliebten Lausbuben und ich kann schon gestehen, daß ihr famose kleine Männer seid. Ich nenne euch meine Lausbuben, und wenn man euch fragt: »was seid ihr?« so sagt ihr: »Papas Lausbuben, Mamas Wonne!« Rudi, der ein lieber guter Kerl ist, heißt außerdem Papas »anständiger Mensch«. Wenn man ihn so nennt, lächelt er still beglückt und scheu-verlegen und geht so innerlich befriedigt zur Seite. Du, mein lieber Butzi, bist für einen Jungen viel zu hübsch – mit deinen blonden Haaren, deinen großen blauen Augen, den roten Bäckchen und dem goldigen Sonnenlächeln, das auf deinem Gesichtchen liegt, schmeichelst du dich überall ein und du hast große Erfolge. Du weißt das, und bist ein bischen kokett. Aber du bist doch nicht unangenehm-kokett, und du bist immer heiter, immer lachend, ein rechtes Sonnenkind. Ein bischen trotzig, wie zwei kleine Leute, die auf ihrem Willen bestehen, seid ihr alle beide. Eine Zeit lang wart ihr's zu sehr, und es kam vor, daß ihr durchaus nicht essen wolltet, oder daß ihr lieber zu Fuß gehen wolltet statt im Wagen gefahren zu werden, und daß ihr euch dann ganz steif machtet, kaum zu bezwingen wart oder euch sogar störrisch auf den Fußboden setztet. Das hat sich erfreulicher Weise ein wenig gebessert und wird auch nicht mehr erlaubt.

Während des Frühjahrs kann man im Tiergarten, in der Siegesallee, die Soldaten sehen, die vom Tempelhofer Feld zu den Kasernen zurückkehren. Täglich gingen wir zusammen fort, ich zu meiner Redaktion, ihr im Wagen, von der Emma geschoben. Ihr begleitet mich bis zum Kemperplatz und wenn wir in die Nähe kamen, rieft ihr: »Papa, Kempeplatz.« Immer einer von euch sagte dann: »Papa Schutzmann fragen«, und der andere sprach es nach, und ich mußte dann gehorsam den Schutzmann fragen, ob die Soldaten noch kämen. Ihr machtet auch unterwegs auf verschiedene

Sehenswürdigkeiten aufmerksam: »Armer Mann – keine Beine«, und »Rundfahrt!«, wenn die vom Reisebureau beladenen Gesellschaftswagen kamen. All' das wiederholte sich täglich mit großer Regelmäßigkeit. Schließlich verabschiedeten wir uns und winkten uns dann noch verschiedene Male aus der Ferne zu.

Ein besonderes Vergnügen bereitet es euch noch immer, den Papa zum Singen zu veranlassen. Ihr kommandirt »Papa, singen!« und dann muß Papa sein Repertoir zum besten geben. Gewöhnlich verlangt Rudi zuerst: »Soldaten«, dann singe ich: »Wer will unter die Soldaten.« – »Anders singen«, sagt Rudi – »Ulanen heraus singen«, sagst du – dann singe ich: »Was blasen die Trompeten« und setze an die Stelle der Husaren Ulanen, weil ihr schon viele Ulanen, aber noch keine Husaren gesehen habt. Rudi befiehlt wieder: »Anders singen«, und dann singe ich: »Wer hat die schönsten Schäfchen, die hat der goldne Mond«. Dann springt ihr gewöhnlich an's Fenster und sagt: »Mond sehen!« worauf ich euch erklären muß, daß der Mond jetzt hinter den Wolken verborgen oder aus anderen Gründen nicht sichtbar ist. »Trinkt das Huhn!« sagst du … Ich singe: »Keinen Tropfen Wasser trinkt das Huhn« …. Auch »Maikäfer, fliege« und besonders »Es fährt sich so gemütlich in der Pferdebahn« sind sehr beliebt.

Ende Mai fuhr ich, da ich ein wenig ausruhen mußte, für eine Woche nach Marienbad. Ihr brachtet mich mit Mama auf die Bahn und die »Huschebahn« interessirte euch wieder so, daß ihr den abfahrenden Papa kaum saht. Aber dem Papa bleibt noch lange dies einzig schöne Bild im Gedächtniß: die Mama, die nun wieder ein kleines Wesen in die Welt setzen sollte und dabei hübscher als je war, und ihr beiden kleinen Lausbuben. Ich brachte euch, neben andern schönen Dingen, zwei Gewehre mit, von denen ich vorsichtshalber alles Gefahrbringende hatte entfernen lassen. Ihr marschirtet begeistert damit durch die Wohnung, nur Rudi schien mir ganz besonders *darüber* beglückt, daß er genau dasselbe bekommen hatte wie du.

Norderney 3. September.

Seit es feststand, daß ihr beiden Lausbuben noch einen oder eine »Dritte im Bunde« bekommen würdet, haben wir all' unsere

Sommerpläne umwerfen und danach einrichten müssen. Euere gute Mama wollte nun den Sommer über in Berlin bleiben und ihr beide solltet mit mir und zwei Mädchen – der Emma und der Bertha – nach Hornbäck, wo auch die liebe Frau Leistikow mit ihrer Gerda und ihrem Gunnar uns erwarteten. So hatte die Mama es sich zurechtgelegt, immer nur für uns andere sorgend und einzig darauf bedacht, uns einen schönen Sommer zu verschaffen. Ich hatte sie gewähren und ruhig an diesem Sommerplan bauen lassen – denn nichts ist, wenn man das Mißlingen eines weiblichen Planes wünscht und erstrebt, so falsch wie der Widerspruch, und am besten ist es noch immer, sich zu sagen: kommt Zeit, kommt Rat, d. h. es kommt alles anders. Ich wünschte das Mißlingen der von euerer Mutter gehegten Sommerpläne sehr dringlich und spähte nach einem Mittel aus, sie zu verhindern, denn ich wollte in dieser Zeit nicht fern von euerer Mutter sein. Aber ich ging scheinbar auf ihre Ideen ein, und wirklich kam mir der Zufall zu Hülfe: denn als ich von Marienbad zurückkehrte, fand ich eine veränderte Situation. Die dicke Auguste, die Köchin, und euere Emma hatten gekündigt, weil Mama sie ein paarmal ausgescholten, und mehr noch, weil ihnen ein drittes Kind in einem Hausstande zuviel erschien. Sie schieden am 1. Juni, ihr bekamt an Stelle der Emma eine weniger jämmerliche Elsa, und da man diese Neuangekommene doch erst ausprobiren mußte, scheiterte der Hornbäcker Plan. Ein paar Tage nachdem diese Entscheidung gefallen war, forderten mein Vetter Rudolf Mosse und seine Frau uns auf, wir sollten euch für ein paar Wochen zu ihnen auf ihr Gut, nach Schenkendorf, senden. Diese Aufforderung, die für uns und euch die denkbar beste Lösung war, erfreute uns sehr und wir nahmen sie mit herzlichem Danke an.

Am 6 Juni, Nachmittags, fuhrt ihr alle mit euerer Mama – die euch noch hinausbegleiten und selbst installiren wollte – und Elsa zum Görlitzer Bahnhof u. ich kam um 4 von der Redaktion dorthin und nahm euch in Empfang. Ihr machtet große, erwartungsvolle Augen, als ihr aus der Droschke gehoben wurdet, und das Bahnhofsleben interessierte euch wieder sehr. Dann kamt ihr, zu euerer begeisterten Freude, selbst in die Huschbahn, und es war goldig, zu sehen, wie ihr halb überrascht und halb schon verständnisvoll wart, als ihr merktet, daß der Zug sich in Bewegung setzte. Die Fahrt war nicht lang: 35 Minuten mit dem Schnellzug bis Königswusterhausen, wo eine Equipage, der alte Diener Franz und ein Wagen für euer

Gepäck uns erwarteten. Auch die Fahrt in der Equipage erfreute euch wieder sehr, und kaum eine halbe Stunde nach der Ankunft auf dem Bahnhofe waren wir in Schenkendorf. Onkel Mosse (Onkel Mosche, wie ihr sagtet) Tante Mosse und die Lissy, die sich so sehr auf euch gefreut hatte und damals schon grade mit Hans Lachmann verlobt war, standen vor dem Portal des Schlosses und ihr wurdet mit großer Herzlichkeit begrüßt.

Das Schloß Schenkendorf ist ein schöner Bau, in der Mitte mit einer großen Halle, die oben von einer Gallerie umgeben ist. Alle Zimmer liegen unten und oben um diese Halle herum. Die Türen der Zimmer des oberen Stocks führen auf die Gallerie. Unten grenzt an die große Halle eine lange Glasveranda, von der man auf eine Terrasse gelangt. Eine Freitreppe führt von der Terrasse zum Garten hinab. Alles ist sehr stattlich und geräumig und überall giebt es Blumen: in der Veranda, auf der Terrasse, an allen Außenwänden des Hauses, die zum Teil dicht mit Blumen berankt sind. Das Schönste aber ist der Park. Vor der Terrasse u. der Freitreppe dehnen sich weithin prächtig gehaltene grüne Rasenflächen, hier u. da durch Beete, durch eine »Blumenuhr«, einen Springbrunnen oder durch Baumgruppen mit verschiedenartigem Laub belebt u. rechts u. links durch alte Baumalleen eingeschlossen. Ganz hinten erblickt man einen kleinen See, mit einer blumenberankten zierlichen Holz- brücke, umrahmt von alten Bäumen, und an einer Stelle öffnet sich der Blick auf die Felder. Auf einer anderen Seite des Hauses liegen wieder Rasenflächen mit dem Tennisplatz, dem Spielhäuschen, Schaukel etc, und auf einer dritten Seite, der Terrassenseite ab- gewendet, befindet sich der prachtvolle Rosengarten, hinter dem ein großer bronzener Hirsch auf seinem Sockel steht. Dringt man weiter durch den Park, so kommt man zu der Gärtnerei, zum Obst- und Gemüsegarten und zum eigentlichen, weit gedehnten Gutshof mit seinem märkisch-idyllischen Verwaltergebäude (dem ehema- ligen Herrenhaus) vor dem die ältesten Linden stehen, den Hühner- und Kuhställen, dem Ententeich, den Pferdeställen und Scheunen. Von dort führt ein Portal auf den Marktplatz des Dorfes hinaus, wo immer »was los« ist – besonders Sonntags – und immer irgend ein Fest mit Musik und Tanz gefeiert wird.

Dies war euer Reich und hier seid ihr sieben Wochen geblieben und habt, verzogen und von allen geliebt, ein Prinzenleben geführt. Ihr bewohntet mit Elsa drei Zimmer im oberen Stock, an der Gallerie. Lissy hatte euch sogar ihr großes Puppenbett mit einem langen wollenen Bajazzo drin in's Zimmer gestellt. Unten im Park, neben dem großen Rasenplatz und von der Terrasse aus sichtbar, hatten Onkel und Tante Mosse euch einen großen Sandhaufen aufschütten lassen.

Ihr wurdet zuerst in euere Zimmer hinaufgeführt und bekamt dort euere Milch oder eueren Kakao. Wir Großen saßen inzwischen in der Veranda beim Kaffe und warteten auf euch. Dann erschient ihr – mit einem schon aus der Ferne vernehmbaren Juchzen. Es entzückte euch unsagbar, daß alles so groß und geräumig war, ihr wolltet gleich durch die große Halle und durch all die Zimmer stürmen und man ließ euch stürmen. Mit einem Freudenschrei zeigtest zuerst du dich in der Veranda, gleich hinter dir der drollige kleine Rudi. Ihr lieft so schnell ihr konntet, durch den Raum, klettertet die Stufen am andern Ende hinauf, die dort zu einem »Bauernzimmer« führen, standet, triumphierend zu uns hinübersehend und strahlend, oben auf den Stufen, drangt dann in das Zimmer ein und entdecktet überall etwas Neues. Hier stand ein ausgestopfter Fuchs, dort irgend eine große Figur, die euch interessirte. Einen kleinen Augenblick lang saßt ihr dann mit am Kaffetisch, dann brachen wir auf, um euch den Park und die ganze Schönheit eueres Reiches zu zeigen. Auf der Freitreppe erspähtet ihr die zwei Negerbuben – zwei sitzende Figuren, die dort auf der untersten Stufe sich befinden. Ihr streicheltet und küßtet sie. Dann kam Rousseau, der große, aus Mannheim geholte treue Polizeihund, herangesprungen, der sich gleich an euch drängte und euch beschnupperte. Ihr hattet nicht die mindeste Angst, was eueren Papa sehr freute, und [Textlücke] Rousseau wurde dann bald euer unzertrennlicher Begleiter und Freund.

Wir gingen nun hinunter und ihr entdecktet zunächst mit Begeisterung den Spielplatz mit dem Sandhaufen, mit »Formchen« und Schippen, und ihr mußtet gleich ein wenig probiren, wie sich es dort graben ließe. Rousseau nahm die Formchen in's Maul und schleppte sie fort, und ihr lieft hinterher, mit dem halb anklagenden, halb entzückten Ruf: »Hund hat Formchen weggenommen!« Dann machten wir die Runde durch den Park und Rousseau mußte in den Teich schwimmen und Stöcke herausholen, die wir ihm hineinwarfen. Aber am größten wurde euere Ueberraschung und euer Jubel dann auf dem Gutshof, als ihr plötzlich ein ganzes Volk von

Hühnern und Enten um euch saht. Sofort stürmtest du, mein Lausbub, auf sie zu und der kleinere Lausbub, Rudi, lief beglückt hinter-
drein. Als du ankamst, stob der ganze Haufe auseinander, die Enten
retteten sich in den Teich, die Hühner schlugen gackernd mit den
Flügeln und eilten davon, und du standest strahlend und dabei ein
klein bischen unsicher (ob du auch nichts unrechtes getan) als
Sieger auf dem verlassenen Schlachtfeld.

Die vielen, vielen dicken Kühe im Stall – die ihr gleich tapfer
streicheln wolltet – und die Kälbchen, die euch so blöde neugierig
anstarrten, gefielen euch gleichfalls sehr gut. Als wir, die Mama und
ich, Abends abfuhren, wart ihr, nach soviel neuen Eindrücken, in
eueren Bettchen schon eingeschlafen – du in Tante Lissys Kinder-
bett und Rudi in seinem Berliner Bettchen. Wir wußten euch gut
gehegt und geschützt und wußten, daß ihr kleinen Lausbuben es
wunderbar gut hattet und gewiß nicht an Mama und Papa denken
würdet, aber wir waren doch ganz wehmütig gestimmt. Auf der
Fahrt nach Königswusterhausen sahen wir noch zu dem fernen
Schloßturm zurück und sagten einer zum andern: »Dort schlafen
unsere Lieblinge. Es giebt doch nichts Schöneres auf der Welt.«

Norderney, 15. September.

Sieben volle schöne Wochen bliebt ihr dann also in Schenkendorf.
Onkel und Tante Mosse und Tante Lissie waren rührend gut zu
euch und liebten euch sehr, und jedesmal wenn Onkel Mosse nach
Berlin und in's Bureau kam, erzählte er mir euere kleinen Streiche,
und er lobte euch, nannte euch sehr artig u. fand euch sehr klug. Er
behauptete, euer Papa könnte stolz auf seine Jungens sein. Und euer
Papa ist auch sehr stolz.

Ihr bekamt von Tante Lissie einen Hühnerhof und Onkel Mosse
schleppte euch Drachen nach Schenkendorf raus, die dann aber
nicht steigen wollten. Wenn schlecht' Wetter war, saßt ihr gern in
Onkel Mosses Zimmer, wo die ganzen Wände mit Geweihen und
ausgestopften Vögeln bedeckt sind. Ihr saßt unter dem Schreibtisch
und spieltet Equipage, und Onkel Mosse, der auf seinem Stuhl am
Schreibtisch saß, war das Pferd. Er gab euch auch zwei kleine aus-
gestopfte Luchse zum Spielen, die ihr dann mit in's Bett nahmt.
Manchmal fuhrt ihr mit Tante Lissie spazieren und begleitet sie

zu dem See, wo sie badete. Besonders befreundet wurdet ihr mit Rousseau, der euch nie verließ, neben euch hersprang, euch auch mal umwarf, oder euch mit Vorliebe euere Formchen verschleppte, und den ihr dann ausschaltet, wie ihr es von den Großen gehört hattet: »Geh', alter Bär! Ekelhafter! Dummes Tier!« Es klang sehr drollig, wenn ihr mit tiefen Baßstimmen so schimpftet. Und dabei schlugt ihr dann oder knufftet mit eueren kleinen Händen den vierbeinigen Freund, der sich Alles von euch gefallen ließ.

Ich besuchte euch sehr oft. Solange weder Mama noch Papa bei euch waren, dachtet ihr nicht an uns, denn Kinder haben kein Gedächtniß und sehen nur das Gegenwärtige, aber wenn Elsa euch sagte: »Heute kommt Papa«, so wart ihr ganz aufgeregt, und wenn ich dann da war, wichet ihr mir nicht von der Seite und hieltet mich mit eueren Händchen fest, mich bald hierhin, bald dorthin ziehend. Der Druck euerer kleinen weichen Hände war mir ein sehr wonniges Gefühl – etwas so unsagbar Erwärmendes ging von diesen weichen Kinderpatschen aus. Am 10. Juli verreisten Onkel und Tante Mosse und Lissie nach Karlsbad, und da euer erwartetes Schwesterchen noch immer nicht eingetroffen war, ließen wir euch unter Elsas Obhut in Schenkendorf. Wir telephonirten täglich, um uns nach euerem Befinden zu erkundigen, und ihr stürztet dann selbst an's Telephon und spracht auch in den Apparat hinein: »Guten Tag, Mama, guten Tag, Papa!« Euere Mutter jubelte jedesmal, wenn sie so wenigstens euere Stimmchen hörte.

Einmal, am 7. August, kamen die Großmama und Tante Martha mit mir nach Schenkendorf. Sie wollten nach Heringsdorf reisen und euch vorher noch sehen. Es war an dem Tage sehr heiß, ihr hattet noch rötere Bäckchen als sonst, du sahst viel schöner aus als es einem Bengel erlaubt ist, und Großmama fand mit Recht (alle Leute fanden es) daß auch Rudi sich in der Schenkendorfer Zeit sehr verhübscht hatte. Du warst auch aufgeregt über den Besuch, warst ein paar Mal ein bischen bockig (als Tante Martha euch auf einer Bank photographiren wollte, drehtest du ihr einfach beharrlich den Rücken zu und ließest die Beine baumelnd hinten unter der Lehne herabhängen, was Rudi dir sofort nachmachte) und als der Abend kam, übergabst du dich drei oder viermal hintereinander. Obgleich du kein Fieber hattest und nach jedem dieser Zwischenfälle sogleich wieder guter Laune wurdest – als wolltest du liebenswürdiger kleiner Kerl uns beruhigen – ließ ich doch aus dem benachbarten

Mittenwald den Arzt rufen. Der Arzt kam sehr bald, konstatirte eine Magenverstimmung, und du warst bei dieser Doktorvisite wieder zum Abknutschen geliebt. Während der kleine Rudi in seinem Bettchen saß und bitterlich weinte – wie immer sobald ein »Onkel Doktor« erscheint – saßest du auf Elsas Schooß vor dem fremden Mann, zeigtest verständnißvoll die Zunge, ließest dir in den Hals sehen und blicktest dabei mit deinen großen Augen den Doktor ganz ruhig und aufmerksam an. Es kann sein, daß es dir schmeichelte, dich als Mittelpunkt des allgemeinen Interesses zu sehn. Jedenfalls konnten wir beruhigt abfahren – und es war diesmal doppelt gut, daß ich so ruhig abfahren konnte, denn am nächsten Morgen um 5 weckte mich die gute Mama und sandte mich zu der weisen Frau.

An diesem Morgen, Sonnabend den 8. August, wurde dann euer Schwesterchen geboren. Es hatte lange auf sich warten lassen … Alles ging gut und schnell und euere Mama war glücklich darüber, daß es nun, nach zwei Lausbuben, eine »Lilly« war. Lilly erwies sich bei den ersten Besichtigungen als ein wohlgeformtes kräftiges Kind, mit sehr viel Haaren, die erheblich dunkler als die deinen waren. Sie zeigte sich klug und geschickt im Gebrauch der Flasche und gedeiht bis jetzt zu unserer vollen Zufriedenheit.

Als Lilly vierzehn Tage alt war und die Mama sich erhoben hatte, holte ich euch von Schenkendorf nach Haus. Man sah euerem Kommen nicht ohne eine leise Besorgniß – freilich auch mit sehr viel Freude – entgegen und täglich wurde zwischen euerer Mutter und mir die Frage diskutirt:»werden sie in unseren engen Stuben auch nicht die weiten Wiesen, die Säle und den Park von Schenkendorf vermissen? Und werden sie nicht böse darüber sein, daß wir hier keinen Kuhstall und keinen Hühnerhof haben?« Ich vertrat bei diesen Debatten die Ansicht, daß bei Kindern in eueren Jahren nur der neue Eindruck recht hat, daß ein Eindruck den anderen völlig auslöscht, und so war es dann auch. Als ich nach Schenkendorf kam, wart ihr schon sehr aufgeregt, denn man hatte euch gesagt, daß ihr mit der Huschbahn zu Mama fahren solltet. Ihr spracht viel – wie denn besonders du (denn der Rudi ist ein Stiller, der mit schlauem Lächeln auf die Seite geht und sich sein Teil denkt) in Schenkendorf sehr gesprächig geworden bist – und immer wieder erzählet ihr mir:»Mit Huschbahn zu Mama fahren. Wagen gleich kommen.« Wir schenkten Onkel und Tante Mosse, die so furchtbar gut zu euch gewesen waren und sich garnicht gern von euch trennten, noch eine große Photographie: der Papa, mit seinen zwei Jungen auf den Knieen, aufgenommen auf der Schenkendorfer Terrasse – und dann wurdet ihr in den Wagen gesetzt und es ging los. Abschiedsrührung war nicht bei euch zu bemerken. Unterwegs in der Eisenbahn mußtet ihr Alles sehen, und jeder meldete an, was er sah: »Mühle! Thurm! Noch eine Mühle!« Als wir in Berlin ankamen, dämmerte es schon und dann fuhren wir in einer offenen Droschke durch die schon mit soviel Lichtern erleuchtete Stadt. Zum ersten Mal saht ihr so die Straßen bei Abend, mit dem beleuchteten Schaufenstern und den vielen erhellten Tramways und Omnibussen. Der gute kleine Rudi saß ganz schweigsam auf dem Rücksitz, schweigsam und innerlich erregt.

Dann waren wir zu Hause und die Mama kam euch stürmisch entgegen und wollte ihre Jungens in die Arme nehmen. Aber sie war zu stürmisch und Rudi, übermüdet und aufgeregt, wandte sich verängstet ab. Er erkannte die Mama im ersten Augenblick nicht und rief nach Papa und Elsa, und die gute Mama war ganz traurig darüber und hätte am liebsten geweint. Du aber stapftest mit jauchzendem »Hüh« und »Heh« herum, zogst mit lautem Jubel die Spielsachen vor, die wir euch aufgestellt hatten: das Schaukelpferd, den »Bollerwagen« und all' die vielen Tiere, und ergriffst von all' deinem Eigentum mit strahlender Siegermiene wieder Besitz. Man zeigte euch dann auch Lilly und du standest mit einem leisen Lächeln und mit neugierigem Interesse vor ihr, streicheltest ihr das Händchen und bezeugtest ihr ein gewisses Wohlwollen, das du zwei Jahre vorher dem neugeborenen Rudi nicht ganz in gleicher Weise zu erkennen gabst.

Am nächsten Morgen war dann auch Rudi beruhigt und es war, als ob er doppelt zärtlich zur Mama wäre, weil er sie am Abend vorher in seiner Kindereinfalt ohne sein Wissen und Wollen ein bischen gekränkt. Ihr umschmeichelt euere hübsche Mama, saht mit Interesse zu, wie Lilly ihr Fläschchen trank, kamt des Morgens, wie ihr es von früher gewohnt wart, zu Papa in's Bett, wo ihr herumturnen durftet und wo Papa wieder sein ganzes Repertoire singen mußte, und gingt dann mit Elsa und mir (es war ein Sonntag und ich ging nicht zum Bureau) in den Tiergarten, wo ihr lustig und ausgelassen wart. Am Abend dieses Tages verließ ich die gute Mama und das Babynest und reiste für vier Wochen nach Norderney.

Abb. 16: Die drei Kinder auf Rudolf Mosses Rittergut Schenkendorf (undatiert).

Berlin, 3. August 1910

Mein geliebter Butz, ihr sitzt in Scheveningen und der Papa sitzt einsam zu Hause und denkt in Liebe an euch und benutzt das Alleinsein und die Trennungszeit, um dir hier wieder etwas in's Tagebuch zu schreiben. Denn wenn wir zusammensind, dann komme ich nicht dazu, dann haben wir uns zuviel mündlich zu sagen und dann muß ich, statt Tagebücher zu führen, in meiner freien Zeit mit euch spielen und herumdalbern. Wir sind am 21. Juni nach Scheveningen gereist, wo ich an dem Gevers Deynootweg eine hübsche bequeme Wohnung gemietet hatte; drei Wochen war ich dort bei euch, dann habt ihr mich auf den Bahnhof gebracht. Und in drei Wochen bin ich wieder bei euch und wenn alles gut geht und das Wetter auch nicht zu schlecht ist, bleiben wir dann bis Mitte September dort.

Ich muß wieder da anfangen, wo ich aufgehört habe, und das ist nun ein volles Jahr her. Wie die Zeit wieder vergangen ist und was ihr, du und der Rudi, inzwischen für richtige kleine Männer geworden seid! Nie ist mir die Entwickelung bisher so stark, schnell und merkwürdig erschienen, wie in dieser Zeit, zwischen deinem 3. Jahr und jetzt, wo du schon über die 4 hinaus bist, und der Rudi hat sich, deinem Beispiel und Vorbild folgend und von einem drolligen und rührenden, eifersüchtigen Ehrgeiz beseelt, dir's gleich zu tun, im gleichen Tempo mit entwickelt. Am auffallendsten erschien mir der Sprung damals, als ich von Norderney nach Hause kam. Die Schenkendorfer Zeit, wo ihr zwischen anderen Menschen und zwischen all' dem Hausgetier auf freien Wiesenflächen, im Park und Wald herumgetollt, wirkte nun wohl nach: ihr wart selbständiger geworden, hingt garnicht mehr an der Schürze, »fühltet euch« sehr und machtet, in so recht jungenshaftem Uebermut und in kerniger Ausgelassenheit, einen Mordsspektakel. Die Entwickelung des Babys zum Jungen drückt sich nicht in letzter Linie durch eine Vermehrung des Spektakels aus.

Aber ihr zeigtet um diese Zeit auch einen großen Lerneifer, denn ihr wußtet alles auswendig, was in eueren zahllosen Bilderbüchern stand. Euer beständiger Wunsch – oder besser gesagt, Befehl – war »Vorlesen!« und dann schlepptet ihr einen Haufen mehr oder minder zerfetzter Bücher heran. »Max und Moritz« war sehr beliebt und ist es noch heute – die Geschichten von Rothkäppchen und dem

Wolf und von Hänsel und Gretel und der Hexe waren sehr begehrt. Ließ man euch dann selber das Wort, so plappertet ihr besonders die gereimten Geschichten glatt herunter und als wir eines Abends am Eßtisch – die Großmama, die Tanten und der Onkel »Pich« waren auch dabei – ein Konkurrenzaufsagen veranstalteten, zeigte es sich, daß ihr die ganze Poesie lückenlos in euch aufgenommen hattet. Rudi, den wie immer der Ehrgeiz trieb, war mit seinen 2 ½ Jahren auch schon ein literarisch bewanderter Mann, und dabei stolperte euere Zunge über die schweren Worte und manches kam ein bischen übelzugerichtet heraus. Papa und Mama lauschten stolz und gerührt. Die Großmama war beglückt.

In ihrem weißen Wagen wurde nun die kleine Lilly herangeschoben, die Nachts in ihrem weißen Bettchen in Mamas und Papas Schlafzimmer schlief, denn euer Zimmer war für diesen Zuwachs zu eng. Lilly war schon mit zwei Monaten ein hübsches, feines Kind, mit blonden Härchen, blauen Augen und einem zierlichen Gesichtchen, in dem vielleicht die Nase etwas zu breit schien. Es wurde viel herumgeraten, wem Lilly ähnlich sähe, und jeder kam natürlich zu einem anderen Schluß. Manche Personen fanden eine »unleugbare« Aehnlichkeit mit dir und der Mama, andere eine »unverkennbare« mit Rudi und mir, und wieder andere meinten, daß Lilly eine »frappante« Aehnlichkeit mit der Mosse-Familie zeige und ganz die sogenannte »Mosse-Nase« habe. Ihr beiden Jungens wart vom ersten Augenblick, von euerer Rückkehr aus Schenkendorf, an, zu Lilly sehr galant. Du, mein Butzi, hattest Rudis Ankunft zuerst ohne Begeisterung begrüßt und dein Verhältniß zu ihm war etwas kühl gewesen, als fürchtetest du eine Konkurrenz. Lilly gegenüber war es auffallend anders: ihr küßtet ihr die Hand, streicheltet sie, hobt ihr auf, was sie aus dem Wagen oder dem Bettchen hinausstieß, und nanntet sie mit Zärtlichkeit »Lillusch«. Diese galante Neigung zu euerem Schwesterchen hat sich noch entwickelt, und Lillusch vergilt euch das, denn sie bewundert euch sehr, ist beglückt und zappelt und strampelt vor Freude in dem Stühlchen – in dem sie nun sitzt – wenn ihr nur in's Zimmer tretet, wendet keinen Blick von euch, wenn ihr in ihrer Nähe spielt, und juchzt, wenn ihr so recht wild seid, oder wenn ihr gütigst gestattet, daß sie euch die Haare »ziehen« darf.

Allerdings hat Rudi, dieser Wicht, *einen* ungalanten Scherz, den er immer wieder practizirt. Wenn Lillusch in ihrem Wagen oder im

Bettchen fröhlich quiekt, sage ich euch: »sie singt doch wie ein Vögelchen!« – und Rudi entgegnet unweigerlich: »Wie ein Nuckelschwein.« Dann kommst du Schmeichler mir und Lillusch zu Hülfe und sagst: »Nein, wie ein Vögelchen.«

Berlin 19. August 1910

Im Dezember zogen wir in eine neue Wohnung – denn die alte in der Hohenzollernstraße war viel zu klein geworden. Wir hatten eine sehr viel größere, sehr schöne, in der Kaiserin Augustastraße 76, gegenüber von lauter grünen Gärten, gefunden, nicht mehr Parterre, aber im ersten Stock, und ihr habt es da sehr gut. Ihr habt euer helles geräumiges Schlafzimmer, euer Spielzimmer, euer Badezimmer und eueren prächtigen Balkon, und es sieht bei euch so weiß, sauber und freundlich aus wie in einem Puppenhaus. Sehr lange ehe wir umzogen war deine Lieblingsredensart: »Ich freuch schon auf die neue Wohnung«, und Rudi plapperte das dann wie gewöhnlich nach. Als die Packerei losging, war das ein großes Fest für euch und ihr turntet begeistert zwischen den Kisten herum. Die Packer und die Handwerker, die in's Haus kamen, waren euere Freunde, wie ihr dann überhaupt mit jedem Handwerker, der erscheint, sehr schnell befreundet seid. Am eigentlichen Umzugstag wart ihr bei der Großmama – mit Lillusch und Elsa – und Abends holte ich euch in einem Automobil. Als ihr dann die neue große Wohnung betratet, warst *du* – wie immer – sofort in deinem Element, stürmtest jubelnd durch die vielen Räume und galoppirtest den langen Korridor hinab. Rudi war wieder der innerlich Erregtere, der sich nicht so schnell hineinzufinden weiß. Ein paar Tage drauf saßest du auf meinem Canapé in meinem Arbeitszimmer, während ich am Schreibtisch saß. Und, halb zu dir selbst und halb zu mir, konstatirtest du: »Ich find' die neue Wohnung ganz reizend.«

Du bist jetzt mit deinen vier Jahren ein bildhübscher Kerl, und manche finden, daß du immer hübscher wirst. Das einzige, was an dir nicht tadellos ist, ist der Gang, was mit der Operationsnarbe am Knie zusammenhängt, doch auch das ist sehr unbedeutend und wird sich wohl ganz verlieren. Aus deinen für einen Jungen viel zu schönen Augen sprüht die Lebenslust und es ist kein lebensfroheres Kind denkbar als du es bist. Du bist immer heiter und liebenswürdig und weißt dich überall sofort beliebt zu machen. Manchmal finde ich dich ein wenig kokett und ich hoffe, daß du dir das abgewöhnen wirst. Wenn Besuch da ist, bereitest du dir bisweilen deinen Auftritt ganz kunstvoll vor, stehst erst ein Weilchen hinter der Tür, blickst halb verschämt, halb verschmitzt um die Ecke, und vollziehst in kleinen Etappen allmälig die Annäherung. Das ist, wie gesagt, nicht ganz nach meinem Sinn, und ich möchte durchaus nicht, daß du ein Zierbengelchen wirst. Aber das wird auch nicht geschehen, denn du bist, trotz deines mädchenhaften Pfirsichteints, ein derber, kerniger Bursch, ein richtiger Draufgänger und Ruppsack, kräftig und kuragirt. Und ein herzensguter Kerl bist du auch, und als ich dich vor kurzem einmal sehr ernst und scharf anschrie, weil du – ohne zu wissen, was du tatest – nach einem Klaps, den ich dir gegeben, die Hand gegen mich erhobst, da sahst du mich mit deinen großen Kinderaugen so erschrocken fragend an – es war dir plötzlich klar, daß du etwas Unerlaubtes getan – und du fielst mir um den Hals, schluchzest wie in einem richtigen Reueschmerz, und lagst lange so, mit verstecktem Gesicht, an meinem Hals und an meiner Brust, was mir unendlich süß und wonnig erwärmend war.

Es ist für dich und für uns ein großes Glück, daß wir den kleinen Rudi haben – für uns ist er auch sozusagen ein Stückchen von unserem Herzen und für dich der beste Spielkamerad. Rudi Trudi ist vielleicht keine Schönheit wie du, aber er hat prachtvolle schwarze, sehr kluge und sprechende Augen und sein ganzes Gesicht, dessen Farbe dunkler und weniger zart ist, ist so außerordentlich ausdrucksvoll, lieb und klug. Er ist voll komischer Einfälle, sehr erfinderisch, und während dich das Grimassenschneiden im Gesicht nicht kleidet, hat er in solchen Dingen – wie sein Onkel Fritz, dem er in manchen Stücken ähnlich ist – eine angeborene, urwüchsige Drolligkeit. Er ist auch sehr schlau und macht die überraschendsten Bemerkungen. Vor ein paar Wochen oder Monaten – er war kaum drei Jahre alt – saß er mit einer Zeitung da und schien in die Lektüre vertieft. Die alte Auguste sagte ihm: »Rudi, willst du mir nicht auch die Zeitung geben?« und er antwortete sofort: »Nein – was willst du denn damit? Das kannst du ja nicht lesen, das ist ja französch!«

Rudi Trudi ist noch immer sehr eifersüchtig auf dich – wenigstens dann, wenn du etwas bekommst, was *er* nicht hat, oder gar ihm etwas wegnimmst. Da du, als er noch schwächer war, allzusehr das Recht des Stärkeren, das ein sehr schlimmes Unrecht ist, ausgeübt, ist er sehr mißtrauisch geworden, und wenn du jetzt kommst: »Rudi, woll'n wir tauschen?« so sagt er gewöhnlich nein und schüttelt in seiner bestimmt ablehnenden Manier den Kopf – er sagt sich, daß du ihn wahrscheinlich über's Ohr hauen willst. Manchmal, wenn du ihm die Peitsche oder etwas anderes entrissen hast, gerät er in eine Berserkerwut und geht dann mit seinen kleinen Fäusten auf dich los, worauf eine gewaltige Prügelei beginnt. Du siehst ihn zuerst halb lächelnd, halb überrascht herankommen, und wenn man euch getrennt hat, bist du immer bereit, dich zu versöhnen, ihm einen Kuß zu geben und ihm zu sagen: »Rudi, es war nicht bös gemeint.« Rudi schmollt länger, wünscht keinen Kuß und wendet sich finster grollend ab.

Das aber sind nur die kleinen Zwischenfälle des Lebens, und im Allgemeinen vertragt ihr euch sehr gut, und den ganzen Tag geht es hin und her: »Rudi, sieh einmal das!« – »Butzi, das macht man so!« Des Morgens, wenn ihr im Badezimmer bei einer gewissen Beschäftigung sitzt, plappert ihr fortwährend, oder der eine sucht den andern durch einen besonders klugen Einfall zum lachen zu bringen, oder ihr beginnt auch, zu singen: »Kommt ein Vogel geflogen« – »Mit dem Pfeil und Bogen« – oder etwas, was ihr von den Dienstmädchen aufgeschnappt habt: »Ach du mein lieber Gott, muß ich schon wieder fort, auf die Chaussee, Liebchen ade!« – Für's Musikalische seid ihr sehr, und »Papa, was vorsingen!« ist auch eine ständige Redensart. – Ihr spielt aber auch sehr eifrig mit einander – am Liebsten nicht mit eueren Spielsachen, sondern mit Kissen, Decken und anderem Hausrat, der nicht euch gehört und den ihr euch aneignet und versteckt. Ihr rollt die Möbel herum und macht aus einem Topfe abwechselnd ein Schiff, ein »Kaiserauto«, eine Droschke und der Himmel weiß, was sonst. Euere Phantasie ist fortwährend in Bewegung – jeder Gegenstand stellt von Minute zu Minute etwas anderes dar, und ihr verwandelt euch mit. »Hier kommt der alte Mann, der kein Bein hat«, sagt Rudi, und gleich darauf bückt er sich, macht ein drolliges Gesicht und sagt: »Hu, hier kommt der alte Bär.« Und da ihr einander mit absoluter Regelmäßigkeit alles nachsprecht, so bückst du dich auch und sagst auch: »Hu, hier kommt der alte Bär.«

In diesem Frühjahr wart ihr zum ersten Mal im Zoologischen Garten. Die Mama war bei Lillusch zu Hause geblieben, aber die Großmama, die Tanten Käthe und Marta und »Cousinchen Ali«

waren schon am Eingang, als ich mit euch beiden und Elsa anlangte. Euere Aufregung war sehr groß, die deinige stürmisch, vorwärtsdrängend, Rudis, wie gewöhnlich, mehr innerlich und verhalten. Am meisten Eindruck machten bei diesem ersten Besuch die Affen und die Elefanten – doch machte eigentlich alles großen Eindruck. Vor dem Seelöwen, der mit seinem glatten Körper sich plötzlich dicht an's Gitter schmiegte, hattest du zuerst etwas Angst – und zogst mich gewaltsam mit dem Kommando »Weitergehn!« fort – bei späteren Besuchen zeichnetest du grade ihn durch dein besonderes Interesse aus. Die Lamas, Hirsche und Auerochsen streicheltet und füttertet ihr und auf den Löwen wolltet ihr gern »mal reiten«, was aber nicht ging. Sehr schön war auch eine sonntägliche Automobilfahrt nach dem Grunewald, wo ihr dann mitten im Menschentrubel – und Lillusch war auch dabei – in einem Kaffegarten an einem See saßt, viel Musik hörtet und die Dampfer anlegen saht. Mama und Pap, die sonst für solche Genüsse nicht grade schwärmen, blickten über den Tisch weg einander lachend an, während ihr Jungens auf den Stühlen standet, damit euch nichts entgehen könnte. Ich muß bei dieser Gelegenheit noch bemerken, daß ihr für Automobil- und Droschkenfahren ein besonderes faible habt. Wenn wir bei der Großmama sind, die doch ganz in der Nähe, Blumeshof, wohnt, verlangt ihr regelmäßig mit gebieterischer Stimme, im Automobil oder in einer Droschke nach Hause zu fahren, und besonders Rudi wird bockig und zornig, wenn das nicht geschieht. Schon aus erzieherischen Gründen wird Papa in dieser Beziehung in Zukunft möglichst hartherzig sein.

Schon ehe wir in die neue Wohnung eingezogen waren, hattet ihr eine neue Bekanntschaft gemacht: die Schwester euerer Mama, hatte ihren Mann, den Treibriemenfabrikanten Schulz, verloren und kam nun mit ihren beiden großen und langen Jungen in unser Haus. Bis dahin hatten wir nicht miteinander verkehrt. Die neue Tante ist eine hübsche und nette Frau und »die Cousins« zimmern euch euere zerbrochenen Spielsachen zurecht und führen vor euch, zu euerem kreischend geäußerten Entzücken, Ringkämpfe und ähnliche Männerscherze auf.

Am 20. Juni fuhren wir dann nach Scheveningen, und die Abreise war natürlich auch wieder ein großes Fest. Papa, Mama, Butzi, Rudi, Lillusch, Elsa und Bertha (eine holländische Köchin, Johanna genannt, hatten wir in Scheveningen angeworben) und 750 Pfund

Gepäck. Ihr wurdet Abends geweckt, wart begeistert, als es zum Bahnhof gingt, und benahmt euch im Schlafcoupé würdig und verständnißvoll. Als Papa, der im Oberbett über euch schlief, hinaufkletterte, erregte das euere große Heiterkeit, und als Papa noch einen Augenblick mit den Füßen hinuntergrüßte, um euch Jungens unten zu amüsiren, rief Rudi: »Papa winkt mit die Beene!« – Des Morgens, als ihr gewaschen und angezogen wart, standet ihr mit mir im Gang und saht die vielen Mühlen und Kühe, und in Amsterdam kam ein Vetter Namens Hartog an den Zug, um euch – und auch uns – auf der Durchfahrt guten Morgen zu sagen. Im Haag nahmen wir einen Wagen, und in Scheveningen fanden wir die sehr hübsche und geräumige Wohnung und auch sonst alles nach unseren Wünschen vor. Ihr fühltet euch sofort wie zu Hause und die Stürme, die gleich an den ersten Tagen über den Strand wehten, machten euch nichts aus. Von der großen Veranda unserer Wohnung herab saht ihr täglich mit unermüdlicher Vergnügtheit »die frechen holländer Lausbuben mit die Holzpantinen«, wie ihr sie nanntet, die auf der Straße den elektrischen Bahnwagen auflauerten, sich hinten anklammerten und anderen Unfug trieben. Ihr rieft ihnen zu: »Ich komm' gleich runter und hau' euch durch!« und ähnliches, was sie erfreulicher Weise nicht verstanden, und sie sammelten sich unter der Veranda an, riefen gleichfalls Unverständliches hinauf und fühlten sich durch euer lebhaftes Interesse geehrt.

Zu meiner großen Freude wart ihr bald nicht nur so braun wie die holländer Jungen (und am schnellsten, fast noch schneller als ihr, gewann Lillusch, die durch Impfen und Zähnekriegen arg geplagt worden war, an Farbe und Kraft) sondern ihr zeigtet euch auch hier in Scheveningen als richtige derbe, kouragirte, vor nichts zurückschreckende Kerls. Ganz besonders wonnig fand ich dich, mein Butzi, an einem Vormittag, als du am Strand in deiner Ausgelassenheit in die Sandburg gestürmt warst, die ein paar große holländische Knaben sich gebaut. Man vertrieb dich und du kamst immer wieder zurück. Einer der großen Jungen warf dich in den Sand, du erhobst dich und gingst mutig mit den Fäusten auf ihn los. Er war erst zwölf Jahre alt, oder noch mehr, und du neben ihm nur ein Knirps, aber jedesmal wenn er dich hinwarf, fuhrst du puffend und schlagend gegen ihn los, und ich flüsterte dir heimlich zu: »Brav, mein Butz, puff ihn ordentlich, zeig's ihm!« Und als du dann doch sehen mußtest, daß er stärker war, als du, kam dir ein Thränchen in's Auge – ein einziges – nicht wegen der Püffe und Stöße, die du erhalten, aber aus Grimm darüber, daß du der Schwächere warst.

Auch beim Eselreiten am Strande zeigtest du diesen Mut und der dreijährige Rudi Trudi machte dir's nach. Als ich euch zum ersten Male reiten ließ, saßest du sofort im Sattel, als ob du seit langem daran gewöhnt wärest, triebst das Tier mit den Hacken und mit der Peitsche an, hieltest den Zügel ganz korrekt und sahst dich wie ein strahlender Sieger um. Rudi hatte vielleicht heimlich ein bischen Angst, aber der ehrgeizige kleine Bursche blickte wieder auf dich, und als ich ihn fragte, ob er sich nicht am Sattel festhalten wolle, sagte er entschieden: nein! Während der drei Wochen, die ich bei euch blieb, war's für euch zum Seebaden zu stürmisch und zu kalt und ihr nahmt nur Wannenbäder, wobei du dich, mit kolossalem Geplantsch, im »Schwimmen« übtest. Aber nach meiner Abfahrt gingt ihr mutig mit Mama in's Wellenmeer – Rudi wieder zuerst ein wenig zögernd, aber dann durch dein Beispiel angespornt. Eine kleine Photographie, die Mama mir gesandt, zeigt dich im Wasser, neben der breitschultrigen holländischen Badefrau, und man sieht, wie du jubelnd und in sonniger Lebenslust, vor Vergnügen schreiend, dich amüsirst und das höchste Wohlgefühl auskostest, dass es giebt.

Es ist mir noch nie eine Trennung so schwer geworden, wie die Trennung damals auf dem Scheveninger Bahnhof, als ihr drei mit Mama und Elsa dastandet und dem abdampfenden Zug nachsaht, und es ist nicht übel, daß diese reichlich sechswöchentliche Trennungszeit nun vorüber, oder doch bald vorüber ist. Inzwischen habt ihr ein schönes freies Leben geführt, und da ihr wirklich entzückende und drollige Kerle (und wie Papa glaubt, »persönlicher« – aber nicht altklüger oder frühreifer, als viele andere Kinder) seid, so werdet ihr von Bekannten und Unbekannten umhätschelt und verwöhnt. Am 1. August ist Elsa, die tüchtig, aber launisch, brummig und zänkisch war, nach einem neunundneunzigsten Krach von der Mama fortgeschickt worden und ihr werdet nun von der Mama – die mit diesem Arrangement sehr zufrieden ist – und der Bertha versorgt. Nach euerer Heimkehr wird man euch eine Kindergärtnerin an die Seite geben. In ein paar Tagen packe ich meinen Koffer und reise zu euch, und wir werden dann hoffentlich noch bis Mitte September froh in Scheveningen zusammen sein.

12. September 1912.
*Noordwijk an/*Zee, Holland.

Ich habe zwei Jahre lang dieses Tagebuch nicht weiterführen können – ich habe nämlich in Berlin sehr viel Arbeit und in meinen freien Stunden spiele ich lieber mit euch, statt zu schreiben. Aber ein wenig will ich jetzt nachholen. Von dem Sommer in Scheveningen damals weiß ich noch, welchen Eindruck mir das Bild gemacht, als ich aus Berlin wieder zu euch kam und ihr in Scheveningen auf dem Bahnhof standet. Ihr Jungens hattet weiße Matrosenanzüge, Lillusch, auf Berthas Arm, ein weißes Kleid, und vor dem weiß hoben sich eure ganz braunen Gesichtchen fast überraschend ab. Ihr hattet alle drei Blumensträuße in den Händen, die ihr mir sofort aufdrängtet, wobei aber jeder noch auf die Lokomotive schielte, die euch sehr interessirte. Mama und ich, wir konnten uns nur beglückt anlächeln – es war wunderschön, strahlender als alle Sonnen der Welt.

Dann weiß ich noch, daß ich euch noch kecker, selbständiger und bengelshafter fand als schon vor meiner Abreise. Als ich mit euch zum Strand ging, mußtet ihr durchaus von dem – für euch gewaltig hohen – Steinquai auf den Sand hinunterspringen, und ihr seid nie anders auf den Strand gelangt als mit dieser Springprozedur. Einmal aber hattest du doch ein Abenteuer, das dir ein bischen peinlich war. Ihr jagtet euch mit allen Hunden herum, die es auf dem Strande gab, necktet sie natürlich auch, und da sprang eines Tages ein ganz großer Hund auf dich rauf und warf dich in den Sand. Infolge dieses Erlebnisses fingst du an, dich ein wenig vor Hunden zu fürchten, was sich erst allmälig wieder verlor.

Noordwijk an/Zee, Holland
12. September 1912.

Aus der Zeit nach dem Scheveninger Sommer erinnere ich mich an ein paar kleine Episoden. Ich lag Nachmittags in meinem Arbeitszimmer auf dem Sopha, da hörte ich dich und Rudi hereinschleichen. Eigentlich solltet ihr hinten in euren Kinderzimmern bleiben, aber ihr wart entwichen. Ich schloß die Augen, ihr spionirtet um mich herum, dann sagtest du: »Papa, was machst du da?« – »Ich will schlafen.« Da klettertet ihr beide auf mich rauf, setztet euch auf meinen Bauch, und du sagtest schmeichelnd: »Wir wollen die Engelchen sein, die dich im Schlaf bewachen.«

Wenn ihr mich rauchen saht (und das ist noch heute so) mußte ich euch die Zigarette zum Anrauchen geben. Rudi nannte das damals, statt rauchen, »bauchen«. Wenn ihr irgend etwas derartiges tatet, setztet ihr gewöhnlich hinzu: »Wie die großen Herren!« Einmal sagte ich: »Papa hat's nicht leicht mit die Lausbuben!« Du Frechling antwortetest: »Butzi hat's auch nicht leicht mit de[m] Papa!« Damals sprachst du von dir noch in der dritten Person – das »ich« kam später, und es wurde bald ein recht entschiedenes, zu energisches ich. Natürlich schlepptet ihr mit Vorliebe die schwersten Sachen zusammen – »Möbelmänner« ist noch heute ein Lieblingsspiel, ebenso wie »Kofferträger« etc. Dann sagtet ihr: »Rudi und Butzi sind die starken Männer.« Rudi war in dieser Zeit etwas weinerlich veranlagt und leicht beleidigt. Wenn sein Thränenstrom dann versiegt war, hielt er sein vom Weinen verquollenes Gesicht hin und forderte: »Thränchen abputzen!« Ganz ebenso regelmäßig erklärt heute Lilli am Schluß ihrer Heul- und Thränenszenen: »Snupfen!«, was gleichfalls bedeutet, daß man ihr mit dem Taschentuch über's Gesicht fahren soll. Etwas später schon war ein sehr beliebtes Spiel auch »Auto«, oder »Kaiserauto«. Eines Tages, als grade eine Dame zu Besuch bei uns war, setztet ihr euch alle drei auf mein Sopha, um Auto zu spielen. Du standest vorn, »an der Lenke«, und machtest »tut« oder »tatütata«, wie das kaiserliche Auto. Lilli saß in der Mitte, Rudi ganz hinten, dir den Rücken zukehrend. Er machte da Psch, Psch. Als die Dame ihn fragte: [»]was machst denn du da?« antwortete er mit seiner kecken, langsamen, breit zufriedenen Sprache: »Ich bin das hinten am Auto, was spuckt. Ich spucke.«

Ein besonderes Vergnügen ist es für mich noch jetzt, eure Sprachstudien zu beobachten. Du und Rudi, ihr habt beide die gleiche Methode: ihr wiederholt euch beide jeden Satz oder jedes Wort, das euch neu klingt. Wenn man irgendetwas sagt, was euch auffällt, bewegt ihr die Lippen und sprecht euch leise das Gehörte nach. Eine schwierige Gewissensfrage ist es, ob man euch bei euren Wortverdrehungen korrigiren soll. Du pflegtest eine Zeit lang zu sagen: »Mein Papa ist Schiffredakteur«, was ja auch viel hübscher ist als »Chefredakteur«, und du sagst jetzt hier in Noordwijk im Hôtel:

»Ich gehe in's Kontrationszimmer« statt in's Konversationszimmer. Ich mache euch auf solche kleinen Irrtümer aufmerksam, aber nicht ganz ohne Bedauern.

Frühzeitig erwachte auch dein Wissensdrang und alle zwei Minuten heischtest du eine Erklärung. »Was ist nun das?« war die fortwährende Frage bei jedem neuen Gegenstand und jeder neuen Erscheinung. Da ihr im Zeitalter der Technik und besonders der Flugschiffahrt in die Welt getreten seid, so interessirte und interessirt euch alles, was sich auf diese Dinge bezieht, besonders. Bald spracht ihr von »Zeppelin«, »Parsefal« und »Propellern« und ihr wolltet durchaus wissen, wie man das Luftschiff wieder zum Sinken bringen kann, u. s. w. Heute stellt ihr noch ganz andere Fragen – davon rede ich später.

Neben diesem Interesse für die Bildung zeigtet ihr – wie wohl die meisten Kinder – vom vierten Jahre ab ein bemerkenswertes Interesse für jedes derbe oder gar unanständige Wort, das in eurer Gegenwart fällt. Wir Großen können nie recht dieses Feingefühl begreifen, mit dem ihr sofort erfaßt, daß es sich um ein verbotenes Wort handelt – um ein Wort, das man dann natürlich mit Begeisterung wiederholt. Der Himmel weiß, wo ihr solche Worte hört und warum grade sie euch so entzückend nachahmenswert erscheinen! »Freche Snauze!« hatte der vierjährige Rudi mit nach Hause gebracht – bis man's ihm abgewöhnte. Viel mehr noch als du schwelgt der dralle, spitzbübische kleine Rudi auch jetzt im Unanständigen. Wenn er Abends im Bett liegt, erzählt er Geschichten, die aus lauter solchen unanständigen Worten bestehen, seine schwarzen Augen strahlen dann doppelt (»Kirschzuckel« nennt ihn die Mama) und sein keckes breites Gesicht wird noch breiter. Wenn du etwas Aehnliches sagst, schüttelt er sich vor Lachen. Natürlich schilt man ihn und dich und verbietet euch solche Reden, aber nicht mit vollem Erfolg. Auch für Gassenhauer habt ihr ein reges Verständniß, und ihr brachtet uns alles, was augenblicklich so »en vogue« ist: »Madeleine« und »Das sind die Dollarprinzessen, die reichsten Mädchen der Welt«, und »Das haben die Mädchen so gerne, die im Stübchen und die im Salon«, und »Mariechen, du süßes Viehchen.« Ihr singt (Rudi ein wenig stimmbegabter als du) das alles und auch ein paar andere Lieder, die ich euch beigebracht – »Es blasen die Trompeten«, »Frühling, Frühling, schallt's durch den Wald«, »Es wollt' ein Jäger wohl jagen« – und gewöhnlich erledigt ihr, wenn's erst einmal losgeht, das ganze Repertoire. Heute kräht auch schon die kleine Lilli, die jetzt Lalla genannt wird, im Chore mit.

Nach der Rückkehr von Scheveningen wurde für euch ein Fräulein engagirt, für Lilli sorgte die alte Auguste, die Mama seit vielen Jahren kennt und die schon im Hause von Mamas Eltern diente. Euer erstes Fräulein hieß Fräulein Stadt. Sie war jung und blond und zu lebenslustig, um lange bei der Kindererziehung auszuhalten. Als sie uns verließ, kam Fräulein Lindermann, die nun seit andert-[h]alb Jahren bei uns ist, euch drei sehr liebt, sehr gut und doch nicht ohne Energie ist und hoffentlich noch recht lange bei uns bleiben wird. Sie ist sehr elegant, groß und schlank, hat sehr blonde Haare und sieht eigentlich nicht wie ein Kinderfräulein aus. Aber sie ist uns, wie gesagt, sehr wertvoll, sie versteht es vorzüglich, mit euch umzugehen, und auch die Großmama, die nicht leicht zu loben pflegt, ist ganz entzückt von ihr.

Im April 1911, als du noch nicht ganz 5 warst und Rudi noch nicht ganz 4 Jahre – beschlossen Mama und ich, euch an einem Turnunterricht teil nehmen zu lassen, den Turnlehrerinnen zweimal wöchentlich Nachmittags in der Turnhalle einer Schule in der Keithstraße geben. Ihr seid später regelmäßig zu diesem Unterricht gegangen und seid jetzt, wie ihr selbst sagt, »tüchtige Turner«. Allerdings turnt ihr besser noch zu Hause, an dem Schwebereck und den Ringen, die wir zwischen der Tür eures Zimmers haben anbringen lassen, als in der Turnstunde – denn soviel ich gesehen habe, seid ihr da ein bischen zu zerstreut und Fräulein Rose, die Turnlehrerin, muß, wie ich höre, namentlich den Rudi mitunter etwas aufmuntern und ihm, wenn er vergißt, anzutreten, zurufen: »Rudi, schläfst du?« Als ich einmal zu der Stunde kam, machtet ihr eure Reckübungen ganz gut, zeichnetet euch aber sonst zwischen den zwanzig oder dreißig anderen Kindern in keiner Weise aus, und ein paar kleine Mädchen marschirten sehr viel strammer und flotter als ihr. Aber zu Hause oder auf dem Strand schlagt ihr soviel Purzelbäume, wie man will, und ihr macht den Aufschwung und allerlei Kunstücke am Reck so mutig und geschickt, daß jeder sagt: die Artistentruppe Butzi und Rudi Wolff. Eine Benennung, die euch sonst häufig zu teil wird, ist »Max und Moritz.« Wobei ich bemerken will, daß Buschs Buch bereits seit einiger Zeit kein Geheimniß mehr für euch ist und daß ihr von Zeit zu Zeit Verse daraus zitirt.

Anfang Juli 1911 gingen wir zum ersten Male mit euch nach Noordwijk an Zee in Holland, wohin wir auch in diesem Jahre zurückgekehrt sind. Dieser Ort, der sich gewiß sehr verändert haben wird, wenn ihr einmal in diesem Buche hier lesen werdet, ist uns ungeheuer lieb geworden. Er hat den herrlichsten Strand, die grünbewachsenen Dünen, über denen an Sonnentagen ein silbriger Lichtdunst liegt, und gute, gesunde Verpflegungsmöglichkeiten, und er ist, mit seinem halb holländischen, halb deutschen Publikum, weder zu groß noch zu klein, weder zu ruhig noch zu lärmend, weder zu elegant noch zu einförmig spießbürgerlich. Als wir im vorigen Jahre hierher reisten, brachten uns in Berlin die gute Großmama und Tante Martha auf den Bahnhof – sie wollten mit dabei sein, wenn ihr den Zug bestiegt, was mit der unvermeidlichen begeisterten Aufregung geschah. Hier in Noordwijk hatten wir ein kleines Häuschen gemietet, mit Eßzimmer, Salon und großer Glasveranda im Erdgeschoß und Schlafzimmern im oberen Stock. Bertha und die Köchin, die auch mitgekommen waren, sollten für die Wirtschaft sorgen, fanden aber das Vergnügen, das Noordwijk bot, nicht ausreichend und mußten nach einigen dramatischen [Vorfällen?] nach Hause befördert werden, worauf eine kleine Holländerin, Anna, die ihr »das Meisje« nanntet, als Interimshülfe engagirt und das Essen aus dem Hotel Hollander bezogen wurde. Ihr wart in diesem Sommer besonders bei den Mahlzeiten sehr ungezogen und es gab viel Not mit euch und bedauerliche Auftritte. Rudi, bockig und »verspielt«, hatte sich die Mode beigelegt, das Essen in einer Backentasche aufzubewahren, und ich mußte ihn bald mit Energie, bald mit Güte und List zum Gebrauch seiner Zähne bewegen. Da wir grade, auf euren dringenden Wunsch, eine Mühle in Noordwijk-Binnen besichtigt hatten, so erfand ich die »Kaumühle« – d.h. Rudi mußte seinen Mund als Mühle in Bewegung setzen. Wenn die Mahlzeiten glücklich überstanden waren, ward ihr erheblich angenehmer.

Für vierzehn Tage kam die »Tante Marion« aus München nach Noordwijk, aber ihr hattet auch noch andere und jüngere Spielkameraden. Mit vielen der holländer Badegastkinder wurdet ihr sehr befreundet, obwohl ihr oft nicht verstehen konntet, was sie sprachen, ganz wie sie euch nicht verstanden. Mama, die unzählige Photographieen machte, photographirte euch auch mit all eueren Freunden und Freundinnen. Dann hattet ihr da »den braven Minna«, ein weiß und braun geschecktes Pferd, auf dem ihr am Strande rittet (es war nur eines euerer Streitrosse und Rudi mochte es schließlich nicht mehr leiden, weil es ihn einmal, beim Sprung über einen kleinen Wassergraben, beinahe abgesetzt) und ihr hattet vor allem Hans und Männe. Hans und Männe waren die Teckel der »Tante Durieux«, die mit ihrem Mann, »Onkel Cassirer«, in ihrer eigenen, sehr schönen und großen Villa am Ende der Häuserreihe, dicht an den Dünen wohnte. Ihr kamt oft dort zu Besuch, rolltet euch von den hohen Dünen hinab, jagtet mit Hans und Männe herum und spanntet sie sogar, mit unserer Hülfe, vor Lallas kleinen Wagen. Tante Durieux hat sich auch so mit euch photographiren lassen – ihr lenkt das Gespann, Lalla sitzt im Wagen, Tante Durieux schreitet ernst nebenher. Onkel Cassirer nannte euch »die Strand- räuber«. – Ein anderer »Onkel«, der nach Noordwijk kam, mein Vetter Dr. Martin Cohn, schenkte euch ein richtiges Segelschiff, das wir dann ein paar mal beim Baden mit in's Meer nahmen. Der Sommer war ungewöhnlich heiß, mehrere Wochen hindurch herrschte eine Hitze, wie man sie seit vielen Jahren nicht erlebt, und ihr konntet fast täglich baden. Auch die zweijährige Lalla nahm an diesem Vergnügen teil, das nur dann kein Vergnügen mehr war, wenn infolge der Hitze zuviel Quallen durch das Wasser ruderten.

Ich war vierzehn Tage lang bei euch geblieben und mußte dann nach Berlin, wo die Temperatur unerträglich und, wie in der ganzen Welt, die Menschheit mit der höchst unerfreulichen Marokko- affaire beschäftigt war. Es war ein übler, nervöser Sommer, ich hatte sehr viel Arbeit und wurde auch in Noordwijk fortwährend durch Telegramme gestört. Endlich, gegen den 20. August, konnte ich wieder zu euch fahren und wir blieben bis zum 15. September in unserem kleinen Hause an der See. Als wir nach Berlin heimkehr- ten, mußten Mama und ich wieder die Wohnungssuche beginnen, denn das Haus in der Kaiserin-Augustastraße war verkauft worden und sollte umgebaut werden. Wir waren sehr ärgerlich darüber, fanden aber zum Glück eine noch schönere Wohnung, in unserer alten Hohenzollernstraße, diesmal Numro 17, im dritten Stock. Euch begeisterte es besonders, daß dort ein Lift vorhanden war, dessen Mechanismus ihr sofort studirtet und den ihr fleißig in Ge- brauch nahmt. Fast alle Zimmer in der neuen Wohnung sind sehr groß, ihr habt ein riesiges dreifenstriges Kinderzimmer, dem wir eine Tapete mit kleinen Rosenknöspchen gegeben haben, das zwischen unserem Schlafzimmer und Fräuleins Zimmer liegt und so recht wie ein Kinderparadies aussieht. Ihr könnt dort bequem mit den beiden »Selbstfahrern«, die Onkel und Tante Mosse euch zu Weihnachten geschenkt und die ihr brillant dirigirt, herumradeln und habt für die umfangreichsten Bauten und Spiele genügend Platz. Schon im Januar zogen wir in die neue Wohnung ein, nachdem ihr wieder fleißig beim Packen geholfen. Den eigentlichen Ziehtag verbrachtet ihr wieder bei der guten Großmama. Als ihr am nächsten Morgen auf den großen Balkon hinaustratet, konstatirtest du:»Die neue Wohnung gefällt mir noch viel besser, weil man von hier den Zeppelin ganz nahe sehen kann.« Dies im Hinblick auf die Lage im dritten Stock.

14. September 1912.
Noordwijk an/Zee

Ein sehr schönes Geschenk bekamt ihr Weihnachten von der »Tante Marion« aus München: ein Kasperletheater, und zwar ein sehr anständig großes, auch weniger geschmacklos als die meisten Hanswursttheater der Spielzeugläden. Es hat einen feinen Vorhang zum aufziehen, eine Hinterdekoration mit einem blauen Himmel, und auf den Eckpfeilern des Bühnenrahmens sitzen zwei Eulen. Wenn man drinnen in dem Kasten steckt und die Puppen Arm und Bein bewegen und allerlei dummes Zeug reden läßt, schwitzt man fürchterlich – ich habe das nun schon häufig durchgemacht. Zu den Puppen, die mit aus München kamen, habe ich noch andere und vor allem ein großes Krokodil hinzugekauft, das weit den Rachen aufsperren und die Zähne zeigen kann. Es war, trotz des Schwitzens, sehr vergnüglich, als ich die ersten Stücke aufführte und aus meinem Versteck euch drei sitzen saß. Ihr hattet feuerrote Backen und glänzende Augen, wart so voll Neugierde und juchztet und lachtet und schriet immer dazwischen. Rudi rief dem schwarzen Kerl der Truppe einmal über's andere sein Lieblingswort »Sie alter Stünker!« zu und du betätigtest dich in ähnlicher Weise. Als zum ersten Mal das Krokodil kam, wart ihr überrascht und ein bischen verlegen und Lalla hatte sogar ganz wirklich Angst. Meine erfolgreichsten Stücke hießen: »Pipogel und der Türke« und »Das Krokodil und der Zylinderhut«. Im Interesse der Bühnenwirkung ist es notwendig, den Personen des Stücks Namen zu geben wie »Pipo-gel«, die bei euch eines besonderen Erfolges sicher sind.

Nachdem ich ein paar Vorstellungen gegeben, wolltest du selbst den anderen Kindern etwas vorspielen. Du machst das schon ganz nett, glühst – wie bei allem, was du unternimmst – vor Eifer und wiederholst (denn es ist garnicht so leicht, die Darsteller fort-während reden zu lassen), wenn dir nichts einfällt, immer noch einmal denselben Satz. Rudi ruft dann frech dazwischen: »Na Sie Dummer, das haben Sie ja schon gesagt!« aber die Kritiker sind immer schnell absprechend und die Kunst ist schwer. Ein anderes sehr erfolgreiches Geschenk gab es dann zu Rudis Geburtstag, im Mai: einen Phonographen, der die Militärmärsche und die »Rück-kehr des Kaisers von der Parade« und eine »Zirkusszene« und lustige Gesangsnummern, eure Lieblingsgassenhauer und das Schwanen-lied aus dem »Lohengrin« spielt. Vor diesem Instrument – das wir andern in unserer Kindheit auch noch nicht kannten – könnt ihr unermüdlich sitzen. Immer begehrt ihr noch eine neue Nummer. Die Clownwitze in der Zirkusszene begleitet ihr jedesmal mit be-sonders beifälligen Zurufen (wobei ich erwähnen möchte, daß wir beide, ich und du, den behaglich drolligen Rudi bisweilen den »Clown« nennen) aber auch für Richard Wagner habt ihr recht viel übrig. Zuerst fragtest du beharrlich: »Wie kommt die Stimme da hinein? Wirkliche Menschen können doch da nicht drin sein?« Ich versuchte, dich mit irgendeiner billigen Erklärung abzuspeisen, aber ich bemerke in solchen Fällen, daß du weiter über das Problem nachgrübelst.

Da ich von Rudi's Geburtstag sprach, so will ich einfügen, wie wir's jetzt mit den Geburtstagen halten. Das Geburtstagskind be-kommt seinen Tisch mit Geschenken, Lichtern und Blumen, und die andern bekommen eine Kleinigkeit. »Wer nicht Geburtstag hat, kriegt die Hälfte«, pflegst du zu sagen. Das Geburtstagskind mar-schirt zuerst in das Zimmer mit dem Tisch, die andern dürfen erst dahinter schreiten, und dabei wird, seit wir den Phonographen haben, der Hohenfriedberger Marsch gespielt. An den Geburtstagen der andern Kinder pflegst du noch immer etwas schlechter Laune zu sein, denn es mißfällt dir sehr, wenn ein anderes Kind die Haupt-person ist. Sonst bist du gut mit ihnen und ihr vertragt euch, von Zwischenfällen abgesehen, vortrefflich. Ihr beiden Jungens seid ausgezeichnet auf einander eingespielt, wenn der eine »balgen«

will – oder ringen, boxen etc. – sagt der andere selten nein, und manchmal titulirt ihr einander sogar »Butzichen« und »Rudichen« oder »mein lieber Butzi« und »mein lieber Rudi«. Du bist bei allem, was du anfängst, viel eifriger u. hitziger als Rudi, der sich Zeit läßt, sich nicht überanstrengt und gern »den Aufseher« spielt. Dann giebt er dir, von seinem Zuschauerposten, auch gute Ratschläge: »Nein, Butzichen, das machst du falsch – so mußt du das machen.« Aber er hat auch, besonders wenn du allzu heftig dreinfährst und zu herrisch auftrittst, auch kurze Anfälle von Jähzorn und dann wird er puterrot und geht wütend mit den Fäusten auf dich los. Doch das sind, wie gesagt, nur Zwischenfälle in einem so ziemlich harmonischen gemeinsamen Lausbubendasein.

Ein Mann, den andere Leute gewöhnlich nicht gern besuchen und den ihr vernünftiger Weise als einen guten Freund betrachtet, ist der Zahnarzt. Mama ist schon frühzeitig mit euch zu diesem Mann gegangen, dir hat er bereits mehrere Zähne plombirt und ihr seid entzückt, wenn der Bohrer in Bewegung gesetzt wird, und sagt dann: »jetzt schnurrt der Propeller.« Auch die kleine Lalla, die euch alles nachmacht und empört ist, wenn ihr etwas vor ihr voraus haben sollt, nimmt schon an diesem Vergnügen teil.

Im Winter hatte ich, der Reichstagswahlen wegen, wieder sehr viel zu tun, aber was ich an freier Zeit habe, gehört meistens euch. Um halb elf Vormittags begleitet ihr mich durch den Tiergarten bis zum Kemperplatz – in diesem Sommer war die Mama mit dabei, während Fräulein mit Lalla euch an der Milchhalle im »Rosengarten« erwartete. Unterwegs haben wir in dieser letzten Zeit dann ernste und gebildete Gespräche geführt. Ich habe euch das Abc aufsagen lassen, wobei du zu sagen pflegst: »ix, emmelon, zet«, und die Zahlen und die Wochentage und Monate. Du bist im Allgemeinen eifrig bei der Sache und willst gelobt werden – Rudi lernt mit phlegmatisch leichtem Begriffsvermögen mit, lehnt aber, wenn es ihm zu langweilig wird, mit feister Entschiedenheit ab: »Das brauche ich noch nicht, dazu bin ich noch zu klein.« Wir suchen auch, auf deine Fragen hin, zusammen zu ergründen, woher der Regen kommt (»na wie platzt dann die Wolke?«) und wie der Regenbogen sich dort oben halten kann. Und vielerlei Aehnliches.

Manchmal besucht ihr mich gegen 4 Uhr mit Mama auf der Redaktion, um mich zum Essen abzuholen (ihr Kinder eßt mit Fräulein schon um halb zwei) und das ist für euch ein besonderes

Amüsement, und für mich auch. Mit dem außerordentlichen Nachahmungstalent, das dir eigen ist (es ist famos, wie du, wenn Wagen
und Kutscher gespielt wird, die Haltung des Kutschers nachahmst
und die Peitsche genau so schräg einsteckst, wie ein wirklicher
Kutscher – energisch jeden zurückweisend, der sie etwa grade auf-
richten will) – mit diesem Nachahmungstalent rückst du dich, sobald ich mein Arbeitszimmer für einen Augenblick verlasse, in
meinem Schreibtischstuhl zurecht, nimmst Feder und Papier und
beginnst zu schreiben. Neulich gingst du dann mit dem vollgeklirten
Bogen auf den Korridor hinaus – bereit, das »Manuskript« einem
der wartenden Boten zu geben, wie du es von mir gesehen. Gewöhnlich beginnt euer Redaktionsbesuch damit, daß ihr den Papier-
korb in die Mitte des Zimmers schleppt und »aufräumt« – d.h. alles
am Boden liegende Papier, die Korrekturabzüge etc. hineinstopft.

Im Juni dieses Jahres trennten Mama und ich sich zum ersten
Male von euch – d.h. zum ersten Male beide auf einmal von euch
dreien. Wir wollten seit langem eine kleine Reise nach Italien
machen, hatten es aber immer wieder verschoben, da uns der Abschied von euch zu schwer fiel. Wie es so geht, kam auch immer
etwas dazwischen, das uns an euch kettete. Im Januar und Februar
bekamt ihr drei nacheinander die Masern, zuerst der Rudi, dann du,
und fast gleichzeitig mit dir Lalla. Da die Masern bei Rudi sehr
leicht und milde auftraten, sperrten wir euch nicht von einander ab,
sondern ließen euch im Gegenteil dicht zusammen, und so wurde
dann diese Angelegenheit glücklich auf einmal abgemacht. Du
hattest so ziemlich den schwersten Anfall – dein bildhübsches
Jungensgesicht war schauerlich durch die roten Flecken entstellt
und ganz aufgedunsen – aber allzu schlimm war auch bei dir die
Sache nicht. Als wir das hinter uns hatten, erkältete sich Lalla u.
hatte starke Fieberanfälle und wir mußten den Reiseplan wieder
vertagen. Die gute Großmama hatte uns angeboten, euch drei mit
Fräulein und Grete – dem neuen, sehr trefflichen Hausmädchen –
nach Heringsdorf mitzunehmen und euch dort während unserer
Reise zu behüten, und wir waren von dieser Idee sehr entzückt. Als
Lalla immer wieder ihre Fieberanfälle bekam, wurde Großmama
ängstlich und wollte die verantwortungsvolle Aufsicht nicht gern
mehr übernehmen, und so schwankten wir hin und her. Aber Großmama, die sich so furchtbar auf die Reise mit euch gefreut hat, war dann
doch sehr unglücklich, als sie nun allein fahren sollte – sie weinte,

als sie nun zum Abschiednehmen zu uns kam –, und da Lalla grade für genesen erklärt worden war, so wurden dann doch schnell euere Koffer gepackt und am Tage darauf fuhr ihr beglückt mit Groß- mama nach Heringsdorf ab. Mama begleitete euch, um euch zu installieren, und kam am nächsten Tage zurück. Ich fuhr dann mit ihr nach Wien, Venedig und Florenz (»Papa will Mama eine neue Stadt zeigen, sie heißt Venedig«, erklärte Rudi) und ihr bliebt drei Wochen mit der Großmama in Heringsdorf. Diese Zeit verlief zur allgemeinsten Zufriedenheit – nur Lallas Ungezogenheit wurde von Großmama mit Recht übel vermerkt. (»Lalla ist viel zu sehr ver- wöhnt«, sagt Rudi, »Großmama sagt auch, sie soll nicht alles haben, was wir haben, und man soll sie ruhig schreien lassen«). Dein gro- ßes Erlebniß war eine Motorbootfahrt mit Fräulein von Herings- dorf nach Swinemünde und zurück, wobei sich unterwegs das Meer zu bewegen begann und mehrere Fahrgäste unwohl wurden, während du, tapfer wie immer, nicht genug bekommen konntest. Rudi empfing dich – er hatte die Mitfahrt abgelehnt – am Strande mit der teilneh- menden Frage: »Butzichen, war dir sehr übel?« Ein anderes, we- niger angenehmes Erlebniß bestand darin, daß ihr beim Schützen- fest würfeltet und daß nur Rudi gewann. Dein Gesicht soll höchst ausdrucksvoll gewesen sein und du gerietest in einen Zorn, der sich durch gleichfalls höchst ausdrucksvolles Schreien dem ganzen Heringsdorf kund tat. Daß ein anderer mehr Glück hat als du, kann deine Herrennatur leider noch nicht begreifen, und du wehrst dich empört gegen eine solche Ungerechtigkeit.

Diese Herrennatur macht mich, wie ich gestehen muß, mitunter ein wenig besorgt und von Zeit zu Zeit giebt es deswegen zwischen uns auch einen ernsthaften Zusammenstoß. Du bist ein strahlend schöner Bengel (»jung Siegfried«, sagt deine Mutter stolz) und auch noch zum Küssen in deinem Trotz, aber die Erziehung und der Ge- danke an die Zukunft nötigen mich bisweilen, darüber hinwegzusehen und diesen herrischen Trotz ein bischen einzudämmen. Doch das geschieht nur selten und es braucht auch nur selten zu geschehen, denn abgesehen von diesen Diktatorneigungen bist du ein goldiger, zärtlicher, guter kleiner Bursch. Wenn ihr, Rudi und du, mit mir spazieren geht, nimmt manchmal der eine und dann wieder der andere von euch beiden verstohlen meine Hand und küßt sie. Dabei sagt ihr dann: »Ich hab' dich lieb.« Dann drücke ich euch die kleinen Patschen und möchte euch hochnehmen und so recht an mich pressen.

Als wir Anfang Juli aus Italien zurückkamen und ihr dann auch wieder, wenige Tage nach uns, heimkehrtet, mußten wir einen sehr wichtigen Schritt unternehmen. Du warst schon im Juni sechs Jahre alt geworden und es war Zeit, dich mit dem Ernst des Lebens, der sich in der Schule verkörpert, bekannt zu machen. Ich habe, von meiner eigenen Schulzeit her, eine gründliche Abneigung gegen diese Einrichtung und wir beschlossen, dir während der ersten Jahre die geistige Nahrung in der mildesten Form verabreichen zu lassen. Zwei Lehrer, die Herren Straube und Lohse, die in Berlin W. Unterrichtscirkel für die jüngsten Altersstufen abhalten, teilen sich zur Zeit die Gunst der Familien. Wir entschieden uns für Lehrer Lohse, der in dem Rufe steht, weniger pedantisch zu sein, und als ein wirklicher Kinderfreund gilt. An einem Julinachmittag machten wir uns mit dir und Rudi auf den Weg zu der Schule in der Burggrafenstraße 15, wo Lehrer Lohse wirkt.

Lehrer Lohse, der nun vom 1. Oktober ab deine Bildung in die richtigen Bahnen lenken soll, ist ein älterer Herr mit einem guten, heiteren Gesicht. Er empfing uns sehr nett in dem leeren Klassenzimmer und ihr setztet euch sofort auf die Bänke, untersuchtet alles genau und stecktet die Finger in die Tintenfässer. Lehrer Lohse hielt dir seine rechte Hand hin und ließ dich mit Hülfe seiner Finger leichte Rechenexempel lösen. Du antwortest nach einigem Zögern richtig und ohne Verlegenheit. Wenn man dich aber hinterher fragte, ob du gern zur Schule gehen wolltest, gabst du ausweichende Antworten und auch dein »ja« klang nicht ganz überzeugungstreu. Rudi erklärte frech und behaglich: »Ich würde sehr gern zur Schule gehen. Aber es geht *leider* noch nicht; ich bin noch zu klein.« Besonders das »leider« klang ungemein überzeugend und echt.

Am 10. August, nachdem wir noch Lallas Geburtstag gefeiert, fuhrt ihr mit Mama und Fräulein nach Noordwijk, wo diesmal in der Pension Hollander Wohnung gemietet war. Am Abend der Abreise konnte ich euere Aufregung nur dämpfen, indem ich euch vor eine Uhr stellte, euch zeigte, wie weit der Zeiger jedesmal gehen müsse, damit wieder fünf Minuten um seien, und euch verschrieb, mir diese – für unsere Reise höchst wichtige – Tatsache jedesmal zu melden. Ich mußte noch in Berlin bleiben und als auf dem Bahnhof Zoologischer Garten der Zug mit euch in die Nacht hinausfuhr, eure Gesichtchen noch aufgeregt aus dem Schlafwagenfenster herauslugten und ich dann allein blieb, fühlte ich so recht deutlich, was der Wagen da an Glück und Schönheit und Freude barg ...

Auch dieser Noordwijker Aufenthalt war sehr schön, aber ganz anders als der vorige. Nicht nur weil ihr Jungens nun schon viel verständiger seid und nur Lalla, das hübsche Zigeunerkind mit den braunen Locken, bei Tisch – wir essen im gemeinsamen Speisezimmer des Hôtels – der Störenfried ist, sondern vor allem auch des Wetters wegen. Im vorigen Sommer war es übermäßig heiß, diesmal gab es Sturm auf Sturm, Regen und Hagel in Menge. Das Meer war selten in einem Jahr so großartig wie in diesem, was freilich auch zur Folge hatte, daß ihr nicht allzu häufig mit uns baden konntet. In der Nacht vom 26. zum 27. August gab es einen Orkan, bei dem viel auf der Küste zerstört wurde. Alle Hotelgäste waren wach und brachten die Nacht gemeinsam zu, nur ihr drei schlieft ruhig in einem friedlichen Hinterzimmer.

Trotz alledem war es wundervoll, es gab auch ein paar heitere Tage und wenn es stürmte und wetterte, so gingt ihr eben mutig durch den Sturm. Ich nannte euch meine Sturmgesellen und ihr verkündetet beim Herannahen jeder Wolke eine »Böe«. Als du sahst, daß man täglich das Barometer studirte, fragtest du mich: »Aber warum bindet man es nicht fest – dann kann es doch nicht fallen? Wenn alle Leute es festbinden, muß doch schön Wetter sein.« Leider geht auch dieser Sommer nun zu Ende und morgen fahren wir nach Amsterdam und von dort nach Berlin zurück.

Berlin, 29. September
[Am linken Rand findet sich neben einem blauen senkrechten Buntstiftstrich die Notiz:] Hier ist aus Versehen noch einmal das schon Erzählte wiederholt.

Bevor ihr im August nach Noordwijk fuhrt, hatten Mama und ich dich in der Schule angemeldet. Eigentlich nicht in einer richtigen Schule, sondern in einer Privatschule, einem »Cirkel«, bei Lehrer Lohse. Wir hatten lange überlegt, wo du den »Ernst des Lebens« kennen lernen solltest und hatten dieser Angelegenheit mit dem Grauen entgegengesehen, das die meisten Eltern in solchem Falle verspüren. Ich selbst bin in das Königliche Wilhelmsgymnasium gegangen und bewahre daran die unerfreulichste Erinnerung – die

Erinnerung an eine lichtlose Oede, eine mechanische Drillanstalt, mit trockenem Buchstabenkram, ohne lebendigen Hauch, ohne eine verständnisvolle und warmherzige Lehrbegabung. Wir wollten dich nicht vier Stunden täglich in eine solche Wissensfabrik einpferchen, wollten dir so lange als möglich deine kindliche, harmlose Heiterkeit erhalten, und da man Lehrer Lohse sehr rühmte und es bei ihm auch nur viermal wöchentlich je eine Stunde giebt, so brachten wir dich zu ihm. An einem Nachmittag waren wir mit Rudi und dir zu ihm gegangen – in die Burggrafenstraße, wo er damals in einer Schule seinen Privatunterricht gab. Er war grade dabei, sich von seinen kleinen Schülern freundlich zu verabschieden und empfing uns dann in dem leeren Klassenzimmer – ein großer, gutmütiger und guter Mann mit schon weißem Haar, der gleich seine Hand hoch hielt und dich an den Fingern »rechnen« ließ, und der euch beiden dann den Kopf tätschelte und meinte, ganz dumm sähet ihr nicht aus. Während Mama und ich dann noch mit ihm verhandelten, setztet ihr beide euch sehr keck auf eine der Schulbänke und begannt, die Tintenfässer zu untersuchen, deren Existenz euch sehr begeisterte. Rudi hatte bald die eine Hand in die Tinte gesteckt und zeigte höchst stolz und beglückt seine schwarzen fünf Finger.

Die Schule sollte am 3. Oktober beginnen und wir und Großmama und die Tanten fragten dich nun oft: »Freust du dich schon sehr auf die Schule?« Manchmal kam ein Ja als Antwort, aber es klang nicht sehr überzeugend. Manchmal sagtest du auch »nein«, und gewöhnlich wichest du der Frage, wie einer lästigen Sache aus, und wandtest dich schleunigst deinen Spielangelegenheiten zu. Ganz geheuer schien dir's bei der Aussicht auf die Schulzeit nicht zu sein. Wenn man Rudi fragte: »möchtest du nicht auch schon gern zur Schule gehen?« gab er breit und unverschämt zur Antwort: »O ja, ich möchte schon gern – aber *leider* kann ich noch nicht, ich bin noch zu klein.« Aus dem »leider« klang das ganze drollige Behagen eines Mannes, der vom freien Berg herab der Sklavenketten spotten kann.

Anfang Oktober kaufte Mama dir eine Schulmappe und einen Federkasten, den du mit Stolz herumzeigtest, und am Nachmittag des 3. Oktober (die Stunden finden um 4 Uhr Nachmittags statt) brachten Mama, Fräulein und Rudi dich zur Kurfürstenstraße, dicht am Zoologischen Garten, wo Herr Lohse ein paar Zimmer mit Schulbänken und Tischen möblirt hatte. Es war ein großes Ereigniß und wir waren alle sehr gespannt und aufgeregt. Wir hatten geglaubt, es würde an diesem ersten Tage noch nicht richtig »Schule« sein, und Mama – die nicht wie andere Mütter im Nebenzimmer bleiben wollte, weil Herr Lohse das nicht liebte – wartete unten auf der Straße. Ich fuhr von der Redaktion zu euch hin, fand unten Mama, die mir sagte, daß doch schon ein ganz wirklicher Unterricht begonnen habe, und dann stiegen wir beide zu dem Klassenzimmer hinauf und horchten dort an der Tür. Wir waren halb gerührt und halb belustigt, und es war uns ganz merkwürdig, daß da drinnen nun unser Butzi als Schuljunge saß. Plötzlich öffnete sich die Tür und Lehrer Lohse erschien mit dir, um dich zu einem gewissen Ort hinunterzubegleiten, was infolge der Aufregung, von der du glühtest, besonders nötig war. Du hattest purpurrote Backen, deine Augen leuchteten und während du mit uns die Treppe hinunter zu dem Oertchen gingst, stand dein Mund nicht still. Wir brachten dich wieder hinauf, und dann war grade die Stunde aus. Lehrer Lohse sagte uns, er habe in der Stunde gemeint, daß du weintest – aber daran waren nur deine glänzenden Augen und deine glühenden Backen schuld. In der Droschke, in der wir mit dir nach Hause fuhren, saßest du uns gegenüber, und du sprachst fortwährend, die Worte überstürzten sich, du erzähltest, daß der Junge neben dir Walter Scheuer heiße, daß ein anderer einen Stehkragen habe (»warum habe ich noch keinen Stehkragen?«) und daß Lehrer Lohse ein Brett mit Kugeln zum Zählen habe. Du warst noch hübscher als sonst, in deiner Aufregung, und Mama und ich drückten einander heimlich die Hände und waren beglückt über das Debüt.

Zwei Tage lang ging es dann gut, dann legte sich der Enthusiasmus, du dachtest in der Schulstunde an deine Spielsachen und warst unaufmerksam und zerstreut. Lehrer Lohse setzte dich und Walter Scheuer vor sich auf die vorderste Bank, um euch näher unter Obhut zu haben, und eines Tages prügelt ihr euch dort, weil du Walter Scheuer mit dem Fuß gestoßen hattest. Seither verlaufen die Schultage mit wechselndem Glück – manchmal lobt Lehrer Lohse dich, manchmal tadelt er deine Unaufmerksamkeit, besonders, sobald es an's Rechnen geht. Zu Hause rechnest du ganz gut (obwohl dir das höhere Verständniß dafür noch fehlt) aber in der Schule mangelt dir die Geistesgegenwart und neulich hast du Herrn Lohse auf seine Frage, warum du nicht antwortest, gesagt: »Das interessirt mich nicht.« Im Lesen bist du gut (und du fängst schon an, in der

Zeitung herumzubuchstabiren) und im Schreiben hast du sehr schnell Fortschritte gemacht. Für die Großmama hast du zu Weihnachten schon ein langes Gedicht geschrieben, das ich zu diesem Zweck verfaßt habe, und Großmama war sehr entzückt über diese Leistung nach 2 1/2 monatlichem Schulbesuch und zeigt sie überall stolz herum. Ihr habt in der Schule auch schon ein bischen »biblische Geschichte« gehabt: Adam und Eva, Kain und Abel und die Geschichte von der Arche Noah. Neulich, als ich in euer Zimmer kam, saßest du mit Rudi auf euerem Tisch, ihr hattet aus Bauklötzen eine Wand gemacht, und auf meine Frage, was das sein solle, sagtest du: »Ich bin Noah. Siehst du denn nicht, das ist doch hier die Arche Noah.« Du rührtest mit einem Stock in einem Schilderhaus und behauptetest, du verschmiertest die Ritzen in der Wand mit Theer. Einstweilen ist deine fanatische Spielbegeisterung noch durch die Schule zwar ein wenig behindert, aber nicht gemindert worden. Muß ich sagen, daß ich darüber nicht grade trostlos bin?

Berlin, 29. Juli *1913*

Ostern brachtest du deine erste Zensur nach Hause, und sie war nicht allzu schlecht. Eine Ermutigungs-Zensur, mit Nachsicht verfaßt. Indem du sie überreichtest, erklärtest du eifrig, stolz und versöhnend: »In Religion bin ich der Beste!« und du hattest auch »sehr gut« in diesem Fach, und Herr Lohse hatte das öffentlich anerkannt. Bei den meisten anderen Fächern stand das Prädikat »gut«, bei Rechnen »genügend.« Großmama fand, daß es eine ausgezeichnete Zensur sei, und die alte Auguste war beleidigt, weil ich dir nur fünf Groschen für deine Sparbüchse gab. Ihr habt jetzt nämlich jeder eine Sparbüchse, die oben auf euerem Kleiderschrank thront, und von Zeit zu Zeit erhaltet ihr von mir einen Groschen »Taschengeld«. Wieviel oder wie wenig das wert ist – davon habt ihr noch immer keine Ahnung – der Begriff für Geld und der Begriff der Zeitdauer – sind bei euch noch sehr unentwickelt. Lalla, von der mancher sagt, daß sie die Klügste von euch dreien sei, mußte, da ihr euere Sparbüchsen hattet, natürlich auch eine erhalten und sie war – wie immer, wenn sie euch gleichgestellt wird – darüber besonders beglückt.

Noch vor Ostern verließ uns Fräulein Sindermann und wir waren sehr traurig darüber, denn sie hatte euch richtig lieb und war ein angenehmer Mensch, und sie war schließlich auch sehr traurig und vergoß Thränen, als sie davonfuhr – nach Paris. Denn sie wollte in Paris, wo sie eine Schwester hat, ihr Glück versuchen – heute wissen wir aus ihren Briefen bereits, daß sie nur Enttäuschungen gefunden hat. Eine neue Erscheinung kam in's Haus, eine kleine, ein bischen übereifrige, gebildete, aber nicht ganz proppere, die in einer Warschauer Offiziersfamilie gewesen war und durch ein eindringliches Schreiben Mamas Sympathie – für einen Augenblick – gewonnen hatte. Obwohl tüchtig in der auch nicht leichten Kunst, euch zu beschäftigen, wird ihr Reich vermutlich ein kurzes sein. – Aus der Anfangszeit des Jahres habe ich dann noch über eueren ersten Zirkusbesuch zu berichten. Im Winter vorher wart ihr beiden Jungens mit Großmama und Tante Martha im Theater gewesen, wo ihr »Schneewittchen« gesehen hattet und wo Rudi, zur Freude aller nahe sitzenden Erwachsenen bei der Szene, wo die Zwerge ihre Betten zurecht machen, ausgerufen hatte: »Aber so macht man doch nicht die Betten! Die drehen ja nicht mal die Matratze um!« Nach diesem Theatererlebniß hattet ihr lange König und Prinzessin gespielt und »Ballett« getanzt. Der Zirkus wirkte noch begeisternder. Wir – Großmama, Mama, Tante Martha, das Fräulein und ich – saßen in einer Nachmittagsvorstellung des Zirkus Busch in einer Loge – ihr standet vorn in der ersten Reihe, hochrot, du vor Aufregung fortwährend mit dem Munde Kaubewegungen machend, und nichts entging euch, keine Bewegung eines Kunstreiters und nichts von dem, was oben unter der Decke der Mann beim Scheinwerfer tat. Die sehr minderwertigen Klowns entzückten euch, nach jeder Nummer applaudirtet ihr stürmisch, alle zwei Minuten fragtet ihr: »es ist doch noch nicht bald aus?« und als ich in der Pause euch an einen gewissen Ort in der Nähe der Ställe führte, fiebertet ihr fast vor Angst, daß ihr irgendetwas versäumen könntet. Zum Schluß gab es ein großes Spektakelstück mit spanischen Räubern, einem richtigen Stiergefecht, Reiterverfolgung über gefährliche Bergstrecken, Schießerei und plötzlich niedersausenden Wasserkünsten, und das war für euch natürlich unbeschreiblich schön.

Dann ein kleines Schulerlebniß: am Tag der Frühjahrsparade warst du aus Versehen zur Schulstunde gegangen, da du in deiner Zerstreutheit wie gewöhnlich nicht gehört hattest, daß Herr Lohse gesagt, der Unterricht falle aus, das Fräulein, das dich immer bis oben an die Klassentüre geleiten soll, hatte dich unten an der Haustür verlassen, und als du nach Hause kamst – ich war grade allein da – entspann sich folgendes Gespräch. Du, pfiffig lächelnd: »Warum fragst du mich garnicht, wie es in der Schule war.« Ich: »Ich kann mir schon denken: »es ging …« (deine gewöhnliche Auskunft, wenn man dich fragt) Du: »Es war gar keine Schule.« Ich: »Keine Schule? Was hast du denn dann gemacht?« Du: »Also – ich bin die Treppe raufgegangen und da war die Tür verschlossen. Dann hab' ich durch das Schlüsselloch gesehen, es war aber keiner drin. Herr Lohse nicht und die Kinder auch nicht.« – Aber hast du dich da nicht erschreckt? – »Nein, ich habe mich gefreut.« – Aber dann? – »Dann bin ich wieder runter gegangen und habe das Portiersmädchen gefragt, ob sie mit mir Ball spielen will. Sie hat einen Ball. Wir haben auf dem Hof gespielt. Ich habe mir zwei Gläser Wasser von ihr bringen lassen, weil ich Durst hatte. Bonbons hat sie mir auch gegeben. Eine Dame hat mich gefragt, wo ich wohne. Ich habe ihr gesagt: »Hohenzollernstraße 17, aber ich darf nicht allein über den Damm gehen. Dann ist Fräulein gekommen.« – Mama hat sich über dieses Abenteuer sehr aufgeregt, besonders weil sie grade vorher in der Zeitung viel über Kinderentführungen gelesen hatte, und das Fräulein derb gescholten. Sie hatte ganz Recht, aber ich war im Stillen über deine Selbständigkeit und die Art, wie du dich aus der Affaire gezogen hattest, doch nicht ganz unzufrieden.

31. Juli *1913*

Zu Pfingsten [11./12. Mai] wart ihr mit Mama, Großmama, Tante Martha, Tante Else Litthauer, Fräulein und Grete, dem Hausmädchen, wieder acht Tage in Heringsdorf und ich war vier Tage lang bei euch. Wir wohnten in der Klenzestraße bei Frau Schliere, Großmama und Tante Martha in der Kaiserstraße, das Wetter war sehr schön und man kam sehr ungern nach Berlin zurück. Ihr drei wart abwechselnd ungezogen und eigensinnig, Lalla schreit, sobald sie nicht gleich ihren Willen erhält, Rudi hat seltene, aber dann kräftige Bockanfälle – wobei er die Zähne fletscht und wütend wird wie ein kleines drolliges Tier – und du hattest eines Vormittags, als wir den Strand verlassen wollten, die Freundlichkeit, dich lang auf

den Sand zu werfen und zu brüllen, daß alle über den großen un-
gezogenen Jungen lachten. Wenn du so rüpelhaft wirst, hast du, wie
deine Mutter sagt, etwas agrarierhaft Derbes, Feistes, das uns garnicht gefällt, und du bist kaum zu bewältigen.

Während des ganzen Frühjahrs und des Sommerbeginns wurde
beraten: wo gehen wir im Sommer hin? Wir mußten diesmal,
deinetwegen, in den Schulferien, oder kurz vorher, reisen, und wir
hatten – da namentlich euere Mutter noch den vorigen, etwas an-
strengenden Noordwijker Sturmsommer nicht vergessen hatte –
uns vorgenommen, in die Berge zu gehen. Ich vereinigte einen
großen Haufen von Reisebüchern, Karten und Prospekten, und
wochen- oder monatelang schwankten wir zwischen allen mög-
lichen Orten in der Schweiz, Bayern und Tirol. Ihr spracht fortwährend von den »Bergen«, von denen ihr nur eine sehr unklare
Vorstellung hattet, und erhieltet eine richtige Gebirgsausrüstung,
mit ledernen Kniehosen, befedertem Tirolerhut, Joppe, Nagelstiefeln
u. Rucksack, die euch vorzüglich kleidete. Als ihr sie zum ersten
Male, im Beisein von Großmama und der ganzen Familie an deinem
Geburtstag anzogt, tanztest du einen Schuhplattler, wie ich und
Onkel Fritz ihn euch gezeigt hatten, mit Knieklatschen und Holdrio,
wobei Rudi – in solchen Fällen ein dankbares Publikum – sich vor
Lachen wand. Schließlich wurde auch die Ortsfrage entschieden:
Oberstdorf im Allgäu, Hôtel Rubihaus – wegen der nur 850 Meter-
Höhe, der Mittelluft und der vielen Berliner Familiengäste nicht
grade nach meinem Wunsch, aber gewählt, weil ihr dort Wald und
Wiesen und alles, was man für euch brauchte, hattet. Am 23. Juli
Abends fuhren wir ab, zunächst nach München, wo wir eine Stunde
Aufenthalt hatten und im Wartesaal alle zusammen – das Fräulein
und Grete waren mitgenommen worden — Kaffe tranken. Ihr wart
noch aufgeregter als auf allen früheren Reisen, sonst hattet ihr im
Schlafwagen, in euerem Unterbett unter mir, sehr gut geschlafen,
diesmal aber hattet ihr fortwährend die Gardine beiseite geschoben
und, trotz allen Mahnungen, hinausgeguckt, und ich hörte immer,
wie ihr beiden Jungens auf jeder Station mit einander flüstertet:
»Du, ich glaube, es ist was an der Lokomotive kaput.«

Als wir Berlin verlassen hatten, hatte es in Strömen geregnet, es
regnete bei der Ankunft in Oberstdorf und regnete, mit wenigen
Unterbrechungen, vier Wochen lang. Wir hatten eine hübsche
kleine Parterrewohnung in einer der Villen im Hotelgarten und

waren sehr gut untergebracht; Mittags aßet ihr im Speisesaal mit uns an einem besonderen Tisch – manirlicher als in früheren Jahren, aber noch häufig durch die Anwesenheit der anderen Gäste abgelenkt – und da ihr bald viele gleichaltrige Freunde hattet, fehlte es euch auch während des Regens nicht an Kartenlotterie- oder sonstigen Gesellschafts-Spiel-Genossen und Zerstreuungen diverser Art. Sobald es nur sanft oder garnicht regnete, stürmtet ihr in den Garten hinaus, wo die andern sich mit euch vereinigten, wo ihr »Sklavenhalter« spieltet und »Sklaven« »fesseln« wolltet und gewaltig tobtet, und wo man euch jedesmal einfangen mußte, wenn ihr in's Zimmer solltet. Ihr zogt dann auch zu den schönen Wiesen auf den Hügeln vor der eigentlichen Bergkette, und dort bautet ihr euch »Robinsons Hütte« – denn ich hatte euch den »Robinson« geschenkt und dieses vortreffliche Buch, fast das beste aus der ganzen Kinderliteratur, hatte großen Eindruck auf euch gemacht. Einmal hörte ich, wie ihr einem größeren Jungen, Hellmuth, »Robinsons Hütte« schildertet. Du sagtest: »Also denke dir zwei große Tannenbäume. Dazwischen haben wir schwere Steine gelegt – ganz schwere – das ist die Tür. Und dann haben wir uns was aus Gräsern geflochten, wie Robinson. Und dann hängten wir einen Regenschirm drüber …«

Die ersten Berge hattet ihr bei Immenstadt gesehen, wo man den Münchener Zug verläßt und in ein »Bähnle« steigt. Die Berge und die vielen »Tiroler« auf den Bahnhöfen interessirten euch sehr, ihr fragtet andauernd: »Kann man auf den da auch hinauf?« – aber ihr wart von der schlaflosen Nacht doch müde und Rudi legte sich in dem Bähnle bald wie einer, dem alles ziemlich gleichgiltig ist, auf die Bank. In Oberstdorf wart ihr gleich nach der Ankunft wieder sehr munter geworden und hattet das Terrain inspizirt und sofort alles irgend Merkwürdige, jedes Kreuz auf den Bergspitzen etc. entdeckt. Den Nebeln und Wolken, die reichlich um die Spitzen schwammen, wandtet ihr euere scharfsinnige Aufmerksamkeit zu, und ihr wart sehr erfreut, als dann Neuschnee fiel und bis tief hinunter auf den Bergen lag. Sehr entzückt wart ihr von den Kühen, die schaarenweise durch den Ort getrieben wurden, und Abends allein ihren Weg zu den Ställen fanden, und ihr wolltet »Kuhhirte« sein. Am ersten Sonntag, nach dem Gottesdienst, ging ich mit euch Jungens in die hübsche Kirche, und das war dann wieder etwas ganz Neues, und ich mußte euch alles erklären: ob der Mann auf den

Bildern der »Herr Jesus« sei, von dem du aus der Religionsstunde die Kunde mitgebracht hattest, und was er da mache, und wozu die Wimpel und der Taufstein und die Fahnen seien, und warum der Kirchendiener immer knixe. Ihr legtet dann Wert darauf, alle Kapellen, die es rund um Oberstdorf am Wege gab, zu inspiziren.

Euere erste »Wanderung« mit uns (Lalla war diesmal noch zu Hause, im Garten geblieben) war zum Freibergsee, eine Stunde von Oberstdorf, mit ein bischen Aufwärtssteigen auf bequemem Weg. Eigentlich hattet ihr gleich »auf die höchsten Spitzen« wollen und Rudi hatte, wie ich hörte, wiederholt zu andern Jungens oder auch zu Großen renommirt: »Es fehlt uns nur noch das Letzte; wenn wir Eispickel hätten, würden wir gleich auf die höchsten Spitzen steigen.« Da das Wetter kühl war, wurde euch die »Wanderung« leicht; auf dem Rückweg trafen wir eine bekannte Dame – die Frau des Berliner Chirurgen Professor Borchardt, die mit in unserem Hotel wohnte – mit ihrem Jungen, und infolge dieses Ereignisses tobtet ihr bald so, daß die Leute stehen blieben und euch, teils belustigt, teils entrüstet, nachsahen. Du riefst jedem Fremden, dreist vertraulich, ein »Grüß Gott!« zu, und als wir an den kleinen Heiligenbildern von Loretto vorbeikamen, machtest du einen Knix, wie der Kirchendiener – einer Uebung, der ich aber schleunigst ein Ende bereitete. An anderen Tagen gingen wir dann, sogar mit Lalla, in's Oythal, und, nur mit euch, nach Tiefenbach etc. und ihr saßt an den Holztischen von den Wirtshäusern, mit aufgestützten Ellenbogen wie die Bauern, und trankt euere Milch. Aber einmal, als ein heißer Tag war und ich mit euch beiden und Grete nach Schwend, gute drei Stunden hin und zurück, hinaufgestiegen war, erwachte der Geist der Empörung in euch. Es mußte häufig aus der Feldflasche getrunken werden und du fragtest alle zehn Minuten: »Ist es noch weit?« und erklärtest beim Aufwärtssteigen: »Ich freue mich schon auf das Runtergehen. Beim Runtergehen lachen alle Menschen immer.« Rudi, der nichts gesagt hatte, drehte sich nur einmal ganz kurz um und erklärte sehr bestimmt: »Nun aber Schluß mit die Berge!« Worüber, als ich es ihr später erzählte, die Großmama besonders begeistert war.

Dann kam der Tag eueres Ruhmes, euer »großer Tag«. Nach unendlichen Regengüssen war ein angenehmer, regenloser und nicht zu heißer Morgen angebrochen und Mama und ich gingen mit euch zu dem Weg nach der Seealpe hinauf – eine gute Stunde ziemlich scharfen Steigens. Wir wollten sehen, wie weit wir mit euch kämen, und hatten keinen großen Plan. Ihr klettertet vergnüglich und so kamen wir zu der Seealpe und ihrer Wirtschaft, wo Käse bereitet wird, ein richtiger Sennbetrieb besteht und rings der gelbe Enzian blüht, hinauf. Dort lag vor uns das Nebelhorn, das wir längst hatten besteigen wollen, das Nebelhornhaus ganz sichtbar, von Schneeflächen umgeben. Sollte man's mit euch wagen, bis zum Hause hinaufzugehen – noch drei tüchtige Kletterstunden weit? Ein Bekannter aus Berlin, Justizrat Fuchs, der desselben Weges zog, redete zu, es zu versuchen, ihr wart enthusiasmirt von der Aussicht, auf einen wirklichen Berg, in den Schnee, und zu einer Hütte, wo es Erbssuppe mit Würstchen gab, hinaufzukommen – vor allem auch, weil selbst die größeren Jungen das nicht gemacht hatten – und so sandte ich den Wirtssohn von Seealpe mit einem Brieflein zu Fräulein nach dem Rubihaus hinab und wir marschirten los. Ihr hieltet euch brillant, stiegt leicht und wie die jungen Gemsen, und kamt euch wie Montblanc-Bergsteiger vor. Als wir nach drei Stunden zu den ersten Schneeflächen, tief unter dem Hause, gelangten, mußtet ihr euch natürlich »schneeballen«. Im Hause, zwischen all' den erwachsenen Touristen, aßt ihr mit Begeisterung eine Erbssuppe und Omelette. Wir nahmen für euch ein Zimmer im Obergeschoß über den Gaststuben, zogen euch Stiefel und Strümpfe aus und legten euch in's Bett. Dann küßten wir euch, ermahnten euch, gut die zwei oder zwei und eine halbe Stunde auszuschlafen, während wir zur Nebelhornspitze steigen wollten, und ihr verspracht, sehr brav zu sein.

Die Erklimmung der Spitze war, des Neuschnees wegen, beschwerlich und wenig angenehm und oben gab es nur Wolken und keine Spur von einem »Blick«. Als wir wieder hinunterkamen und uns dem Hause näherten, sah ich euch, zwischen Touristen und drei Maultieren, vor der Tür stehen. Mama wollte es zuerst nicht glauben, aber ihr wart es in der Tat. Ihr hattet, was ihr triumphirend erzähltet, nur »gehorcht«, ob wir fort seien, dann hattet ihr euch erhoben und angezogen und wart hinuntergegangen, um euch zu schneeballen und auf dem Schnee zu »rodeln«. Eine Dame hatte euch die Bergschuhe zugebunden, die Wirtin oder Kellnerin hatte, wie sie lachend bekundete, euch vergeblich im Hause zu halten versucht, und ihr hattet euch auf dem Schnee hingesetzt, euch an den Händen gefaßt und auf euere Weise Rodelpartien unternommen.

Alle Touristen erklärten, daß ihr »famose Jungen« wäret und freuten sich über euch – *wir* wußten nicht recht, ob wir uns freuen oder nachträglich ängstigen sollten, aber der Stolz überwog. Wir tranken dann noch im Hause mit euch Kaffe, wobei du leider – wie oft, wenn du dich als Mittelpunkt fühlst und dich ein bischen vor Erwachsenen produziren willst – etwas vorlaut dalbertest und zur Ruhe gewiesen werden mußtest, dann kam, für euch anscheinend ohne große Beschwerde, der Abstieg und ihr kamt, kaum ermüdet, nach Oberstdorf, wo man euch wie junge Helden empfing.

Berlin, 1. August 1913.

Während ich diesen Sommerbericht in dein Tagebuch eintrage, habt ihr in Oberstdorf schon wieder das Reisefieber, die Mama packt das letzte ein, und ich kann mir denken, daß ihr mit wichtiger Miene herumgeht und erzählt: wir reisen heute Abend nach Berlin. Vielleicht fügt Rudi hinzu, wie neulich, als ich mit ihm sprach: »Wir kennen ja nun die Berge; man klettert rauf, und dann ist oben ein Haus und Schnee.« *Du* hattest ihm das in's Ohr soufflirt – an einem Abend, als ihr schon im Bett laget und ich euch gute Nacht sagte. Ich finde es – einstweilen noch – sehr amüsant, wenn ihr euch flüsternd so verschwört und der eine den andern heimlich und listig zu einer Keckheit anstiftet. Nun reist ihr alle heute Abend ab und morgen Vormittag um zehn nehme ich euch wieder auf dem Bahnhof in Empfang. Die Ferien sind zwar noch nicht aus und in der letzten Woche habt ihr schönes Wetter gehabt. Aber Mama will nach Hause, und die Großmama, die dann verreisen will, soll euch auch noch ein bischen sehen und Schularbeiten sollst du auch noch machen. Denn in Oberstdorf hast du nicht viel gearbeitet, und wenn du fürchtetest, daß man dich Nachmittags zur Arbeit auffordern werde, kündigtest du schon Vormittags eine große »Müdigkeit« an. Einmal sagte ich: »Ich finde es hier sehr gemütlich« – worauf du dich einmischtest: »Ich weiß, warum du es gemütlich findest. Weil du keine Schularbeiten zu machen brauchst.«

Etwas, was ich erwähnen muß, ist euer großes Interesse für alles, was mit dem Tode zusammenhängt. Das hat frühzeitig angefangen, als man euch sagte, daß die schwarzen Wagen in den Berliner Straßen Leichenwagen seien. Dann traf ich euch häufig auf einem niedrigen Tisch sitzend, über den ihr ein Tuch gebreitet hattet, und auf meine Frage gabt ihr die Auskunft: »Wir spielen Trauerfeier.« Dann hattet ihr oft, wenn ihr Schlachtenbilder mit Toten und ähnliches in Büchern und illustrirten Zeitungen betrachtetet nachdenkliche Fragen wie diese: »Wenn die Menschen begraben werden, stehen sie dann wieder auf?« – »Wie lange müssen sie denn so liegen?« – »Was wird denn aus den Menschen?« – »War der Herr, der gestorben ist, alt?« – »Ist man dann wieder jung, wenn man aufsteht?« Der Gedanke, daß alles einmal aus und vorbei sein könnte, hat in eueren goldigen Kinderköpfen noch keinen Platz. Jedesmal, wenn ihr so fragt und mich mit eueren großen schönen Augen anseht, möchte ich euch nehmen und küssend an mich drücken. Bei den Heiligenbildern in Oberstdorf, mit der Auferstehung Christi, wolltet ihr wissen: »Darf er dann gleich wieder aufstehen? Wie macht man das, daß man das kann?«

Ihr wißt nichts davon, daß schon mancher gestorben ist, der in Beziehung zu euch stand. Zuerst mein lieber Walter Leistikow, mein bester, unvergeßlicher Freund, der Rudis Pathe war. Dann von Lillis Paten erst der wundervolle alte Friedrich Dernburg, mein Ratgeber in viel schweren Dingen, und der lebensfrohe, gute, treue Albert Traeger. Das alles ist schon dahin.

Ich will noch etwas Heiteres notiren: wie er mit Mama und mir im Oberstdorfer Bauerntheater wart, um »Schuhplattler« zu sehen. Das entzückte euch sehr und ihr wart wieder einmal, zum Vergnügen aller Umsitzenden, gewaltig aufgeregt. Den einen Schuhplattler kritisirtet ihr: »Warum hebt er denn das Dirndl nicht hoch?« Er hob es nicht hoch, weil es mindestens an die hundert Kilo wog. Von der Aufregung hattet ihr Durst, und ihr trankt abwechselnd von meinem Bier. Das Glas mit den letzten Tropfen in der Hand drehtest du dich zu den Gästen hinter uns um und sagtest: »Ich trinke den Rest!« worauf sie dich alle einladen wollten, auch noch aus ihren Gläsern zu trinken.

Es ist im Grunde eine schöne Zeit und ich möchte den Himmel oder das Schicksal bitten, daß alles immer so bliebe. Berlin ist nicht die Stadt meiner Ideale, ich habe eine enorme Arbeitslast und Verantwortung und werde von politischen Gegnern, Neidern und allerlei Lumpenzeug täglich angegriffen und angespien, wie kaum jemand sonst. Aber wo der Erfolg ist, pflegt, besonders im öffentlichen Leben, auch der Haß zu sein, Kampf und Bewegung sind das Leben, ich spüre auch die Hiebe nicht und durch den allzu gemeinen Pöbelkoth wate ich mit der nötigen Verachtung hindurch. Wenn man schon etwas älter wird, ist das doch noch das Beste, so seinen Weg zu gehen, und ich wünschte, meine Jungens, ihr fühltet mir das eines Tages nach. Die Arbeit und der Kampf also verleiden mir diese Jahre nicht, und diese Jahre sind schön dadurch, daß wir noch alle gesund zusammen sind, daß die gute Großmama sich noch voll Glück an euch erfreut, daß für uns die Jugend noch nicht so ganz hin ist – meine [?] Mutter sieht noch wie ein junges schönes Mädchen aus – und daß ihr noch richtige, frische, sonnige, lustige, erwärmende – wenn auch etwas turbulente Kinder seid.

Ausgewählte Dokumente
1904-1913

»Inzwischen küsse ich Dich noch einmal mit der Feder«

(Änne Wolff an Theodor Wolff, 21. Juli 1904)

Theodor Fontane schreibt an Theodor Wolff

Zillerthal (Schlesien), Villa Gottschalk
24. Mai 1892

Hochgeehrter Herr.
Seit drei Tagen bin ich hier und finde es sehr schön, trotzdem die
Gebirgsluft ihr Wunder noch nicht thun will. [...]
Ihr Roman [*Der Untergang*] hat zwei Vorzüge, den großen Fleißes
und großer Wärme; zudem ist er mit guten und scharfen Beobachtungen, die sich meist in eine geistreiche Form kleiden, reich aus-
gestattet. Mitunter knüpfen sich an die Beobachtungen auch
Sentenzen und Erfahrungssätze, die überraschen. Aber gegen das
Frappierende ist nichts zu sagen, weil jeder sein Bestes aus der
Intuition hat. Soweit kann ich loben, einverstanden sein. Wenn ich
nebenher auch meine Bedenken habe, so hängen diese damit zusammen, daß es Ihnen nicht geglückt ist, ein rechtes Interesse für
die beiden Hauptgestalten zu wecken. Gewiß giebt es solche Figuren
in unsrer Berliner Gesellschaft und ich will die gute Formulierung
nicht bestreiten, aber beiden fehlt das, was sie uns trotz Verstri-
ckung und Schuld sympathisch macht. Besonders gilt das von der
Frau. Solche Dame muß uns entweder durch Forschheit ihres Thuns
erobern oder durch irgendein Büßertum versöhnen, Frau Welten
thut aber weder das eine noch das andere; sie kehrt um, wenn es zu
sterben gilt, und wird nach einem Jahr, vielleicht schon früher, einen
neuen Liebhaber haben. Das ist so der Welt Lauf und alles lebens-
wichtig, aber die Richtigkeit im Roman verlangt glaube ich (wenn
man das Ganze nicht auf Ironie stellt) einen anderen Ausgang.
Halten Sie mir diese Ausstellungen zu gute.

Theodor Wolff schreibt an Rudolf Mosse

Paris, 20. Juni 1904

Lieber Rudolf,
Du bist also Strohwitwer und ich kann mir – besonders da ich ja
jetzt die Vorzüge der Häuslichkeit und des Verheiratetseins kenne –
denken, wie wenig gemütlich Dir das sein muß. Daß Dein Fräulein

Tochter (ich wage nicht mehr, anders zu sagen) ordentlich für Dich sorgt, wundert mich gar nicht, sie war immer ein prachtvolles Mädel. Wir hoffen sehr, daß wir euch im Sommer sehen werden, und ich denke auch, wir werden wohl Ende August nach Berlin kommen. Wir würden uns gern vorher mit Mama und Martha irgendwo in den Bergen treffen, aber Mama, deren Schwester Bernoitt sehr krank ist, will keine Reisepläne machen. So wissen wir eigentlich einstweilen nur, daß wir Anfang August in die Ferien gehen werden, und im Uebrigen fühlen wir uns in unserer neuen Wohnung – fünf Treppen hoch, ohne Fahrstuhl, aber sonst ganz reizend – so wohl und gemütlich, daß wir es trotz aller Hitze ganz gern hier aushalten.

Ich habe heute an Levysohn einen Nekrolog für den leider sehr schwer kranken Waldeck-Rousseau geschickt – ich hoffe, Waldeck-Rousseau wird infolgedessen gesund werden. Du bist doch gewiß sehr erfreut über das Wachsen der Abonnementziffer und über den Ausgang Deines Kampfes mit Scherl – ich habe mich, das brauche ich wohl nicht erst zu sagen, herzlich mit Dir gefreut. Bitte, denke nicht, daß ich [versehentlich »an«] die Roman-Angelegenheit vergessen habe: ich habe erst in der vorigen Woche wieder an Bourget geschrieben, aber keine Antwort erhalten. Offenbar ist Bourgets Roman noch nicht fertig.

Mit den herzlichsten Grüßen von meiner Frau und mir Dein treuergebener Theodor Wolff.

Änne Wolff schreibt an Theodor Wolff

Donnerstag, 21. Juli 1904

Deine brieflichen Nachrichten habe ich, wie jeden Morgen, mit Behagen in der Badewanne gelesen und ich habe immer das Gefühl, als machten mir die vielen zärtlichen Küsse und die Liebe, die sich zwischen jeder Zeile hervordrängt, das Bad besonders schön. Heut bin ich schon deshalb richtig froh, weil ich weiß, daß mein über Alles geliebtes Lieb, zum letzten Mal sich die Mühe des Zeitungseinpackens machen mußte und mir nur noch, wenn es recht goldig sein will, ein paar schöne Küsse zu schicken braucht, damit mir das letzte Bad ebenso gut thut, wie die voraus gegangenen. [...]

*Abb. 17: Franz von Lenbach: Port-
rät Rudolf Mosse (1898).*

*Abb. 18: Änne Wolff. Auf der Rück-
seite der »Platte (Atelier »Mdm
Lili«. Photographin aus Wien, Berlin W., Leipziger Straße 140) ist
handschriftlich vermerkt: »Meine
liebsten und schönsten Gedanken
weilen stets bei Dir; und nur da
bin ich, wo ich liebe. Anna« (um
1903).*

Du, es ist wonnig von Dir, daß Du schon auf der Karte heraus-
studierst, was für schöne Orte Du mir auf der Reise zeigen wirst.
Du weißt nicht, kannst Dir keinen Begriff davon machen, wie unbeschreiblich selig ich bei dem Gedanken an diese – »Hochzeits-
reise« bin. – – Lieb, da morgen Freitag ist und ich noch nichts ge-
merkt, werde ich wohl kaum in die Lage kommen, zu telegraphieren
und werde, wie verabredet, Sonnabend um 5 Uhr nachmittags eintreffen. Dem Hotelwirt habe ich meine Abreise schon angekün-
digt. – So, jetzt werde ich den vorletzten Spaziergang durch die
Sonnenglut unternehmen, dann in's Bassin springen und nach
Tisch auf den Hügeln zum letzten Male den Saliner Sonnenuntergang bewundern. Morgen Abend nach Tisch muß ich meine Sachen
packen, was ich natürlich mit dem *größten, aller, aller, allergrößten*
Vergnügen thue.

Inzwischen küsse ich Dich noch einmal mit der Feder und schicke
Dir unzählige Dintenküsse. Deine Änne

Theodor Wolff schreibt an Rudolf Mosse

Rigi-Scheideck, 12. August 1904

Lieber Rudolf,
ich möchte Dir und den Deinen herzliche Feriengrüße senden und
Dir sagen, daß ich nun doch nicht, wie ich anfangs beabsichtigte,
jetzt im Sommer nach Berlin komme. Ich muß mich hier ein bischen
zu neuen Taten stärken und die Reise von der Schweiz nach Berlin
ist lang und kostspielig. Du gestattest mir gewiß, wie in früheren
Jahren, wieder zu Weihnachten einen Abstecher nach Berlin zu
machen. So vertagen wir also unsere Reise bis zum Dezember.
Wir sitzen hier seit zwei Tagen in dem etwas abseits gelegenen und
sehr schönen Rigi-Scheideck. Meine Frau, die zum ersten Male die
Schweiz sieht, ist in heller Begeisterung und selbst die bedauerliche
Tatsache, daß wir heute Regen und Nebel haben, kann nichts daran
ändern. Wir wollen von hier durch das Berner Oberland nach Zer-
matt und von dort über Genf zurück nach Paris. Ich hoffe, unterwegs auch ein paar Feuilletons schreiben zu können.

Das Tageblatt war, meiner Meinung nach, selten besser, als bei
Gelegenheit des Plehve-Attentats und der ähnlichen Vorgänge –

sowohl was Informationen, als was Kommentare anbelangt. Ueberall auf der Reise, in der Bahn und im Hotel, habe ich gesehen, wie mächtig diese Dinge das deutsche Publikum interessiren. Vielleicht fällt es mir besonders auf, weil die Franzosen, die mit der russischen Allianz belastet sind, ihre Gedanken nur schamhaft äußern und weil ich infolgedessen nicht gewöhnt bin, rund um mich herum soviel von diesen Dingen sprechen zu hören. Jedenfalls ist es doch sehr schön, daß wir in einer Sache, die das Publikum so ungemein interessirt und erregt hat, gewissermaßen an der Spitze marschirten.

Meine Frau fügt diesen Zeilen ihre allerbesten Grüße für Dich, Deine Frau und Deine Tochter bei. Wir hoffen sehr, daß Deiner Frau die Kur recht gut bekommen ist, daß ihr euch Alle wohl fühlt und daß wir euch Weihnachten gesund und vergnügt wiedersehen.

Mit herzlichen Grüßen Dein treuergebener Theodor Wolff

Theodor Wolff schreibt an Rudolf Mosse

Paris, 14. Juni 1906

Lieber Rudolf!
Ich beeile mich, Dir mit zu teilen, daß vor zwei Stunden ein kräftiger Junge bei uns eingetroffen ist. Ich schreibe es Dir gleich, da ich weiß, welches Interesse ihr – Deine Frau und Du – an unserem Wohlergehen nehmt. Meine Frau ist gesund und glücklich, Alles geht gut.

Herzliche Grüße für Dich und die Deinen Dein Theodor Wolff

Theodor Wolff schreibt an Emilie Mosse

Paris, 20. Juni 1906

Liebe gnädige Frau!
Ich danke Ihnen, im Namen meiner Frau, meines Sohnes und im eigenen, herzlichst für Ihre lieben Zeilen und bitte Sie, auch Rudolf und Licia unseren schönsten Dank zu sagen. Es ist natürlich etwas sehr Wunderliches und Wundervolles, plötzlich solch' einen kleinen

Burschen im Haus zu haben, an seinem Bettchen zu stehen und ihn zu betrachten, ihm zu zu sehen, wie er an der Brust seiner Mutter liegt und befriedigt gluckst, oder ihn – wie in diesem Augenblick – im Nebenzimmer schreien zu hören. Man entdeckt dabei auch vielerlei Neues und bekommt einen gewaltigen Respekt vor der Tätigkeit der Natur. Ich weiß nicht, ob mein Junge eines Tages sehr viel von seinem Vater lernen wird – aber einstweilen lernt der Vater von *ihm*.

Daß es ein sehr netter, hübscher, kräftiger Junge ist, glaube ich ohne übermäßige Eitelkeit versichern zu können. Er ist blond, hat einen starken Kopf, eine – bis jetzt – niedliche runde Nase und rosige Bäckchen. Er trinkt sehr brav, an der Mutter Brust, und ich brauche Ihnen nicht zu sagen, wie besonders dieser letzte Punkt seine Mama entzückt. Alles ist bisher ideal gut gegangen und man darf ja wohl hoffen, daß es so bleibt. Wir haben den Jungen Richard genannt – auf Wunsch meiner Frau – und rufen ihn »Dick«. Vorläufig versteht er uns noch nicht … Der einzige Sinn, oder Instinct, der bereits recht kräftig in ihm entwickelt ist, ist der Durst.

Wir wünschen Ihnen und Rudolf – der es nach diesem arbeitsreichen Winter gebrauchen kann – eine recht gute Erholung in Karlsbad. Möchte nur der arme Levysohn wieder ganz gesund werden! Ich erhielt grade, zusammen mit Ihrem Briefe, einen Brief von ihm aus Buckow, er schreibt, er habe jetzt, wo es wärmer geworden ist, wieder Hoffnung auf Genesung.

Meine Mutter und Martha haben die Ankunft unseres Jungen in Heringsdorf erfahren. Meine Mutter ist rührend in ihrer Großmutter-Freude.

Mit den herzlichsten Grüßen von meiner Frau und mir für Sie, Rudolf und Licia, und vielen, vielen Dank Ihr Theodor Wolff

Theodor Wolff schreibt an Emilie Mosse

Paris, 17. Juli 1906

Liebe gnädige Frau!
Wir haben Ihnen noch nicht für die guten, freundlichen Zeilen gedankt, die Sie uns nach der Geburt unseres Jungen geschrieben,

aber ich denke, Sie haben vielleicht schon gehört, wie schreckliche Wochen wir inzwischen durchgemacht. Unser Jungschen erkrankte am fünften Tage seines Lebens an einem schweren Darmkatarrh, schien [–] besonders in einer schlimmen Nacht – bereits verloren und überstand diese Krisis nur dank einer seltenen Widerstandskraft, die sich dann noch öfter bewähren sollte. Infolge der Aufregung konnte meine Frau nun das Kind nicht mehr nähren und da die erste Pariser Autorität, die ich zugezogen hatte, in einem solchen Augenblick, von einer Amme nichts wissen wollte, kam das Kind weiter herunter – bis ich mich über alle Autoritäten hinwegsetzte und, als das Kind von den Aerzten schon wieder aufgegeben war, eine Amme holen ließ. Kaum schien diese Frage glücklich gelöst, als sich zu unserem Schrecken herausstellte, daß die Darmkrankheit eine Blutvergiftung verursacht hätte.

Auf der Hand und dem Arm des Jungschens bildete sich eine große Anschwellung, die operiert werden mußte, und da dann mehrere Anschwellungen folgten, mußte die Operation zwei Tage später wiederholt werden. Jetzt hatten wir fünf Tage Ruhe und atmeten schon auf, da das ungewöhnlich lebenskräftige Kind sich bereits wieder erholte – da zeigte sich auf dem Knie ein neuer Infektionsherd und diesmal war die Operation so schwer, daß die Aerzte an der Rettung des Kindes verzweifelten. Aber der Junge überstand, wie durch ein Wunder, auch das und seither sind zwölf Tage vergangen, ohne daß ein Rückfall eingetreten wäre. Das Kind, das noch allmorgens von zwei Aerzten verbunden werden muß, blüht bereits wieder ein wenig auf, bekommt runde Bäckchen, trinkt gut und schläft gut, und wir dürfen nun – ohne völlig beruhigt zu sein – doch wenigstens hoffen, daß wir über das Schlimmste hinüber sind.

Sie können sich denken, wie mir um den Jungen, den wir mit solcher Freude begrüßt hatten, gezittert haben und wie uns zu Mute war! Es war ein Kampf von Stunde zu Stunde, und noch heute erschrecken wir bei dem leisesten ungünstigen Zeichen. Wenn die Besserung regelmäßig weiter fortschreitet, ziehen wir möglichst bald mit dem Kinde auf's Land. Größere Reisen können wir nicht unternehmen, aber ich werde hier, in einem der hübschen Orte bei Paris, ein Häuschen zu mieten suchen und wir werden uns für den Rest des Sommers dort installiren.

Hoffentlich ist Rudolf und Ihnen allen Carlsbad gut bekommen! Ich weiß garnicht, ob Sie schon zurück sind und bereits wieder in

Ihrem schönen Schenkendorf residiren (ich denke daran in diesem Augenblick mit einer Anwandlung von Neid!) aber ich nehme es an.

Meine Frau und ich senden Ihnen, Rudolf und Licia die herzlichsten Grüße.

Ihr aufrichtig ergebener Theodor Wolff

Fritz Wolff schreibt an Theodor Wolff

Sandvig, Montag, im September 1906

Lieber Theo,

Vor Allem Änne und Dir nochmals meinen herzlichsten Glückwunsch zum Knaben Richard mit der edlen Gestalt und dem blonden Lockenhaar. Meine Depesche habe ich erst den nächsten Tag von Sandvig nach Allinge gebracht und dort aufgegeben, damit Änne durch zu spätes Klingeln nicht gestört würde. Ich hoffe die Depesche ist, wie mir versichert wurde, *vor* 7 Uhr Abends angekommen.

Hier ist noch Alles so wie vor 10 Jahren, als ich zum ersten Mal hier war und die Postverhältnisse sind noch wie zur Zeit der Wikinger. Gestern erhielt ich hier z. B. ein Glückwunschtelegramm von Rudolf, Emilie u. Licie Mosse, das für Mama bestimmt war; ich habe es ihr zugeschickt.

Dieses Telegramm brachte ein Mädchen in Aliciens Alter von Allinge her. – Aber, abgesehen von Kulturbelecktheit, ist es entzückend hier und ich muß viel an den Knaben »Dick« denken, wie gut er es hätte, könnte er hier, mit den anderen rotbäckigen Kindern zusammen aufwachsen. Kinder, Buben u. Mädchen baden tagein tagaus mit den Hunden u. den Enten zusammen im Meer und werden stark, dumm und gesund, die drei Dinge, die wohl die Menschen am glücklichsten machen. [...] Aber ich bin hier schon so verwildert, daß ich nicht mehr weiß, was gut u. was schlecht ist.

Auch der Lokal Anzeiger liegt mir so weit weg, daß ich mich ordentlich fürchte am 1 Juli wieder anzufangen. Ich thue hier fast nichts, liege den ganzen Tag am und auf dem Wasser und habe schon eine Couleur wie eine geräucherte Flunder.

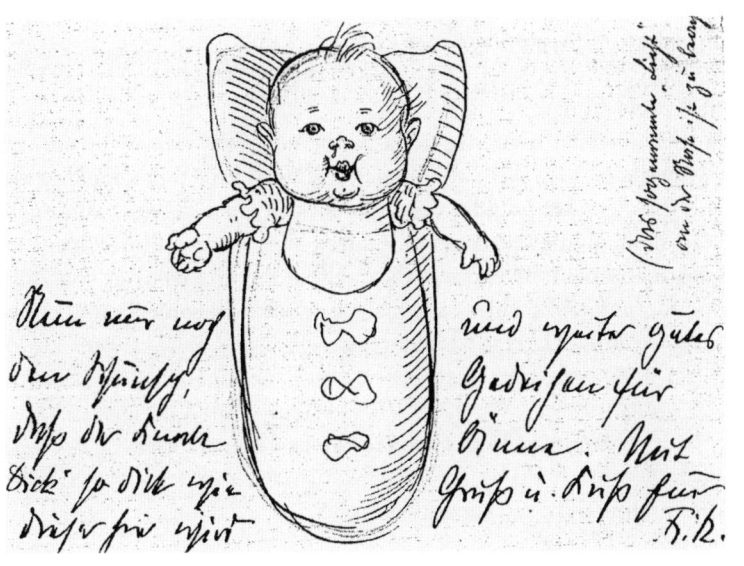

Abb. 19: Dem Brief beigefügte Zeichnung von Fritz Wolff (1906).

(Das sogenannte »Licht« an der Nase ist zu beachten) Nun nur noch der Wunsch, daß der Knabe »Dick« so dick wie dieser hier wird und weiter gutes Gedeihen für Änne.

Mit Gruß u. Kuß für [Euch] Fritz.

Therese Clemenceau schreibt Theodor Wolff

ohne Datum [September 1906]

Mes chers Amis,
Je suis très bien heureuse de la bonne nouvelle! Bravo! un fils, et une petite maman très valliante [sic]! C'est le rêve tout simplement. Je n'ose pas aller prendre des nouvelles, de peur de vous déranger. Mais donnez m'en dès que vous aurez une minute, n'est-ce-pas? Je vous embrasse tous les trois du meilleur de mon cœur et souhaite un prompt rétablissement à la malade et une belle santé au tout petit.

Votre amie, Thérèse Clemenceau

Bronislaw Hubermann schreibt an Theodor Wolff

Westerland/Sylt, 14. September 1906

Lieber Freund!
Ich bin Ihrem Rath gefolgt u. habe das Engagement nach Berlin angenommen. Hoffentlich bleibt mir diesmal das Glück, das ich auswärts in so reichem Maße finde, auch in Berlin treu.

Ich danke Ihnen bestens für die versprochenen Empfehlungen, wenn mir auch dieselben Ihre Anwesenheit in keiner Hinsicht ersetzen können. Aber ich sehe die Unmöglichkeit ihrer Absentirung unter den obwaltenden Umständen ein und beeile mich, Ihnen und Ihrer lieben Frau Gemahlin zu der ursprünglichen Ursache, der Geburt eines Sohnes, meine allerherzlichsten Glückwünsche darzubringen. Ich fühle Ihnen die überstandenen Ängste nach und gebe der Hoffnung Ausdruck, daß der jetztige gute Gesundheitszustand Ihres Erstgeborenen stets anhalten möge.

Nach 8-wöchentlichem Aufenthalte begebe ich mich morgen von hier nach Berlin, wo ich 14 Tage zu bleiben gedenke. Diese Zeit will ich zu Vorbereitungen für die Berliner Concerte verwenden, da ich unmittelbar vor dem Auftreten durch auswärtige Concerte ganz in Anspruch genommen sein werde. Ich wäre Ihnen daher dankbar wenn Sie mir Ihre Ratschläge und Empfehlungen baldmöglichst einsenden wollten. Namentlich auch für die [Aufnahme?] des Bildes im Weltspiegel, da die einfache Einsendung des Bildes unter Berufung auf Sie wohl nicht ausreichen dürfte; außer daß man durch Sie darauf vorbereitet sei.

Mit der Bitte um Nachsicht wegen meiner Belästigung und meinem herzlichsten Danke für Ihre freundschaftlichen Dienste begrüße ich Sie als Ihr ergebener

Bronislaw Hubermann

Berlin W. Viktoriastrasse 9.

Theodor Wolff schreibt an Theobald von Bethmann Hollweg

Berlin, 28. Dezember 1906

Euer Durchlaucht

Wollen freundlichst entschuldigen, wenn ich mich mit einer Bitte an Sie wende. Ich habe vor kurzer Zeit, wie Euer Durchlaucht vielleicht bekannt ist, an Stelle des schwer erkrankten Herrn Dr. Levysohn die Leitung des »Berliner Tageblatts« übernommen. Als ich Paris verließ, hatte Herr [George] Clémenceau die Liebenswürdigkeit, mir gleichsam einige Geleitworte mit auf den Weg zu geben, die ich unserem Publikum mitteilen durfte – und ich wäre nun natürlich sehr erfreut, wenn Euer Durchlaucht mir Gelegenheit geben wollten, hier zum Debut mit einer Äußerung Euer Durchlaucht hervorzutreten. Euer Durchlaucht wissen, daß unser politischer Standpunkt recht erheblich vom Standpunkte der Reichsregierung abweicht und daß wir uns auch in der gegenwärtigen Wahlbewegung nicht ganz den offiziösen Ansichten anschließen können. Aber vielleicht halten es Euer Durchlaucht grade darum für ganz angezeigt, einige Worte an unseren liberalen Leserkreis zu richten, und ich bitte dann Euer Durchlaucht nur, mich freundlichst wissen zu lassen, wann ich bei Euer Durchlaucht vorsprechen darf.

Mit dem Ausdruck vorzüglichster Hochachtung bin ich Euer Durchlaucht ergebenster Theodor Wolff

Auswärtiges Amt kommentiert den Brief Theodor Wolffs

Berlin, 29. Dezember 1906

Ein Empfang des Herrn Theodor Wolff, *der intimer persönlicher Gegner des Herrn Reichskanzlers ist* ([Marginalie von Bethmann Hollweg:] Warum denn?), würde auch in liberalen Kreisen nicht verstanden werden. Das »Berliner Tageblatt« ist in der Wahlfrage wie in Dingen der auswärtigen Politik unbelehrbar.

Theodor Wolff ist auch der Urheber der hinterhältig gegen die Interessen unserer Politik aufgestellten »vier Fragen an den Herrn Reichskanzler« in Sachen Marokko. Er steht in engen persönlichen Beziehungen zu M. Harden. Die Unterredung soll natürlich nur seiner Eitelkeit dienen und nebenher Eindrücke liefern zu früheren und späteren Angriffen.

Seine Artikel über die Bondelzwarts, wie auch seine Auslassung zur Braunschweigischen Frage werden von Centrumsblättern als unerwartete Bundesgenossenschaft willkommen geheißen.

Erzieherisch wirken könnte es auf ihn, wenn der Herr Reichskanzler ihn keiner Antwort würdigte. ([Marginalie von Bethmann Hollweg:] Läßt sich nicht *durch Dernburg* auf Th. Wolff einwirken?)

Theodor Wolff schreibt an Emilie Mosse

Berlin, Hohenzollern Str. 23, 11. Mai 1907

Liebe gnädige Frau!
Für Ihre lieben herzlichen Zeilen und Wünsche tausend Dank! Im Namen meiner Frau, wie im meinigen! Alles ging gut und leicht. Natürlich freuen wir uns sehr, und unser »Großer«, der ein richtiger Unband, aber sehr goldig ist, blickt mit großen erstaunten Augen in das Bettchen des kleinen Brüderchens.

Ich hoffe und denke, daß Ihnen die Reise ebenso gut bekommen ist, wie Rudolf, und daß Sie Spanien, trotz des schauderhaften Essens, doch sehr schön gefunden haben.

Mit den herzlichsten Grüßen für Sie, Rudolf und Lissie von uns Vieren bin ich Ihr Theodor Wolff

140

Vorwort

[...] wenn es mir vergönnt wäre, noch einmal zwölf Jahre in Paris zu verleben, so würde diese [älteren] gefestigten Überzeugungen vielleicht abermals sich wandeln, und die Weisheit des reiferen Alters würde fortfahren, über die frühere Unreife zu lächeln.

In der fortgesetzten Erneuerung der Auffassungen habe ich, nur in steter Steigerung, eines unablässig empfunden: eine große Liebe für die Stadt Paris. Diese Liebe kann nicht völlig begreifen, wer nur dann und wann flüchtig in diese Stadt hineinblickt, und es kann sie auch keiner von jenen deutschen Brüdern begreifen, die noch draußen in der Fremde den Gewohnheiten und dem Ideenkreise ihres heimatlichen Stammtisches treu bleiben. Ich gebe gerne und ohne Umschweife zu, daß andre Städte mancherlei Vorteile bieten, daß die Straßen anderswo sauberer, die Wohnungen geräumiger und die Klosetts hygienischer und auch andere soziale Einrichtungen von allgemeinerer und größerer Bedeutung sich durch ihre Vortrefflichkeit auszeichnen. Aber in Paris liegt über den Dächern, über dem Arc de Triomphe und über den Bäumen auf den Kais ein so feiner silberdurchglitzerter Duft, die Menge in den Straßen ist nicht griesgrämig und nicht eintönig grau, alles hat Hintergrund und Tiefe, Fülle und Farbe, und an jeder Straßenecke sitzt verführerisch das Leben und bietet dir seinen Strauß. [...]

Frühlingsbilder

Zum ersten Male seit Jahren haben wir wieder einen richtigen Frühling, einen Frühling, der nicht zu heiß und nicht zu kalt ist, mit einem Wort: den berühmten Pariser Frühling. Im Bois [de Boulogne] und auf den Hügeln von Saint-Cloud und Mendon, in den Squares und in den vielen öffentlichen Gärten, im Jardin du Luxembourg, im Parc Monceau, auf den Buttes Chaumont und in den Champs-Elysées leuchtet und schimmert in unerschöpflicher Fülle das helle, das jugendfrische Grün, und auf den Quais an der Seine, auf den Boulevards und in all den breiten Avenuen spaziert man unter grünen, leicht im Winde bewegten Laubdächern. Es ist unbestreitbar ein sehr lieblicher Lenz.

Die Mütter, die auf dem linken Seineufer zu Hause sind, führen ihre Kinder in den Garten des Palais du Luxembourg. Unter den alten Bäumen, zwischen den geschwärzten Denkmälern längst vermoderter Königinnen und den säuberlich weißen Marmorbüsten Murgers, Baudelaires und anderer Poeten hopsen die Mädchen über das Springseil, bauen die kleinen Knaben aus den Gartenstühlen Eisenbahnzüge und Burgen. Die Damen dieses soliden Stadtviertels, die Gattinnen der Professoren und der nahen Sorbonne und die Frauen der Kaufleute aus der Umgebung, sitzen plaudernd in harmonischen Gruppen beieinander und sticken Deckchen mit schwierigen und kunstreichen Mustern. An einer Stelle des Gartens spielen zwanzig oder dreißig älterer Herren, Handwerksmeister, die in heiterer französischer Sorglosigkeit ihre Kundschaft warten lassen, ernst, würdevoll und in Hemdsärmeln Croquet, und zweihundert Gaffer, die an diesem Frühlingstage auch keinen Arbeitsdrang verspüren, machen ihre lobenden oder tadelnden Bemerkungen. Dann und wann kommt ein Student mit seiner stupsnasigen Freundin, die ihm hilft, Ovids *Liebeskunst* praktisch anzuwenden.

Wie in fast allen öffentlichen Gärten und fast allen Gartenanlagen von Paris gibt es im Jardin du Luxembourg für die Kinder Karussells, Schaukeln, Kuchenbuden und einen Guignol, das Kasperletheater ist ein wenig aus der Mode, und die ewig gleichen Bewegungen der Puppen locken kaum noch die Zaungäste heran. Aber wenn der Regisseur des Puppentheaters die Trommel rührt, machen die unzähligen Kinder ringsumher im Garten noch vergnügtere Gesichter. Die kleinen Mädchen hopsen noch schneller über das Seil, das eine gute Großmutter dreht, die kleinen Knaben reiten Galopp auf den Gartenstühlen, die Hosenmätze stolpern, torkeln und trudeln eifrig durcheinander, und selbst die Babys in den Kinderwagen strampeln ausgelassen und beglückt. Von der Musik verlangt man in diesen Kreisen weniger Abwechslung als von der dramatischen Kunst.

Der Jardin du Luxembourg ist der Garten der Kinder und der Philosophen. Sainte-Beuve und Michelet promenierten, Erholung suchend, in diesen Alleen, und der alte Sylvestre Bonnard, dessen Abenteuer Anatole France geschildert, sitzt unter der Statue Margaretens von Navarra und hört zu, was die pietätlosen jungen Studenten schwatzen. Der Jardin du Luxembourg ist eine Welt für sich, er ist eine der tausend Welten, die zusammen Paris bilden. *In den entlegenen Provinzen*, hat Rousseau gesagt, *muß man den Geist und die Sitten einer Nation studieren.* Aber Paris selber umschließt heute so viele *entlegene Provinzen*, daß jeder, der den Geist der Nation zu studieren wünscht, sich die weitere Reise sparen kann.

Man muß schon lange durch die Welt fahren, wenn man zwei Schauspiele finden will, die verschiedenartiger, einander fremder wären als ein Frühlingsnachmittag im Jardin du Luxembourg und ein Frühlingsmorgen im Bois. Um diese Morgen-, oder besser gesagt um diese Vormittagsstunden ist das Bois, das seinen Charakter mit jeder Tageszeit wechselt, das Paradies jener zahllosen Leute, die durch keine anderweitige Tätigkeit an der Befriedigung ihrer eleganten Neigungen verhindert werden. Die Equipagen sind am Morgen weniger zahlreich als vor der Dinerstunde, und das ungeheuerliche Wagengewühl, das sich am Sonntag und an den großen Renntagen stundenlang durch alle Alleen ergießt, darf man am Morgen nicht suchen. Aber dafür tritt am Morgen jedes einzelne Gespann, jede einzelne Figur deutlicher heraus, die Pferde traben freier, die Automobile sausen schneller, und ganze Schwärme von Reitern und Reiterinnen galoppieren vorüber. Ein leichter Lufthauch kräuselt den langgedehnten See und schaukelt die Baumkronen auf den Ufern und die bunten Blumen auf der Insel; von den sauberen gelben Wegen und Fahrstraßen wirbelt noch kein Staub empor, und überall auf den grünen Blättern glitzern die Sonnenfünkchen wie die Silberpailletten auf einem Damenkleide.

In einer Allee des Bois, der sehr langen und breiten Allee de Longchamps, die gewöhnlich *Akazienallee* genannt wird, finden sich gegen elf Uhr die ehrenwerten Personen zusammen, die aus angeborener Neigung, oder aus praktischen Gründen Wert darauf legen, gesehen zu werden. Was um diese Stunde sich dort in Grazie produziert, ist weder die Pariser Gesellschaft noch selbst die höhere Pariser Demimonde, es sind zumeist nur Leute, die beweisen wollen, daß sie es nun auch so weit gebracht haben. In fürstlich bespannten Equipagen, in Automobilen, die jeden Renner begeistern, sitzen zu schön frisierte Jünglinge mit parfümierten Schnurbärten, Kollegen von Maupassants *Bel ami*. Kaum flügge gewordene Sprösslinge der Millionärsfamilien und fremdländische Debütanten, für die das alles noch den Reiz der Neuheit hat, paradieren blasiert oder strahlend vor der Damenwelt. Mit langwehenden grünen und grauen Schleiern oder mit flatternden rotgelben Federbüschen am Hut, perlenbehängt, steif, sorgfältig auf den Effekt bedacht, lenken die Vertreterinnen des galanten Großbetriebes ihre Pferde vorüber.

Andere, unnatürlich rosig wie Wachsfiguren, genießen die Natur in geschlossenen Wagen, und alle, die Rosselenkerinnen und die Figuren im Glaskasten, haben zwei, drei oder vier Hunde bei sich, ausstellungsreife Musterexemplare von Hunden. Und hin und wieder kommt eine ganz Alte, die der Welt mitteilen will, daß sie auch noch da ist, die sich den Wagen und den Rest geborgt hat, und so arm ist, daß ihr nicht einmal ihre Zähne gehören.

Würden nicht vergnügte Reiter auftauchen, die aus anderen Teilen des Bois herantraben, würde nicht eine junge Dame mit einem kleinen Dreispitz auf dem Haupt, die nach Herrenart reitet, mit ihrem Diener vorüber galoppieren, würden nicht auf den Wegen zu beiden Seiten der Straße auch noch Leute promenieren, und würden nicht die Vögel singen, man könnte wahrhaftig glauben, in einem Marionettentheater zu sein, in dem alles mechanisch geregelt ist. Nur in Konstantinopel, an den süßen Wassern, wo die immer lächelnden Haremsdamen in ihren großen Kutschen herumfahren, hat man eine ähnliche Empfindung. Matial hat gesagt: *Zwei Drittel von Messalina liegen in Schachteln aufbewahrt.* Die Akazienallee im Bois ist am Morgen bevölkert von Messalinen, und alle Schachteln sind dem Frühling zu Ehren ausgepackt.

Pariser Tagebuch, Erstausgabe Berlin 1908 (Neudruck Berlin 1927), S. 11 f., 86–90.

Theodor Wolff: Nachruf auf Walter Leistikow

Walter Leistikow †

Indem ich dem starken und vornehmen Künstler, dem herrlichen Menschen, den liebsten und besten der Freunde diese Gedenkzeilen schreiben will, steht er vor mir, wie wir zuletzt ihn kannten – zerquält und ausgesogen von der Krankheit, mit unsicheren Schritten einhertastend, im Inneren voll trüber Ahnungen, oder trüber Gewißheit, und doch nach außen hin so gefaßt, so gleichmäßig liebenswürdig, als wollte er allen anderen die Sorgengedanken weglächeln. Wenn er so in dem Lehnsessel saß, zu dem er sich mühsam geschleppt hatte, die abgemagerten Arme auf den Lehnen und in die Zigarette zwischen den Fingern, dann konnte er für Augenblicke die alte Lebensfreudigkeit zurückfinden, und burschikos, wie in seiner

Abb. 20: Einband der Antoine Bavier-Chauffour
»in herzlicher Freundschaft« gewidmeten Feuilleton-Sammlung
»Pariser Tagebuch« (1908).

Jugend, kamen ihm die Scherzworte über die Lippen. Er hatte eine große Heldin an seiner Seite, eine wunderbare Frau, eine nie zu beugende Gefährtin, und diese beiden seltenen Menschen hatten den stolzen Wunsch, ihr Leid ganz allein und in aller Stille zu tragen. *Was* sie in diesen Jahren getragen haben, das wissen nur wenige, und niemand könnte sich vermessen, das unsagbare Martyrium dieser letzten vier Wochen zu schildern.

Von diesem tragischen Schauspiel gehen die Gedanken zurück in die Vergangenheit, und ich sehe ihn vor siebzehn oder achtzehn Jahren in seinem Atelier in der Lützowstraße, als die Bilder, wie er in der Ausstellung der »Elf« bei Schulte gezeigt hatte, ihm seinen ersten, noch mageren und schlecht belohnten Erfolg gebracht. Mancher wird sich dieser kleinen Bilder noch erinnern: eine Schneelandschaft, ein Kornfeld, eine Alpenkette im Sonnenlicht – alles ganz einfach, aber von einer so feinen Innerlichkeit, einer so intimen Naturauffassung zeugend. Man hörte die Natur *atmen* auf diesen kleinen, stillen Bildern, und ein großer, verhaltener Ernst sprach aus dieser klaren und ungezierten Kunst. Und so, wie er schon damals in diesen Bildern schien, genauso *war* Walter Leistikow, mit der Einfachheit und heiteren Ruhe, die seine Bilder belebte, ging er, ohne Mätzchen und Seitensprünge, seinem Ziele entgegen. Er hatte oft zu kämpfen, hatte die Sorgen des jungen Hausvaters, musste durch Malunterricht sein bescheidenes Einkommen vermehren. Aber wenn diesen gewissenhaftesten der Menschen die Sorgen um Weib und Kind auch bisweilen bedrängen mochten, so trug ihn doch sein schöner und froher Glaube über diese Anfangsnöte hinweg.

Dann kamen die Tage der Erfüllung, kam die Zeit der Ernte, kam, fast über Nacht, der Ruhm. Die Bilder aus dem Grunewald, diese Bilder, in denen der aus Bromberg gebürtige Leistikow Märkern die Mark entdeckte, hatten Aufsehen erregt, und die Bilderhändler und die Kunstliebhaber fanden sich bei Leistikow ein. Ich sehe ihn in diesen Tagen der Freude und des Erfolges, in Mölle Kulm, auf dem Strande von Söndervig, hoch im Norden von Jütland und auf der schwedischen Insel Särö, wo wir gemeinsam auf Entdeckungsreisen ausgingen – denn obwohl er der märkischen Landschaft eine besondere Liebe bewahrte, suchte er, um der Verflachung auszuweichen, nach immer neuen Motiven. Mit wie frischer Schaffungslust wanderte er damals über Feldern und Klippen, bis der rechte Punkt gefunden und die Leinewand placiert war, und wie erquickend wirkte seine naturburschenhafte Fröhlichkeit, wenn wir Abend auf der Veranda bei dem aus Göteborg geholten Punsch saßen! Es war eine Zeit des jubelnden Glücks, des emsigen Schaffens, der frohen Hoffnungen und Entwürfe. Eine unsagbar köstliche Zeit, eine so grausam kurze Zeit.

In diesem so liebenswerten Leistikow, dem alle Herzen sich zuwandten, wohnte noch eine zweite Seele: die Seele eines heißblütigen Kämpfers, der bisweilen zum fanatischen Draufgänger werden konnte. Leistikow hatte zusammen mit Max Liebermann und anderen Modernen die Berliner »Sezession« gegründet, und es gab in dieser Künstlerschaar keinen Zweiten, der sich mit ähnlichem Feuereifer in die Bewegung gestürzt hätte. Leistikow war die eigentliche treibende, vorwärtsdrängende Kraft der Sezession, er riß die Phlegmatischen mit fort und spornte unablässig die Lauen. Wie alles an ihm erfrischend gesund und natürlich war und aus warmen Herzen, nicht aus grämlichem Geiste kam, so auch die Abneigung, die er den »Akademikern« zollte. Und dabei vermied er in seinem künstlerischen Schaffen alle Extreme, hielt er sich in seiner Malerei von allen Verstiegenheiten fern. Nachdem er eine kleine Weile lang »stilisierte« Bilder gemalt hatte, wandte er sich sehr bald von diesen Versuchen wieder ab, und sein gesunder Sinn führte ihn zurück zu der unverkünstelten Natur.

Man weiß, was er auf diesem Wege geworden ist, was er für die deutsche Kunst, für die deutsche Landschaftsmalerei bedeutet. Kein Erfinder neuer Formeln, kein Revolutionär, aber der feinste Poet der deutschen Landschaft, der reinste Enträtseler und Verkünder des nordischen Waldes und der nordischen Seen. Die Krankheit, die ihn vor einigen Jahren befiel, hat seine Kunst noch verfeinert und verinnerlicht, und die Härten, die hier und da noch gestört hatten, sind aus seinen späteren Bildern verschwunden. Bilder wie die Liebesinsel und viele andere dürfen als klassische Proben seines Schaffens zurückbleiben, und seine stark persönliche Malweise und die Eindringlichkeit seiner Naturerschaffung sichern ihm einen besonderen Platz in der modernen Kunstgeschichte.

Walter Leistikow, für den Wintermonate in den letzten Jahren besonders schmerzensreich waren, pflegte beim ersten Frühlingsläuten hinunter nach Südtirol zu gehen, um neue Kräfte zu sammeln. In diesem Frühjahr ging er in die Nähe von Brixen, und wirklich schien er diesmal neugestärkt heimzukehren. Er siedelte

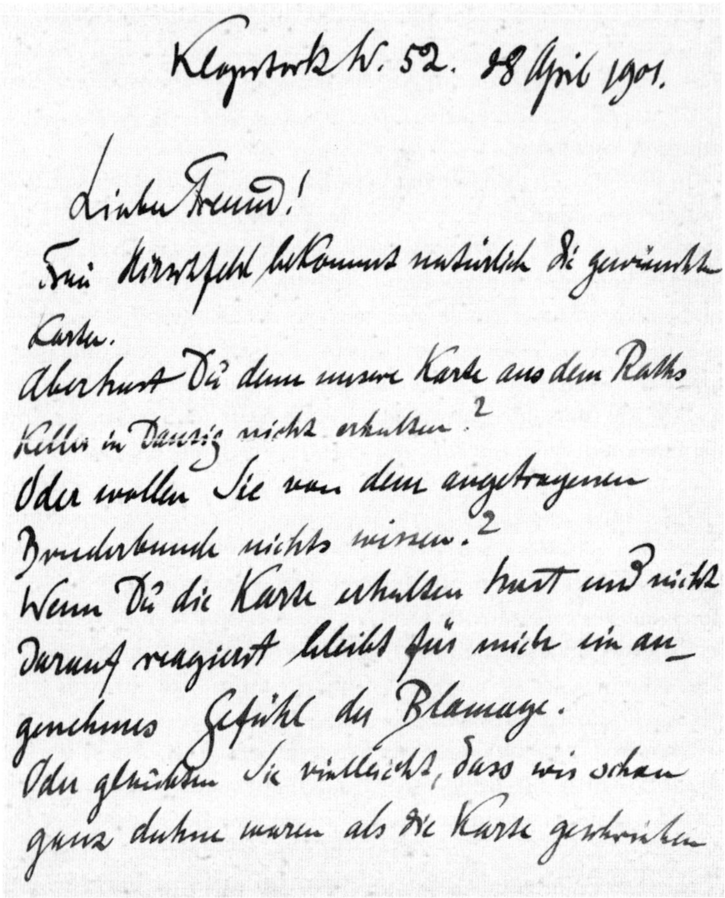
Klopstock Str. 52. 28 April 1901.

Lieber Freund!

Frau Hirschfeld bekommt natürlich die gewünschte
Karte.
Aber hast Du denn unsere Karte aus dem Raths
Keller in Danzig nicht erhalten?
Oder wollen Sie von dem angetragenen
Bruderbunde nichts wissen?
Wenn Du die Karte erhalten hast und nicht
darauf reagiert bleibt für mich ein an_
genehmes Gefühl der Blamage.
Oder glaubten Sie vielleicht, dass wir schon
ganz duhne waren als die Karte geschrieben

Abb. 21: Brief von Walter Leistikow an Theodor Wolff nach dem Leeren einiger guter Flaschen: »KlopstockStr. 52. 28. April 1901. Lieber Freund! Frau Hirschfeld bekommt natürlich die gewünschte Karte. Aber hast Du denn unsere Karte aus dem Raths-Keller in Danzig nicht erhalten? Oder wollen Sie von dem angetragenen Bruderbunde nichts wissen? Wenn Du die Karte erhalten hast und nicht darauf reagierst bleibt für mich ein angenehmes Gefühl der Blamage. Oder glaubten Sie vielleicht, dass wir schon ganz duhne waren als die Karte geschrieben wurde? Nein Du, wir hatten nur eine Flasche getrunken allerdings eine gute. Bitte antworten Sie lieber Freund, damit ich weiss woran ich bin. Darf ich nun ferner Du zu Ihnen sagen? Ich bin im Zweifel: Sage ich: Du? – Sie? sagt er: Sie? – Du? Nu, Sie! Was denken Sie nu? Mit herzlichen Grüssen von meiner Frau Gerda und deinem Walter Leistikow.«

wurde.?

Nein Du, wir hatten uns eine Flasche getrunken allerdings eine gute.

Bitte antworten Sie lieber Freund, damit
ich weiss woran ich bin.

Darf ich nun ferner Du zu Ihnen sagen?

   Ich bin im Zweifel:

Sage ich: Du? — Sie?
sagt er: Sie? — Du?

     Nu, Sie!
   Was denken Sie nu?

Mit herzlichen Grüssen - von meiner Frau
Herta und Dir .... Walter Liebscher .

sehr bald nach Grünheide über, wo er häufig zu weilen pflegte und wo er in der märkischen Landschaft immer andere, noch ungeahnte Schönheiten aufspürte. Vor vier Wochen reiste er mit seiner Frau und seinen Kindern – seinen angebeteten Lieblingen Gerda und Gunnar – nach Lauterbach auf Rügen, und dort trat plötzlich die lang befürchtete Verschlimmerung ein. Er wurde erst nach Berlin, dann in das Sanatorium in Schlachtensee gebracht, wo er fast ohne Schmerzen, aber unter den furchtbarsten seelischen Qualen den Tod herbeirief, der ihm als einzige Rettung vor noch Schlimmerem erschien. Am Morgen nach einer dieser tragischen schlaflosen Nächte schilderte er seiner Gattin ein Bild, das er nachts geschaut hatte: den farbigen Frühhimmel dort draußen über den violett-schattigen Dächern. Es war das letzte Bild, das seine Phantasie geschaffen hat. Am Mittwoch werden wir diesen seltenen Künstler und Menschen in die allumfangende Erde betten.

Berliner Tageblatt, 26. Juli 1908.

Bertha Leistikow schreibt an Theodor Wolff

Bromberg, 15.8.1908

Geehrter theurer Freund meines geliebten Sohnes Walter.
Ihre tiefempfundenen Gedenkzeilen über den Heimgang meines über alles geliebten Walters lese ich in innigster Rührung immer, immer wieder in Andacht u. maßloser Trauer! –

Jahre habe ich um ihn gezittert, Schritt nach Schritt den unseligen Fortschritt seiner schweren Erkrankung empfunden u. nun ist doch wie ein Blitz aus heiterem Himmel das traurigste geschehen so schnell, so furchtbar, so unbegreiflich. Sein liebes junges Leben ist dahin, zerbrochen liegt im Staube was noch mit ganzer Macht nach Leben in ihm schrie. O er lebte so gern, welche Sehnsucht hatte er für das Schaffen großer Bilder, großer Wandflächen, deren Ausführung ihm ja längst zur Unmöglichkeit geworden, wie glücklich fühlte er sich im Besitz seiner herrlichen Frau, der lieblichen Kinder, seiner treuen liebreichen Freunde, welch ein liebevoller Bruder war er seinen lieben Geschwistern u. welch' ein unvergleichlicher Sohn mir seiner alten Mutter! Daß Alles ist Ihnen

*Abb. 22: Familie Leistikow mit
Tochter Gerda (undatiert).*

verehrter Herr Wolff bekannt. Ihre liebe Persönlichkeit ist mir so vertraut durch viele viele Briefe meines Walters von allerhand Punkten aus in denen Sie zusammen Sommerrast hielten. Denn nie wurde er müde mir zu schreiben u. mir über seine Familie u. sich zu berichten – ich aber benutze eine kleine Bitte nur zu gern um Ihnen geehrter Herr Wolff und Ihrer lieben Frau Gemahlin aus- zusprechen wie mich stets Ihre gegenseitige Freundschaft glücklich gemacht hat, wie ich immer fühlte sie ist auf gegenseitige Wahr- haftigkeit gegründet u. wird nie verlöschen. – Sie u. Ihre liebe gute Frau Gemahlin werden meiner theuren Schwiegertochter Walters Frau diese heilige Freundschaft weiter bewahren durch alle künfti- gen Schicksale hindurch, ich aber drücke Ihnen die liebe Freundes- hand in stillem heißen Dank für die herrlichen Worte über meinen einzig geliebten Sohn! – Diesen Ihren lieben Aufsatz u. den über die Sezession, u. den Weltspiegel mit dem Trauerzuge, diese drei Blätter sollen ihren Platz haben in meiner Schreibmappe auf dem Tischchen in meinem kleinen aber behaglichen Großmutterstübchen in dem ich umgeben bin von lieben Andenken meiner Kinder – u. diese theuren Blätter sollen mir in vielen vielen Trauerstunden eine Erhebung u. Beglückung werden. Wohl Jedem der sich einen sol- chen erhebenden Nachruf verdient! –

Da ich aber allmälig mit meinen 71 Jahren sehr unselbstständig und umständlich geworden bin und mit Zeitungen bestellen gar nicht Bescheid weiß, – hier in Bromberg schon Jahrelang nicht mehr auf die Straße gehe – so verbinde ich meinen stillen Wunsch Ihre liebe Hand sanft u. leise zu drücken mit innigem Dank – mit der Bitte mir ein paar der gewünschten Blätter zusenden zu laßen. Sie bereiten mir damit eine tiefe Güte! – Verzeihen Sie meine Dring- lichkeit, möge Gott Sie u. Ihre liebe Frau Gemahlin immer u. stets vor ähnlichen Verlusten bewahren – u. Sie Beide ein langes langes Leben mit Ihren lieben Kindern vereint durchleben laßen.

In herzlicher Ergebenheit u. Dank Walters Mutter Bertha Leisti- kow/Bromberg/Danzigerstr. 31/32.

Der glücklichste Mensch (Scheveningen)
In dieser Vorsaison ist der Strand in Scheveningen noch nicht allzu belebt, und kein schwärzliches Menschengewimmel verunziert die saubere gelbe Fläche. Die meisten Strandkörbe stehen noch leer und unbenutzt, und nur ein paar entzückte Babys bauen ihre Burgen mutig bis zum Wasserrand. Eine wunderbar silberne Lichtfülle funkelt und flimmert über dem Meere, über dem Strande, über den Dünen, die auf ihren kahlen Schädeln grüne Graskäppchen tragen und deren Linien in weiter Ferne zerrinnen. Gesunde, derbe holländische Jungen galoppieren auf kurzbeinigen, gemieteten Pferden über den aufspritzenden Sand, halten sich krampfhaft an den Mähnen, verlieren das Gleichgewicht und werden von den Kameraden mit Hallogeschrei verspottet. Und die rotbäckigen, starkknochigen Mädchen stehen dabei, schütteln sich vor Lachen und zeigen soviel Zähne, wie man nur in einem holländischen Rosenmündchen beieinander findet.

Drinnen, landeinwärts, liegt der Haag, mit seinem verträumten Weiher, seinem altertümlichen Binnenhof, seinen stillen Villenvierteln, die wie ein vornehmes Damenstift anmuten, und seinen geräuschvolleren Geschäftsstraßen. Die Villenviertel wachen mehr und mehr, dehnen sich nach allen Seiten, und die eintönig aneinander gereihten, aber mit ihren kleinen Stil- und Farbenvariationen doch amüsanten Häuschen werden bald die äußersten Straßen von Scheveningen erreichen. An den breiten Mittelfenstern der zierlichen Villen sitzen alte, schmucklos gekleidete Damen, lesen den *Rotterdamschen Courant* und blicken hinaus, wenn ein Wagen vorüberrollt. Dienstmädchen mit weißen Hauben putzen fortwährend die Scheiben, Bonnen schieben den Kinderwagen mit großäugigen Butzis zum Busch, und keck lugende Backfische wandern mit der Schulmappe zur *Meisjesschool.* Auf dem Weiher schwimmen, abweisend und einsam, die königlichen Schwäne, und durch den Binnenhof flattert Bertha von Suttner, die zähe Friedenstaube.

Man kann es seltsam finden (ich für mein Teil finde es sympathisch), daß sich der Haag um die Haager Friedenskonferenz auch nicht im mindesten kümmert. Keine Girlande ist aufgehängt, kein Feuerwerk wird abgebrannt, und nicht einmal eine illustrierte Kongreßpostkarte ist erschienen. Es gibt einen *Friedensbasar* und eine

Schokolade, die *Pax* getauft ist, und das sind die einzigen Sympathie-kundgebungen, die bisher bemerkbar werden. Das holländische Phlegma ist so schnell nicht aufzurütteln, und vielleicht widerstrebt der praktische Geist dieses Kaufmannsvolkes dem Diplomatischen Suchen und vieldeutigen Wortbilden. Die alten Kaufherren, Kaffee-pflanzer und Rentiers sitzen in ihrem großen Klubhause am Plein, rauchen dicke, lange Zigarren und sprechen von den Preisen an der Amsterdamer Börse. Sie thronen wie olympische Götter in blauen Rauchwolken, und die Friedenskonferenz wiegt ihnen leichter als eine holländische Kaffeebohne.

Wolff, Spaziergänge, München 1909, S. 269-271.

Theodor Wolff schreibt Gerhart Hauptmann

Berlin W., Hohenzollern Str. 23
6. Dezember [1908]

Lieber verehrter Herr Hauptmann!
Nachdem wenigstens mein kleines Stück *Niemand weiß es* in den Kammerspielen mit leidlichem Gelingen aufgeführt, ist es mir ein Bedürfniß, Ihnen zu sagen, mit welcher Dankbarkeit ich mich jener ermutigenden und zustimmenden Zeilen erinnere, die Sie mir vor dreizehn Jahren, nach der ersten gänzlich mißglückten Aufführung schrieben. Ich habe Ihren Brief wie eine sehr teuere Kostbarkeit aufbewahrt und habe ihn auch jetzt wieder hervorgesucht und ge-lesen. Die Aufführung in den Kammerspielen ist nur mit dem Worte »vollendet« zu bezeichnen, die Dekorationen Orlik gehören zum schönsten, was ich auf der Bühne gesehen habe. Die Kritik ist teils günstig, teils absprechend – neben denen, aus ernsthaft sach-lichen Gründen tadeln, kriecht natürlich auch all' das Gesindel aus seinen Verstecken hervor, das jetzt Gelegenheit benutzt, um ein wenig von seinem Gift zu verspritzen.
Jedesmal, wenn Sie in Berlin sind, habe ich den intimen Wunsch, in Ruhe mit Ihnen über dieses und jenes zu plaudern und jedesmal entschlüpft mir der rechte Augenblick. Es ist mi, als sei mir's zu schade, Sie nach einem 8 Gänge-Diner zu dem, was man Konversa-tion nennt, zu mißbrauchen. Das ist nicht das Rechte. Diesmal hätte

Abb. 23: Plakat zur Uraufführung (1895).

ich Ihnen gern wenigstens sagen wollen, wie sehr ich »Michael Kramer« liebe – und als ich mich dazu entschloß, klang's wie ein »Kompliment«.

Vielleicht geht' s besser, wenn Sie zu den Proben von »Griseldas« herkommen. Vorher hoffe ich etwas aus Agnetendorf zu erhalten: den freundlich verheißenden und freudig erwarteten Weihnachts-Aufsatz. Empfehlen Sie mich bestens Ihrer Frau Gemahlin, der meine Frau ihre Grüße sendet, und seinen Sie herzlichst gegrüßt von Ihrem Sie treu verehrenden Theodor Wolff

Felicia Mosse schreibt an Änne Wolff

Schenkendorf, 25. Juni 1909

Sehr verehrte liebe gnädige Frau,
Herzlichen Dank für Ihren so sehr lieben Brief, über den ich mich riesig gefreut habe. Ich kann die Zeit garnicht mehr abwarten, bis ich die lieben Jungens hier habe. Sicher werden die kleinen Kerle sich hier beim grossen Sandhaufen, und den grossen grünen Rasen-flächen wohl fühlen; und ich werde mich bemühen ihnen die Eltern ein ganz kleinwenig zu ersetzen, was mir ja sicher kaum gelingen wird.

Mutter lässt Ihnen durch mich sagen, dass jeder Tag ihr recht ist, je früher, je lieber. Also auf Wiedersehen. Grüssen Sie bitte Theodor herzlich, und die süssen Buben; und seien Sie selbst vielmals gegrüsst,
von Ihrer Felicia Mosse

Köchin Auguste schreibt an Änne Wolff

Berlin, 7. August 1909

Geehrte gnädige Frau!
Mit freudigem Herzen empfing ich die Nachricht von der glück-lichen Geburt eines Töchterchen. Die kleine Prinzessin hat lange auf sich warten lassen. Möge Gott der Herr mit Ihnen gnädige Frau und dem Kinde sein, werde nächste Woche Freitag zu Ihnen

Abb. 24: Felicia Mosse (undatiert).

kommen. Nun wird ja die Freude groß wenn die Kinderchen zurück kommen.

Hochachtungsvoll Ihre Auguste

Braunberger schreibt an Theodor Wolff

[unleserlich], 8. August 1909

Mein lieber Herr Wolff,
Welche Freude dass Sie ein Töchterchen haben! Tausend herzliche Glückwünsche Ihnen und meiner lieben Anna. Möchte das süße kleine Mädchen zu Ihrer Freude [gut?] gedeihen und ein rechtes Glücks- und Sonnenkind werden. Dass Anna die Sache gut überstanden hat freut mich sehr: Sie wird bei ihrer gesunden Statur sich gewiss rasch erholen und wird mit dem Kleinchen noch ein bischen vom Sommer genießen können. Ihre beiden Prachtbuben werden den Landaufenthalt sehr wohlthuend empfinden und sind gewiss selig da draußen. Küssen Sie Ihre Liebe gute Aenne statt meiner herzlichst ich schreibe ihr selbst sowie sie kräftig genug ist. Lily die sehr stolz drüber ist dass Ihre Tochter ihren Namen führt sendet innigste Grüße für Sie und Anna. Tausend Herzliches auch von Mann und Sohn und mehrmals innigste Wünsche zu dem frohen Ereignis von Ihrer aufrichtig ergebenen
Braunberger

Henriette und Albert Ahn schreiben an Theodor und Änne Wolff

Wiesbaden, 13. August 1909

Lieber Theo und liebe, kleine Änne!
Nehmen Sie unsre allerherzlichsten Glückwünsche zu der Geburt des Töchterchens, »Lilly lebe hoch!« wie reizend, 2 Buben und nun ein Mädchen! Anna hat Ihren Brief nach hier nachgeschickt, wir sind bei meinem Onkel zu Besuch, es ist herrlich, er hat eine prächtige Villa im Nerothal mit prachtvoller Aussicht in den Wald. Montag oder Dienstag reisen wir von Biebrich aus zurück, und nehmen den Onkel – ein Jüngling von 74 Jahren – auf einige Tage mit, wir fahren

selbstverständlich mit dem Dampfer. – Neulich noch, schrieb ich an Frau Della, ob sie nicht wüsste, ob der Storch seinen Besuch bei Familie Wolff noch nicht abgestattet hätte? nun habe ich eine gute Antwort, wir freuen uns mit Ihnen und senden Ihnen und der lieben Änne die herzlichsten Grüsse, ebenso an die zwei strammen Buben R. R.

In alter, treuer Freundschaft Henriette und Albert Ahn

Änne ist gewiss schon wieder aufgestanden? Tag, lieb Ännchen.

Albert Ballin schreibt an Theodor Wolff

Hamburg, 31. August 1909

Sehr geehrter Herr Wolff!

Im Besitze Ihrer freundlichen Zeilen vom 29. ds. Mts. bedaure ich aufrichtig, Ihrer freundlichen Aufforderung zur Mitarbeit für Ihr sehr geschätztes Blatt wieder mit einem Nein begegnen zu müssen. Ich glaube aber, dass Sie meine Gründe, die ich Ihnen im Nachstehenden anführe, billigen werden.

Einmal habe ich aus allen meinen bisherigen Erfahrungen die Nutzanwendung gezogen, dass es für mich vorteilhaft ist, so wenig wie möglich in der Presse hervorzutreten. Es haben sich jedesmal so viele unerfreuliche Kritiken und Angriffe daran geknüpft, dass ich mich entschlossen habe, nur wenn es wirklich notwendig ist, meine Stimme laut werden zu lassen. Nun kommt hinzu, dass dieser Fall gerade in den letzten Tagen eingetreten ist; ich habe mich gezwungen gesehen, in der Frage der Schiffahrtsabgaben, die ich für ungemein wichtig und einschneidend halte, die Flucht in die Oeffentlichkeit zu ergreifen. Dass ich unmittelbar darauf nicht auch noch zu einem so heiklen Thema, wie es die Frage der Flottenabrüstung ist, das Wort ergreifen möchte, werden Sie verstehen. Ich bin überzeugt, dass ich mich den widerwärtigsten Angriffen und Denunziationen aussetzen würde.

Ein anderer Grund, den Sie gewiss nicht minder billigen werden, und den ich vertraulich noch streifen möchte, ist der, dass aus dem Umstande, dass der Kaiser mich gelegentlich zu sich kommen lässt, eine wenig wohlwollende Presse, an der es ja niemals fehlt, sicher entweder die Folgerung ziehen würde, dass ich die kaiserlichen Ansichten in dieser Frage vertrete oder aber, wenn ihr meine Aeusserung unbequem wäre, Denunziationsversuche machen würde. Jedenfalls würde, wie immer man auch die Sache aufnehmen wird, die Person des Kaisers in die Debatte gezogen, und das allein wäre nicht nur sehr unerfreulich, sondern höchstwahrscheinlich auch den Vertretern der deutschen Politik sehr unbequem.

Während ich Ihnen diesen Brief schreibe, schiesst mir ein absonderlicher Gedanke durch den Kopf. Sie sind in Norderney, der Fürst Bülow auch. Warum fragen Sie ihn nicht, ob er Ihnen im Interesse der Sache wenn nicht einen Artikel, so doch ein Interview zur Verfügung stellen würde? Ich halte es durchaus nicht für ausgeschlossen, dass er es tut; jedenfalls verlohnt es sich, zu fragen. Eine wirksamere und eine sachkundigere Meinungsäusserung als die des Fürsten Bülow werden Sie nirgendwo auftreiben können.

Mit den aufrichtigsten Wünschen für einen guten Erfolg Ihres Aufenthaltes an der See und mit den besten Grüssen bin ich Ihr sehr ergebener Ballin

Theodor Wolff schreibt an Rudolf Mosse

Scheveningen, 4. Juli 1910

Lieber Rudolf!
Im eigenen Namen und im Namen meiner Frau und der Kinder, die den Onkel Mosse nicht vergessen, sende ich Dir die schönsten Grüße. Ich hoffe, daß Du nichts dagegen hast, wenn ich statt am Donnerstag, wie ich beabsichtigte, erst am Sonntag nach Berlin zurückkehre. Liegt aber irgendetwas an, das Dich meine frühere Rückkehr wünschen läßt, so bedarf es nur eines Winkes. –

Wir sind von Scheveningen sehr entzückt und das Wetter, das bisher andauernd stürmisch war, zieht nun allmählich auch mildere Seiten auf. Die drei Kinder sehen unberufen bereits aus, daß es eine Pracht ist.

Hoffentlich hast Du keinen redaktionellen Aerger – ich bin ja nur für den redaktionellen verantwortlich – und bist im Allgemeinen nicht unzufrieden. Ganz ausgezeichnet fand ich die Berichte Arndts über seine verunglückte Zeppelinfahrt. Sie zeigten, daß man unter dem Eindruck eines starken Erlebnisses auch bei sonst nicht erstrangigem Talent zum Schriftsteller werden kann.

Im Laufe der Woche will uns Deine Schwester Lise mit ihrem Mann hier besuchen – ich hörte von Martin Hartog, der heute bei uns war, daß sie sich sehr über Deinen Brief gefreut haben.

Mit den herzlichsten Grüßen für Dich und die Deinen, von uns allen, bin ich Dein treu ergebener Theodor Wolff

Änne Wolff schreibt an Theodor Wolff

Scheveningen, 5. August 1910

Liebster, Einziger,
ich werde Dir jetzt immer abends schreiben, denn mittags bleibt mir doch stets nur Zeit zu einer flüchtigen Postkarte. Ullst.'s gehen ja nun auch fort und wenn ich mal mit Dr. E.'s zusammen bin, wird es höchstens ¼ 11, weil Doctor E. gar soviel Nachtvorbereitungen, wie Gurgeln, Inhalieren u. s. w. zu treffen hat. Ullst.'s waren furchtbar liebenswürdig mit mir, was mich ordentlich bedrückt, denn mit einem »Püppchen« kann ich mich da nicht revanchieren. In der letzten Zeit trafen wir uns weniger, weil ich zu spät fertig wurde, um mich noch umzuziehen und weil Frau Ullst. glücklicherweise – im Hotel Frau Dr. Schottl., aus Breslau, eine große, blonde Frau kennengelernt hatte, die sehr viel Diamanten, Perlen und Kleider hat und deren Mann der reichste Großgrundbesitzer Schlesiens ist. Ullst.'s waren ganz verliebt in sie, weil sie so elegant auftritt, in einem Kleiderwechseln bleibt und für sich und 3 Kinder 4 Dienstherren mit hat. Übrigens sieht sie Bianca etwas ähnlich, aber in groß. Sonst ist Frau Dr. Schottländer aber wirklich nett und angenehm. Dr. Bl. ist drollig wie immer; er sitzt nahe bei uns, hat eine Menge Bücher im Strandkorb und wenn Ulla und ich glauben, er sei mitten in der Arbeit, kommt er plötzlich an uns heran und klagt, daß er großen Appetit auf »Kartoffelpuffer« oder »Stippknödel« habe, die er leider im Hotel nicht bekommen könne. Vor 12 verschwindet er schon, denn um 12 giebt's was zu essen und vorher geht er in die Küche anvisieren. Na, das alte Lied. Hier in der Wirtschaft geht's unberufen weiter sehr gut. Johanna bekommt statt 5 jetzt 7 Gulden per week und macht Berta's Arbeit mit, wozu ihr reichlich Zeit bleibt. Anstatt um 7 Uhr wird jetzt um ½ 3 gegessen und abends giebt's wie zu Hause kaltes Fleisch und Thee. Natürlich

erst um ½ 9, wenn die Kleinen schlafen. Ich finde die Bildchen auch sehr nett, werde morgen Deiner Mutter und Käthe davon schicken. Ich freue mich schon darauf, Dich in Deinen neuen Räumen zu besuchen, was allerdings noch ein Weilchen dauern dürfte. – Daß Du zu Gregor so lieb bist, macht mir richtig Freude. Hoffentlich glückt's Schles., der ein so gewiegter Geschäftsmann ist, einen günstigen »Weg ins Freie« für G. zu finden. – Denk' nur, Herr v. Müller hat mich mit Kindern zu Sonntag eingeladen; ich habe sehr höflich gedankt und für seinen Besuch auch, bei dem ich ihn leider verfehlt hatte. – Am Strand ist es ganz herrlich und wir haben ziemlich andauernd, schönes Wetter. Die Kinder blühen wie Rosen und Jeder guckt sich nach ihnen um.

Von dem WG. bleiben mir noch 45 Gulden (3,50 G. sind für die Wagenfahrt draufgegangen, 4 Guld. für Gummihöschen und Unterlagen, 3,50 für leichte, weiße Strandschuhe für meine Wenigkeit.) Wenn Du mir zum Dienstag oder Mittwoch Nachschub schicken würdest, wäre das sehr lieb.

Frau Landshoff sehe ich wenig; sie ist wie ich mère und hat weidlich zu thun. – Das Berl. Tbl. lese ich zu gern, es ist doch sehr unterhaltsam. Gute Nacht, Lieb, Deine Kleinchen schlafen goldig und ich krieche mit dem Berl. Tbl., das vorhin gekommen, in's Bett. Tausend Küsse Deine Änne

Grüße Alle sehr schön und auch Auguste

Theodor Wolff schreibt an Rudolf Mosse

Berlin, 16. August 1910

Lieber Rudolf!
Ich bin noch nicht dazu gekommen, euch für den schönen und poetischen Geburtstagsglückwunsch zu danken, der mir sehr viel Freude gemacht hat. Nur bei Lissie und ihrem Mann, bei denen ich neulich auf ganz reizende und gemütliche Weise ein anderes Geburtstagsfest mitgefeiert, habe ich meinen Dank abstatten können. Ich hole nun auch Dir und Deiner Frau gegenüber das Versäumte hiermit nach. [...]

Von meiner Frau aus Scheveningen erhalte ich täglich entzückende Briefe – entzückt über Scheveningen, über die Kinder und darüber, daß Else fort und daß es nun so friedlich ist. Man freut sich dort auch schon ein bißchen auf den Papa. – Eben, während ich schreibe, telefonirt jemand an, Kainz sei heute gestorben. Ich hoffe, daß das nicht wahr ist, und lasse in Wien nachforschen.

Mit dem Wunsch, daß die Carlsbader Kur bekömmlich und das Wetter so schön sein möchte wie hier, bin ich, mit den herzlichsten Grüßen für Deine Frau und Dich

Euer treu ergebener Theodor Wolff

Änne Wolff schreibt an Theodor Wolff

Scheveningen, 16. August 1910

Liebster, Wonniger,

Badeanzug, weiße Stiefel, fertig gemachtes Bett, alles steht schon bereit und wartet auf Dich. Papa's Ankunft wird für uns zu einem großen, schönen Festtag! Die Kinder sind so unbeschreiblich liebens-würdig und reizend, daß sich der ganze Strand für sie interessiert und über sie amüsiert. Anbei drei Bildchen, von denen aber nur Butzi's Badebild geglückt ist; das an einen badenden Jungen von Liebermann erinnert. Heut am Strand war es wieder zum Malen schön und Butzi hat dicke Wellen über den Kopf bekommen. – Doctor's habe ich nicht gesehen. Sie saßen gewiß im Zimmer und nahmen Pillen ein, während draußen herrlicher Sonnenschein war und das Meer grünblau leuchtete.

Ihr habt ja glänzende großartige Berichte über das mannigfache Unglück und der nicht gezeichnete Leitartikel (Dienstag) ist doch auch von Dir? Ich verfolge alles mit großem Eifer und studiere die Zeitung oft bis nach Mitternacht. Zu Deinem Erfolg gratuliere ich Dir sehr.

Lieb, und nun muß ich Dich noch einmal bitten, mir Geld zu schicken. Ich glaube nicht, daß ich noch diese ganze Woche mit dem was ich habe, auskommen werde. Vieltausend Küsse und Grüße von dem Kleeblatt und Deiner Änne.

Grüß' Auguste und sag', die Kinder sprächen oft von ihr.

Ludwig Fulda schreibt an Theodor Wolff

Berlin, 21. April 1911

Lieber Herr Wolff!

»Die Königin« hat uns gestern Abend trotz teilweise recht mangelhafter Besetzung außerordentlich gefesselt und angeregt. Ich freue mich, den Eindruck, den ich vor Jahren von der Lektüre des feinen, geistvollen Spiels hatte, durch die Aufführung bestätigt erhalten zu haben. Allerdings war nur die Durieux der Delikatesse dieses Dialogs gewachsen, und es ist ein Beweis für das dramatische Leben, das mehr latent als expres[s]iv in dem Stücke waltet, wenn die Wirkung auf das Publikum dennoch nicht ausbleibt. Die Kammerspiele waren gestern, ungeachtet der vorzeitigen Sommerglut, trefflich besucht. Hoffentlich spornt Sie der zweifellos schöne Erfolg zu neuer dramatischer Produktion; es wäre schade, wenn sie diese Seite Ihres Talents über den Tageskampf verkümmern ließen.

Mit herzlichen Grüßen von Haus zu Haus Ihr Ludwig Fulda

Arthur Kahane schreibt an Theodor Wolff

Deutsches Theater zu Berlin
Berlin, 25. April 1911

Sehr verehrter Herr Wolff,

ich habe auf Ihren Brief hin sofort mit Liedtke, mit Gottowt und mit Danegger gesprochen. Liedtke wird von jetzt ab den Text richtig bringen, Gottowt und Danegger bestritten natürlich, dass irgend wie Ulk getrieben worden sei, aber immerhin wird das Gespräch nützen.

Die Kühnberg, wurde mir nach der Probe gesagt, sei mindestens ebenso wie Bassermann[,] und was Ekert anlangt, gefällt er den Schauspielern besser als Henrich. Davon möchte ich mich gern selbst überzeugen.

Natürlich teilen wir Ihre Meinung, dass eine Umbesetzung der »Königin« ausgeschlossen ist. Ich hoffe bestimmt, dass ich Ihnen nun eine Reihe anständiger und sauberer Vorstellungen garantieren kann.

Mit dem Ausdruck vorzüglicher Hochachtung Ihr ergebener Arthur Kahane

Änne Wolff schreibt an Theodor Wolff

Noordwijk, 17. Juli 1911

Mein Liebster, Einziger,
gestern war's ein trauriger Abend als Du von uns fort warst. Rudi und Butz fragten auf dem Nachhauseweg, ob Du auch morgen wiederkämst und beruhigten sich erst, als ich ihnen erzählte, daß wir mit Blümchen nach Leiden fahren würden, um Dich abzuholen, wenn auch nicht morgen, so doch bald. Rudi hatte ein bischen Fieber; ich habe ihm gleich einen Halsumschlag gemacht, ein Pulver gegeben und schon in der Nacht war's wieder gut. Heut morgen hatte er 37,1, aber ich lasse ihn doch noch im Haus und gurgeln.

Meine Schwester habe ich um 10,48 mit Butzi von der Bahn geholt; sie war im Schlafwagen gekommen, war vergnügt und garnicht müde. Sie ist gleich mit den Kindern an den Strand, während Frau Marion mir bei Rudi Gesellschaft leistete. Sehr nett, aber allein mit Rudi wär's mir lieber gewesen. Na, das entre nous. Meine Schwester sieht sehr gut im Strandmantel und Hütchen aus, nicht aufgeputzt und bissig.

Eben fuhren Cassirer's, Sultan's in den Auto's vorüber, wohl zu einer Tagespartie. – Hier hast Du die Bildchen, die wirklich nett sind. Zeige sie Deiner Mutter, aber sag' bitte nichts von *meinen* großen Bildern wegen der Geburtstagsüberraschung. – Ich habe mich gestern nicht mehr in's Verandazimmer setzen können, es war so entsetzlich traurig und leer. – Dank für das Telegramm, das mir etwas Ruhe gegeben, obgleich ich unsagbar bedauere, daß Du nicht bei uns sein kannst. In Berlin soll es so heiß und gewitterschwül sein. – Eben hat sich die Sonne hier verkrochen und es ist viel kühler als am Morgen. –

Papa, ich will dir einen Kuß geben. Wir wollen wieder Pferde reiten. Rudi. –

Frau Marion hat den Kindern Eimer und Schippchen geschenkt, meine Schwester hat eine große Schachtel für das Trio mitgebracht, die noch nicht ausgepackt ist. Ich will schnell zur Post, damit Du unsere Morgengrüße hast. Ich liebe Dich über Alles! Deine Änne.

Grüße an Auguste.

Änne Wolff schreibt an Theodor Wolff

Noordwijk, 18. Juli 1911

Liebster, Wonniger,
eben bin ich Allen entflohen, um Dir unsere Grüße und meine »schriftlichen« Küsse zu schicken. Dein Rudi ist vergnügt, muß aber heut und morgen noch im Zimmer bleiben und hat sich sehr mit Tante Marie befreundet. Die hütet ihn treu, während Fräulein mit Butz und Lalla am Strand ist und ich im Bade oder mit Tante Marion zusammen bin. Gestern hatte ich den Rudi bewacht, auch zur Sicherheit den sehr sympathischen Doctor aus Binnen kommen lassen, der die kleine Anschwellung der Drüsen ganz unbedeutend fand. Die Anderen waren den Nachmittag über in den Dünen, weil es am Strand stürmisch und kühl wehte und Rudi war beglückt und selig, mit der Mam allein sein zu können. Er knutschte mich fortwährend und wir sprachen von unserem geliebten »Pap«. Rudi freut sich schon sehr auf die Fahrt nach Leiden und meint nur: das dauert mir noch zu lange.

In der Wirtschaft geht's jetzt glänzend, wir sind schon um 10 Uhr mit Allem fertig und die Kinder kommen sofort heraus. Ich war schon um ½ 11 baden; das Meer war prachtvoll und ich habe so sehr an Dich gedacht, denn Du fehlst mir überall und in jeder Stunde. – Ob »Tante Marion« Dir auf mehr als einen Tag erträglich wäre, bezweifele ich stark und ich bin froh, daß ich Dir dieses »Unheil« abnehmen konnte. – Heut Abend fange ich an abzuschreiben, dann werde ich erst die richtige Freude an meiner größeren Freiheit (die ich meiner Schwester danke) haben. – Wie sehr wird mich der erste Brief von Dir froh machen, und die Jungen auch, die schon den Briefträger danach gefragt haben.

Goldiger, Einziger ich küsse Dich vieltausendmal die Butzi's auch und die Anderen, Marie, Cassirer's u. s. w. lassen Dich grüßen.

In unsagbarer Liebe. Deine Änne.

Waren die Bildchen nicht reizend?

Änne Wolff schreibt an Theodor Wolff

Noordwijk, 20. Juli 1911

Liebster, Einziger,
zuerst will ich Dich über Deinen Rudi beruhigen, dem der Doctor
schon gestern Nachmittag erlaubt hatte, an den Strand zu gehen
und der jetzt mit Butz und Lalla Berge aufschippt. Freilich Schuh
und Strümpfe ausziehen, wie die beiden anderen darf Rudi noch
nicht, denn die Drüse ist doch etwas dicker, als die an der rechten
Halsseite. Der Doctor ist sehr vertrauenerweckend, wünschte mir,
daß ich ihn nicht mehr nötig hätte und bekam für die beiden Be-
suche 5 Gulden.
    Gestern Nachmittag war ich bei Cassirer's, um Tilla Durieux
einen Krankenbesuch zu machen. Sie hatte sich beim Radfahrlernen
den Fuß ein bischen verstaucht und muß heut noch auf der Chaise-
longue liegen. Sie hatte eine Art Nachthäubchen auf dem Kopf, aus
weißen Spitzen mit bunten, geblümten Bändchen, die sie arg auf-
stellte. Herr Guttmann ist noch bei ihnen und läßt dir vielmals
danken. – Heut früh um 10 Uhr war ich schon mit Frau Marion im
Bad, die nicht länger als Butzi im Wasser blieb. Glücklicherweise im
schwarzen Badeanzug! – Butz war gestern zu entzückend im Bad
und jetzt sieht's zu goldig aus, wie er mit Lalla, die stolz thut, mit
nackten Füßchen im Sand rumpaddelt.
    Morgens, wenn die drei Kostbarkeiten ausgeschlafen haben,
könnte man sie rein auffressen, so wonnig funkeln die 6 Guckeln
und so süß sehen die drei Menschlein aus. Tante Marie kocht ihnen
heut Blumenkohl und zuckert Johannesbeeren für sie ein. Sie essen
jetzt viel besser und wenn Du wieder hier sein wirst, werden wir
keine Plage mehr mit ihnen haben. – Gestern Nachmittag war der
Sohn von Prof. Preuss bei mir und bat mich, Dir zu schreiben, ob
Du nicht Jemanden zu den neuen Arbeiterwohnhäusern schicken
könntest, der dann einen Bericht darüber in die Zeitung brächte. Du
weißt doch, seine Mutter interessiert sich dafür, weil die Häuser auf
ihrem Grund und Boden gebaut sind. Du würdest also Frau Preuss
einen Gefallen damit thun. –
    Wie lange meine Schwester hier bleiben wird, weiß ich nicht,
wahrscheinlich nur, bis Du kommst. Sie will sich im August mit
einer Frau Director Enk [?] und anderen Bekannten auf Helgoland

treffen und da weiß ich nicht, ob sie das stille Noordwijk fesseln wird. Sie machte mir Andeutungen von einer Italienreise im nächsten Frühjahr, lauter mysteriöse Dinge, die ich nicht verstehe. – Vorläufig macht es ihr noch Spaß, mir zu helfen. Na, wenn es ihr zu langweilig wird und sie sich nach Vergnügungen sehnt, werde ich sie nicht halten. Mir ist es ganz merkwürdig, wie sie all die Sachen, die sie vorhat, mit den verhältnismäßig geringen Zinsen bezahlen kann.

Ein Drittel des Manuskriptes habe ich abgeschrieben und das waren bisher, seit Deiner Abreise, meine schönsten Stunden. Ich bin unbeschreiblich stolz auf jeden Satz, den du gedichtet und werde glücklich sein, wenn ich Act II hier haben werde.

Ich küsse Dich in aller Liebe. Gleich kommen die Kinder vom Strand. Deine Änne.

Änne Wolff schreibt an Theodor Wolff

Noordwijk, 21. Juli 1911

Du Lieber, Wonniger,
je schöner es hier wird, desto größer ist mein Bedauern, daß Du das alles nicht mit uns genießen kannst. D.h. ich vergesse, welch unangenehme Beigabe unsere alte Freundin für Dich wäre. Sie ist sehr verwöhnt, wünscht, daß man sich immer um sie kümmert, sonst thut sie beleidigt. Ich würde das sehr empfinden und schwer an dieser Last zu tragen haben, nähme meine Schwester sie mir nicht viel ab. Wenigstens habe ich Frau M. dazu gebracht, daß sie nicht mehr in rosa und grün am Strand herumspaziert, sondern sich einfach weiß trägt. Meine Schwester sieht sehr hübsch und einfach aus, immer in weiß und sie wird viel angeguckt. Seit sie gestern gebadet hat, fühlt sie sich erst richtig wohl hier und ich denke, sie wird nicht ausdriften. Ich führe jetzt das reine Schlaraffenleben. Morgens, gegen 8 Uhr, wenn ich herunterkomme, ist alles fertig; ich brauche mich zum Teetrinken nur an den Tisch zu setzen. Dann werden die Kinder gleich gewaschen, Tante Marie macht inzwischen Eier und Brötchen und um ½ 10 geht's an den Strand. Um 10 Uhr habe ich heut mit Butz und Lalla gebadet. Es war herrlich und Butz juchzte vor lauter Freude über jede Welle. Meine Schwester und Frau

*Abb. 25: Ansichtskarte: Lilly, Richard, Rudolf
in Noordwijk (1913).*

Abb. 26: Theodor Wolff mit den drei Kindern am Strand (undatiert).

Marion haben Abonnements zum anderen Bad, wo 10 Karten nur 2,50 Gulden kosten. – Die Kinder sitzen am Strand, spielen reizend zusammen und ich werde sie gleich photographieren. Vorhin habe ich versucht, sie in ihrem Bett in ihren Schlafkitteln zu kodaken.

Heute bist Du bei Deiner Mutter und ich freue mich, daß Du ihr die Dünenbildchen zeigen kannst. – Heute ist beinahe eine Woche hin, seit Du zurückgefahren bist und ich bin sehr glücklich, daß R. M. nicht so spät reisen wird und wir Dich vielleicht ein paar Tage früher erwarten dürfen. – Den Akt werde ich in ein paar Tagen fertig haben; denke daran, daß Du mir während Deiner Abwesenheit mehr so schöne Stunden schenken mußt und schicke mir bald wieder etwas.

Cassirer's und Familie Sultan haben gestern einen großen Ausflug nach Delft gemacht. Na, wenn Du zurück sein wirst und meine Schwester es aushält, können wir Beide später auch nach Volendamm und Haarlem. – Das Wetter ist unberufen schön und warm; das Essen von Hollander weiter vorzüglich und die Kinder essen alles mit Vergnügen. – Du, die Rechnung des Zahnarztes finde ich sehr hoch, aber da Bett. [unleserlich] man nach so langer Zeit keine Controlle hat, kann man sie nicht beanstanden. Mit der Weinrechnung stimmt es.

– Delle hat mir eine Karte aus Ostende geschrieben und wenn es nicht zu spät ist, wollen sie uns hier besuchen. Ich will ihr gleich noch schreiben. – Du Liebster, denkst Du hierher an Dein vereinsamtes Bett? Mir fehlt so viel, seit es so leer dasteht.

Ich küsse Dich in sehnsuchtsvoller Liebe. Deine Änne.

Änne Wolff schreibt an Theodor Wolff

Noordwijk, 23. Juli 1911

Liebster, wonniger Theo,
das Strandleben hat sich sehr entwickelt, es ist richtig voll und um die Karren giebt es jedesmal einen Kampf. Die gestrige Hitze hat sich gelegt, es weht ein angenehmer Nordwind und die Kinder spielen mit Behagen im Sand. Butz und Rudi haben mit mir gebadet, waren mächtig erfreut über die schönen Wellen und so war's

für uns alle ein Vergnügen. Frau Marion badete nicht, kam früh schon in lila voile fein geputzt an und spaziert jetzt allein herum, da sie mit dem guten Kleid, nicht an den Strand wollte. Meine Schwester will um 2 Uhr baden, weil sie dann nicht zu warten braucht. Heut Nachmittag werde ich wohl mit beiden nach dem Huis der Duin Garten müssen. Frau M. läßt sich nicht länger hinhalten und sprach vorhin von Eis, das sie uns spendieren will. – Tilla Durieux sehe ich nicht oft; sie sind meistens mit Familie Sultan's auf Ausflügen und wir winken uns zu, wenn sie vorbeifahren. Frau M. sitzt jeden Abend bis 10 bei uns und so komme ich abends auch nicht hin, denn sie möchte natürlich brennend gern mit und das kann ich doch Cassirer's nicht zumuten. Bis zum 10. Aug. geht das nun so weiter, eine etwas längliche Plage. Ließe sie einen wenigstens am Strand lesen, aber da ihre Augen das nicht vertragen, läßt sie auch keinen anderen dazu kommen und erzählt einem die ödesten Sachen. O la, la! Wär's nur erst überstanden! – –

Über Deinen schönen Artikel war ich hocherfreut. Ich war kaum mit dem Lesen fertig, als ihn Frau M. für sich beschlagnahmte. – Sonst ist hier alles vergnügt und wir denken immerzu an den geliebten Pap, der uns so fehlt. – Ich stecke jeden Abend all deine Briefe unter mein Kopfkissen, damit mir's nicht so einsam ist und ich in Gedanken an Dich gut einschlafen kann. Wärst Du nur wieder hier! Ich bete Dich an! Deine Änne.

Grüß deine Mutter und Marta sehr von mir!

Änne Wolff schreibt an Theodor Wolff

Noordwijk, 24. Juli 1911

Mein geliebter, wonniger Theo,
es war ganz rührend, daß Du den Brief für Sonntag als Eilbrief schicktest und ich bin Dir für Deine Aufmerksamkeit von Herzen dankbar. Aber geholfen hatte sie doch nicht, denn die Noordwijker Post scheint es selbst mit Eilbriefen nicht so [eilig?] zu nehmen und so wurde der Brief erst heut morgen abgegeben. Ich war sehr glücklich über den goldigen Brief und es ist mir nur schrecklich, daß Du es nicht so gut hast, wie ich hier mit den Kindern. Es ist ja einesteils ganz bequem, daß mir meine Schwester hilft, aber anderseits

werde ich ein merkwürdiges, unbehagliches Gefühl nicht los. Meine Schwester bekommt jeden Tag dicke Briefe und Telegramme, ist so vergnügt, macht Andeutungen, daß sie jetzt sorgenlos als grande dame leben und sich anschaffen könne, was sie wolle. Daß ich aus all dem nicht klug werde, ist mir nicht sympathisch und ich fürchte, es steckt etwas dahinter, das man nicht billigen kann. Ich mag mich nicht in ihre Angelegenheiten mischen, es kommt ja nie was Gutes dabei heraus, aber ich weiß nicht, ob es nicht besser wäre, ich stünde statt um 7 um 6 Uhr auf und machte das bischen Arbeit selbst. Ich mag nicht gern Gnaden annehmen und ich habe das Gefühl, als thäte ich's, weil meine Schwester öfters durchblicken läßt, daß sie zu Hause nichts mehr anzurühren braucht und sich mir noch pflegt und putzt. – Aber das unter uns, nicht mehr, Theo, erwähne bitte nichts deiner Mutter und Marta gegenüber. – Frau Dr. Elias werde ich gleich noch schreiben und Sie bitten, mir behilflich zu sein. –

Die Kinder sind so sonnig und geliebt und sprechen soviel von Dir. Sie freuen sich jetzt schon auf die Fahrt nach Leiden. – Seit 1/2 10 sitzen sie am Strand bei dem herrlichen Wetter und Lillusch schippt mit der großen Schaufel. – Gestern Nachmittag waren wir alle, die Kinder natürlich auch, im Huis der Duin Garten und haben Eis genommen. […] Es war nichts los, nicht mal ein bischen Musik. Aber abends soll eine Kapelle spielen und da werde ich meine Schwester mit Frau Marion und Fräulein hinschicken. Ich bin so froh, wenn ich mal allein sein kann.

Ich sehne mich so nach Dir und küsse Dich in großer Liebe. Deine Änne.

Änne Wolff schreibt an Theodor Wolff

Noordwijk, 25. Juli 1911

noch 24 *Tage*!
Liebster, Einziger,
heut bin ich ganz früh nach 9 mit Butz und Rudi in's Wasser gegangen. Wir waren die ersten drin und so hatte man Ruhe, weil niemand vor den Karren wartete. Die Jungen sind dann gleich nach Hause, haben Ei, Brod, Milch bekommen und sitzen nun wieder am

Strand. Ich finde es so viel besser und wir werden die gute Gewohnheit beibehalten. Gestern war ich bei Cassirer's, die Dich grüßen lassen und sehr bedauern, daß ich so festgehalten bin. Frau M. liebt mich mit jedem Tag mehr, wie sie sagt, und nimmt einem die schöne Zeit. Vormittags ist der Besuch nur kurz, weil sie baden geht und nachher gleich, aus Furcht vor Erkältung und um sich schön zu machen, nach Hause muß. Aber dafür kommt sie dann um ½ 3 und mit Ausnahme der Dinerzeit bleibt sie bis 10 Uhr. Es ist anstrengend und meine Schwester schlief gestern Nachmittag, während Frau M. erzählte, im Strandkorb ein. –

Heiß ist es in diesen Tagen hier auch, aber man empfindet es nicht so, weil man baden kann und es weht doch immer etwas! Du Armer, was mußt Du jetzt in Berlin aushalten! Mir ist es schrecklich, daran nur zu denken und ich mache mir tagtäglich Vorwürfe, daß wir's hier so gut haben. Noch 3 ½ Woche mußt Du alles Unerfreuliche ertragen, dann werden wir mit Blümchen (Rudi ist das die Hauptsache) in Leiden unseren wonnigen, über Alles geliebten »Pap« erwarten. – Lillusch entwickelt sich famos und wird viel angestaunt, weil sie bildhübsch aussieht. Jung Siegfried ist herrlich und Rudi ist ein goldiger, anschmiegsamer Junge. – Ich freue mich auf den lundi, den ich um 2 bekommen werde. – Meine Schwester hilft mir weiter gut, brennt darauf mir etwas zu erzählen, was ich vermeide. Ich fürchte, es könnte was sein, das ich nicht für recht halten würde und wenn ich das aussprechen würde, nähme sie's leider sehr übel auf. – Liebster, laß Dir's so gut gehen, wie nur möglich und grüß mir Deine Mutter und unsere Bekannten. – Wenn Du mir zum Sonnabend etwas Geld schicken könntest, wär's sehr nett. Zur 2. Dinerrechnung (42 Gulden) reicht meines nicht mehr ganz aus. –

Ich küsse Dich in Liebe. Deine Änne.

Änne Wolff schreibt an Theodor Wolff

Noordwijk, 29. Juli 1911

Liebster, Wonniger,
den lieben, lieben Brief von gestern habe ich bei mir, habe ihn wohl zwanzigmal gelesen, geküßt und dann am Abend habe ich ihn unter

das Kopfkissen gesteckt. Wenn du wüßtest, wie ich innerlich glücklich und froh bin, wie ich mir nicht die geringsten thörichten Gedanken mache, wie ich in Dich verliebt bin, als wäre ich 20 Jahre und nicht Deine Ehefrau, die Dir 3 Sprößlinge geschenkt, dann hättest Du wohl diese Phantasien garnicht so ernsthaft durchgelesen, sondern nur darüber gelacht. Jedenfalls bin ich jetzt mächtig verliebt, sehr froh und denke *mit* großer Sehnsucht an Dein Kommen. An eine ferne, ferne Zukunft mag ich nicht denken, hoffe aber, daß auch sie schön sein werde.

– Hier ist es so heiß, daß man vor Quallen im Wasser nicht treten kann, also besser nicht badet und daß wir jede Nacht wie in den Tropen wundervolles Meeresleuchten haben. Die Kinder sind glücklich, denn sie laufen beinahe nackend herum, empfinden die Hitze nicht so sehr, aber für die Großen ist es eine Plage. Gestern Abend gingen ringsherum Gewitter nieder, nachher war's beinahe noch heißer. In der Nacht war's sogar unerträglich.

Hoffentlich hast Du wieder etwas Ruhe auf der Redaktion; wie Du aber an Deinem Stück arbeiten willst, verstehe ich nicht, denn diese drückende Schwüle nimmt einem doch jeden Gedanken zur Arbeit. – Heut Abend werden Frau M., meine Schwester und Fräulein zur Réunion gehen, während der Zeit werde ich wohl mit Deinem Akt zu Ende kommen. Ich freue mich auf heute Abend, wo ich so ungestört mit Dir sein kann. – Das Zimmer für Martin Cohn ist schön groß, richtig sauber und luftig und hat einen großen Balcon. Für 25 cents mehr kann er jede Mahlzeit oben serviert bekommen. Das Essen ist glänzend. »Huis der Duin« und [Textlücke] ist auf Wochen hinaus besetzt. Bei Hollander wird das Zimmer zufällig morgen frei. Ich küsse Dich vieltausendmal. Deine Änne.

Die 50 G. habe ich gestern bekommen.

Änne Wolff schreibt an Theodor Wolff

Noordwijk, 31. Juli 1911

Liebster Theo,
es ist ja die reinste Aufopferung von Dir, mir in dieser Hitze so schöne Briefe zu schreiben und ich danke Dir auch vieltausendmal. Martin Cohn, der gerade mit dem Auto eintraf, als ich vom Baden

zurückkam, hat mir von Dir erzählt und ich war so froh zu hören, daß Du noch gut und gebräunt aussiehst. Ich habe ihn gleich zu Lotte Cassirer gebracht, die ihre üblichen Witzchen mit ihm machte. Nachher ging ich mit ihm nach Huis der Duin und zeigte ihm auch den Coiffeur. Martin Cohn war natürlich einigermaßen erstaunt, halb Berlin hier zu finden und so braucht er keine Bange zu haben, daß er sich langweilt. – Denk' nur, ich habe gestern mit Paul u. Tilla C. und dem Herrn Guttmann eine herrliche Autopartie nach Deunendal gemacht. Wir fuhren um 6 Uhr fort, trafen uns in Deunendal mit der Familie Sultan, dinierten sehr fein und fuhren nach 10 wieder zurück. Deunendal ist ein ganz entzückender Ort und wenn Du hier bist, werden wir uns ein Auto nehmen und mit den Kindern hinfahren. Gleich nach dem Frühstück können wir fort und um ½ 7 bequem zurück sein. – Die Fahrt durch den dunklen Wald und die Dünen war ordentlich berauschend, obgleich ich fand, daß es oft beängstigend schnell ging. Wie eine Gespensterfahrt war's, wenn die weißen Lichter der Scheinwerfer durch die Bäume hüpften. Ich war so begeistert, daß ich erst um 2 Uhr einschlief. Ich habe so an Dich gedacht bei der wunderbaren Nachtfahrt und habe mit den Anderen darüber gesprochen, wie schade es ist, daß Du nicht bei uns sein kannst. Wenn ich eine Freude habe, so fehlst Du mir zu sehr, denn könnte ich sie mit Dir teilen, wäre sie für mich noch tausendmal größer.

Das Bad war heut prachtvoll, Nordwestwind und hohe Wellen.

Die Kinder konnte ich leider nicht mitnehmen, weil sie gestern gebadet hatten. Es ist warm, aber nicht drückend heiß. – Du hast mir so viel Geld geschickt, daß ich einen Teil bei Hollander abgeben will. – Ich habe alles aufnotiert, was Du in Berlin ausgegeben und finde die Summe wieder furchtbar. – Ich küsse Dich in aller Liebe, danke Dir noch für die Depeschengrüße und werde nachher weiter berichten.

Deine Änne.

Änne Wolff schreibt an Theodor Wolff

Noordwijk, 1. August 1911

Du lieber, lieber Theo,
die Kleinen stehen um mich herum; ich erzähle ihnen, daß ich dem guten »Pap« noch einen Geburtstagsbrief schreiben will, bevor ich zu ihnen an den Strand komme und da geben sie natürlich keine Ruhe und haben dir alle Drei Krakelfüßchen gemalt, die ihr Glückwunsch sein sollen. Mir ist etwas traurig zu Mut, daß ich morgen nicht bei dir sein kann, aber ich muß mich damit trösten, daß es ja der letzte Geburtstag sein wird, den wir getrennt voneinander feiern.

Ich kann Dir nichts wünschen, was ich nicht auch den Kindern und mir wünsche, vor allen Dingen, daß Du uns immer gesund und jung bleiben mögest. Viel Freude und Sonnenschein, hoffe ich, wird der Pap an seinem Kleeblatt erleben und die Mama wird sich rechte Mühe geben, ihn nichts mehr von diesen kleinlichen, häuslichen Dingen wissen zu lassen. Sie will sich nur noch über all das Schöne freuen, daß sie seiner Liebe und Aufmerksamkeit dankt.

Liebster, Theo, ich wünsche Dir alles, alles Glück und werde den morgigen Tag still mit den Kinderchen feiern, ohne einen Mißklang von anderer Seite her. Meine Schwester wird morgen früh Noordwijk verlassen, nachdem sie sich recht schandbar gegen mich benommen hat. In unser Haus wird sie nicht mehr kommen und das ist Dir wie mir angenehm. Was sich abgespielt hat, werde ich Dir später erzählen. Jedenfalls sind auch Fräulein und Frau M. sehr schlecht auf sie zu sprechen. – – –

Das Wetter ist ganz herrlich und wir scheinen das Schlimmste überstanden zu haben. Das Meer ist schön und klar, alle Quallen sind verschwunden. Wir zählen die Tage, daß der Geliebte Pap uns wiederkommt und werden ihn herzlich froh in Leiden erwarten.

– Hollander hat mir gesagt, daß Du ihm sein Geld geschickt und meines habe ich zum größten Teil zur Aufbewahrung gegeben. – Ich denke, die Bilder werden auch zur rechten Zeit eintreffen, daß Du sie am Nachmittag deiner Mutter und Marta auch zeigen kannst. Du wirst doch garnicht bei ihnen essen. Es ist sehr gut, daß deine Mutter nach Marienbad reist, da haben sie und Marta viel [unleserlich] und angenehme, leichte Spaziergänge. Du kannst ihnen ja sagen, daß meine Schwester nach Helgoland gereist ist.

Grüße beide vielmals von uns und sag' nur, daß die Jungen schon gefragt haben, wann wir wieder nach Berlin zu Großmama reisen. – Anbei noch ein paar Geburtstags- und Gratulationsbildchen. Ich küsse Dich und freue mich grenzenlos auf Dein Kommen. Ich bete Dich an. Deine Änne.

Theodor Wolff schreibt an Rudolf Mosse

Berlin, 3. August 1911

Lieber Rudolf!
Deiner Frau und Dir herzlichsten Dank für das liebe Geburtstagstelegramm! […]
Hier ist es auch heute wieder unerträglich heiß – heißer als an den letzten Tagen. Trotzdem glaube ich, daß wenigstens das Tageblatt einen ziemlich frischen Eindruck macht. Man tut, was man kann. Mit der Artikelserie über die »Front nach rechts« habe ich noch nicht begonnen – ich warte auf das Ende der Hitze und der Marokkoverhandlungen. Vorher wäre der Moment schlecht gewählt.
Meine Frau und die Kinder fühlen sich in Noordwijk unberufen wohl – die Kinder sollen wie die Mohren aussehen und spazieren, wie's in diesem glücklichen Alter erlaubt ist, auf dem Strande halb nackt herum. Nun ist ja auch Martin Cohn nach Noordwijk gereist, wo Aenne ihm Wohnung besorgt hat und wo es ihm, da er dort viele Bekannte trifft, gewiß gefällt.
Ich hoffe, daß auch Ihr mit Gastein zufrieden seid und daß die Hitze dort gnädiger ist als jetzt in den meisten anderen Teilen der Welt. Ich wünsche Deiner Frau und Dir herzlichst eine recht gute Erholung, danke auch nochmals für eure große Liebenswürdigkeit und bin mit den besten Grüßen Dein getreuester Theodor Wolff

Änne Wolff schreibt an Theodor Wolff

Noordwijk, 4. August 1911

> Grüß Auguste und sag',
> es sei jetzt, ohne Berta und
> die Köchin, wie im Himmel.

Liebster Theo,

denk nur, ich habe gestern so sehr nach der Scene gesucht und konnte beim besten Willen nichts finden. In dem Manuscript ist sie garnicht mehr vorhanden; Du hattest sie also schon damals, als du das Stück zum Abtippen gabst, herausgenommen. Du wirst nun wohl versuchen müssen, diesen Teil zu Hause im Schreibtisch zu finden, denn hier ist in der Scene zwischen Charlotte und Frieder [?] nicht die leiseste Andeutung von einem Giftfläschchen. Wera hattest du von Prückow genannt. Ich würde mich so freuen, wenn Du mir bald was vom 2. Act schicken könntest.–

Eben, es ist 10 Uhr, sind Cassirer's und Herr Guttmann im Auto vorbei gefahren, offenbar zu einer großen Tour. Martin Cohn wird nachher mit Grete Ullstein nach Amsterdam fahren und hatte mich aufgefordert, mitzukommen. Das geht nun aber nicht mehr. Übrigens ist es heut am Strand so herrlich, daß es schade wäre, fortzugehen. Das Meer ist schön bewegt und es ist ein Jammer, daß ich gerade jetzt wieder mit dem Baden aussetzen muß. Die Kinder sind so lustig und beweglich, daß es eine Freude ist; man sieht ihnen so an, daß sie sich, [unleserlich], recht wohl fühlen.

Na, nun hast Du ja deinen einsamen Geburtstag, an dem am Morgen nur Bildchen, Brief und Blumen Dir Glückwünsche sagten, überstanden und, zum Glück für mich, auch die Hälfte der Trennungszeit. Du hast recht, bergab geht's schneller. – Lieb, ich hatte ja garnicht so viel Ärger, wie Du fürchtetest. Wir sahen eben ziemlich schnell ein, daß Jeder so ganz andere Neigungen, Meinungen und Auffassung der Dinge hatten und hielten deshalb die baldige Trennung für besser. Außerdem ist meiner Schwester jeder Tag ohne großes Amüsement ein verlorener und ich wollte nicht, daß sie mir zuviel Tage opfern sollte. – Du, Theo, die Lampe hat Martin Cohn mitgebracht, aber seit der 2. Nacht brennt sie nicht mehr. Der Draht in der winzig kleinen Birne muß verletzt sein, anders kann ich mir's nicht erklären. Ich weiß nicht, wo ich sie hier reparieren lassen kann. Schade, sie war so bequem und leuchtete so hell. –

Was hat deine Mam zu meinen Bildern gesagt? Ich bin neugierig, ob sie gefallen. *Mir* gefallen die 3 Bilder gleich gut. – Lieb, ich danke Dir für Deine wonnigen Briefe, sie sind eine stets sehnsüchtig erwartete Freude für mich.

Ich küsse Dich in aller Liebe, Deine Änne.

Änne Wolff schreibt an Theodor Wolff

Noordwijk, 5. August 1911

Liebster, Einziger,

es ist doch ganz unerklärlich, daß die Briefe so unpünktlich ankommen. Ich bin jeden Morgen schon vor 12 auf der Post und um 2 wird doch erst der Kasten geleert. Wie kannst Du nur annehmen, daß Mißstimmung mich verhindern würde, Dir, an den ich immerfort denke, Grüße zu schicken!

Nein, das war alles garnicht schlimm, nur ein bischen ärgerlich und so bin ich jetzt froh, daß wir, denen es hier so außerordentlich gut gefällt wieder unter uns sind. Vergnügungssüchtige Leute passen eben nicht in diesen Ort, wo es kein Nachtleben giebt. Frau M., die immer noch sehr entzückt ist, wird am 10. zurückreisen. Sie wäre gern geblieben, aber es geht der Banksachen wegen nicht und weil sie Ende August noch auf 10 Tage zu Therese Vogel muß. Dann bleiben uns nur noch 8 Tage, um auf Deine ersehnte Rückkehr zu warten. Während der Zeit werden wir dann viel bei Cassirer's stecken, die mich dringend für jeden freien Tag eingeladen haben, mit den Kindern in ihren Dünengarten zu kommen. Gestern waren wir wieder bei Casper's auf Huis der Duin und Sonntag Nachmittag gehen wir noch einmal hinauf, um adieu zu sagen und ihnen Grüße für dich mitzugeben. Montag werden sie zurückfahren und Dir dann telephonieren.

– Was Du mir von Königsmark geschrieben, tut mir furchtbar leid für ihn. Der kleine Junge, der schon nicht viel am Vater zu hängen schien, wird ihm nun wohl ganz entfremdet werden. Die Gräfin scheint nach allem, was wir gehört, garnicht für das Eheleben geeignet zu sein. – Lieb, Du bist zu gut mit Deinem mir durchaus etwas schenken wollen. Du hast mir doch fortwährend geschenkt und schenkst nun wieder den Kindern. Also laß es damit genug sein, noch dazu, wo unser Leben jetzt etwas sehr teuer ist. –

Mir tut es immer leid, daß Du es nicht so schön hast, wie wir; hier ist es wundervoll und wir leiden garnicht unter der Hitze. – Vorhin hat Martin Cohn uns im Garten gekodakt, aber die Jungen zappelten so, ich weiß nicht, wieviel Köpfe und Arme wir auf dem Bild haben werden. – Tini Grünberger hat mir für die beiden Bilder gedankt, die ich ihr schicken ließ. Eines für sie, das andere für Lili's neue Häuslichkeit. Sie werden nächsten Winter in Wien leben und die Aussteuer besorgen, da im März geheiratet wird. Jetzt geht sie mit Lili nach Binz, weil Lili ganz blaß und elend geworden ist; sie hat natürlich Sehnsucht, ich verstehe das. Der Hans reist in Schottland herum, wie ich von Casper's erfuhr, mit denen er in London war. Frau Casper sagt, er hätte stets sehr elegant und bildschön ausgesehen. *Ihn* scheint die Sehnsucht äußerlich weniger anzugreifen. Dafür ist er auch ein Mann. –

Lieb, eben kommen die zwei großen Pakete, ich will sie nur gleich verstecken, sonst wollen die Drei schon heut Geburtstag feiern. Ich küsse Dich vieltausendmal. Deine Änne

[Noch hinzugefügt:]
Ich will Papa einen Kuß geben. Ich gratulire Rudi
Papa auch einen Kuß. Lalla
Mein geliebter Papa ich will dir einen Kuß schenken und eine Blume und gratuliere schön. Butzi

Änne Wolff schreibt an Theodor Wolff

Noordwijk, 6. August 1911

Du lieber, einziger Theo,
hoffentlich habt ihr heut auch ein wenig von dem schönen, frischen Seewind, der hier bläst und der alle Welt aufleben läßt. Martin Cohn sagte mir eben, daß er nun endlich das Gefühl habe, am Meer zu sein, vorher war's nur der Wannsee. Ich beneide heut die, die baden können; für die Kinder wär's zu stürmisch. Heut morgen waren sie zum Fressen süß. Alle drei lagen in Lalla's Bettchen und

taten, als ob sie schliefen. Lilly in der Mitte, zur Linken und Rechten Butz und Rudi, die sie zärtlich umarmten. Sie lag wie ein kleines Spielkätzchen, dem man schmeichelt und alle Drei sahen beglückt aus. Könnte man das nur malen oder photographieren! Die Jungen sind wegen Lalla's Geburtstag schon in Aufregung, wollten ihr gleich heut früh gratulieren, nur um die Kisten auspacken zu dürfen, die sie gestern gesehen haben und um zu sehen, ob was für sie dabei ist. Morgen früh werde ich einen feinen Geburtstagstisch aufbauen. –

Lotte Cassirer, die eben vom Reiten kam, erzählte mir, daß Frau Dr. Schiffer, ihre Cousine, sich beim Radeln die rechte Kniescheibe schwer verletzt habe und mindestens 2 Monate im Gipsverband fest liegen müßte. Sie waren gestern in Leiden, wo sie in der Klinik untersucht und wo das Knie und der Fuß gleich in Gips gelegt wurden. Ist das nicht ein schreckliches Pech? Und alles, weil sie vom Rad schlecht abgesprungen war. Lotte C. ersuchte mich, doch möglichst oft zu ihr zu gehen und ich will es gleich thun, wenn ich von der Post zurückkomme. Deiner Mutter will ich nur vor ihrer Abreise noch ein paar Grüße schicken. – Am Nachmittag bin ich wieder bei Casper's, natürlich toute la famille, auch Frau M. mit. – Gestern Abend hatte ich so große Sehnsucht nach Dir und nur, um etwas von Dir in der Hand zu haben, machte ich Deine weißen Schuhe sauber und kramte im Schrank in Deinen Sachen. Dabei lese ich immer etwas ängstlich von den Marokko-Verhandlungen und bange, ob nicht irgend ein überraschender coup Deine Abreise aufhalten könnte. Hoffentlich haben die letzten Nachrichten recht und vielleicht beschleunigt die Anwesenheit des Kaisers, der doch so friedliebend ist, den guten Abschluß der Verhandlungen. –

Lieb, wie ich sehe, reißt man sich um Dich und an Zerstreuung nach der Arbeit fehlt Dir's wahrlich nicht. Den 2. und 3. Act wirst Du wohl hier vornehmen müssen. Es ist so wunderschön und friedlich hier, da wird Dir's auch Freude machen. – Ich bin so sehr in Dich verliebt und freue mich unsagbar auf – tu sais ce que je veux dire. Ich küsse Dich!! Deine Änne.

Änne Wolff schreibt an Theodor Wolff

Noordwijk, 7. August 1911

Liebster, Guter,

Lilly's Geburtstag ist wirklich ein Freudentag für uns Alle. Gestern Nachmittag durften Rudi und Butz mit auspacken, mußten mir aber versprechen, Lalla noch nichts zu verraten. Als sie zu Bett gebracht wurden, gingen sie Beide zu Lalla hin und flüsterten ihr in's Ohr, was sie alles bekommen würde. Heut morgen kam sie sich sehr wichtig vor und bewunderte zuerst mit Wohlerzogenheit den wirklich hübschen Geburtstagstisch. Dann wollte sie natürlich alles zu gleicher Zeit zum Spielen haben. Du hast ihr ja reizende Sachen geschenkt und eigentlich wieder viel zu viel. Und lieb und zärtlich für Tochter und Mutter waren Deine Geburtstagswünsche. Nur bin ich fest überzeugt, daß Bébé viel hübscher als Mama werden und allen Männern die Köpfe verdrehen wird. Die sind jetzt schon entzückt von ihrer Liebenswürdigkeit. – Frau M. hat ihr ein reizendes Gedicht gemacht und Rosen gebracht. – Nachmittag will ich die kleine Bande photographieren. –

Gestern waren wir auf Huis der Duin mit Casper's und Grete Ullstein, die alle Drei heut abfahren. Frau C. wird Dir wohl gleich telephonieren. Martin Cohn fährt morgen nach München. Lang hat er trotz Lotte C. und den Anderen nicht ausgehalten. Ich denke mir, er trifft sich mit seiner Freundin. Er machte mir gestern die Bemerkung, daß man sich allein immer so überflüssig vorkäme. Und dieses überall eingeladen sein, sei auch nicht das Richtige. –

Das Wetter, das Meer ist sehr schön und wir haben einen lauen Südwestwind. Deine Kinder sind zu wundervoll, zum Auffressen. Nun kommt für uns die Freude auf das Wiedersehen mit unserem wonnigen Pap und die Jungen, die immer was Neues haben müssen, fragen schon begeistert danach. –

Du, wie merkwürdig! Wir fanden erst die Bilder geschmeichelt und zu schön und jetzt gefallen sie nicht mal besonders. Ich weiß nicht, wie weit da Marta's Ärger auf Frl. B. mitspricht, denn so unparteiisch kann Marta nicht urteilen und was M. findet, findet Deine Mam dann auch. Sag' Auguste schönen Dank für ihre Glückwünsche. –

Ich küsse Dich tausendmal. Deine Änne.

Änne Wolff schreibt an Theodor Wolff

Noordwijk, 8. August 1911

Liebster Theo,

als wir nach 9 Uhr baden gingen, lag das Wasser schon wie ein Spiegel da und Lalla, die auch badete, saß sehr vergnügt im Meer und hatte nicht ein bischen Angst. Sie ließ sich auch nicht heraustragen, sie wollte selbst gehen, wie die Großen. Das hat sie dann mit vieler Grazie und vielem Selbstbewußtsein gethan und ich ärgerte mich nur im Augenblick, daß ich den Kodak nicht mitgenommen hatte. Es wäre ein reizendes Bild geworden. Morgen werde ich's nachzuholen versuchen, denn, hält die Hitze so an, können sie ein paar Tage hintereinander in's Wasser. Was werdet ihr nur wieder in der Stadt anfangen, wo man doch nun nachgerade gesotten wird. Denk' nur, wie heiß es hier schon ist, wenn sogar Lalla, mit nichts als dem roten Haarschleifchen bekleidet, im Wasser bleiben will. Es war ein zu geliebter Anblick. –

Gestern las ich, daß die Kammerspiele am 12. Aug. mit der »Königin« anfangen. Ich nehme an, die Konstantin wird über die Rolle herfallen, da sie die »Terwin« doch nicht ohne Sang und Klang am 12. Aug., wo kein Mensch bei dieser Hitze im Theater sein wird, debütieren lassen. Und zur dritten Königin wird sich die Terwin wohl kaum hergeben. Schreib' mir bitte die Besetzung, dann sehe ich die Vorstellung vor mir, auch ohne im Theater zu sitzen. – Der kleinen Frau Doctor mache ich jeden Tag Krankenbesuche. Es ist zum Glück Hoffnung vorhanden, daß die Kniescheibe von selbst ohne operativen Eingriff zusammen heilen wird. Das ganze Bein liegt in Gipsschienen. –

Lieb, wenn Du zurück sein wirst, wäre es sehr nett, könntest Du's über Dich gewinnen, um ½ 8 aufzustehen, damit wir nach 9 gleich mit den Kindern baden würden. Gegen 8 trinken wir Tee und dann hättest Du noch über eine Stunde, um den herrlichen Morgen zu genießen. Ich freue mich schon jeden Abend vorher darauf. – Gestern haben wir alle mit den neuen Schlägern Tennis gespielt und Butzi war natürlich am eifrigsten. Er hatte beim Tennisspiel auf Huis der Duin zugesehen und machte nun sehr geschickt alles nach, schrie auch »out«, wenn der Ball nicht aufgefangen wurde. Martin Cohn, den Butzi und Rudi wie einen gleichalterigen Freund behandeln, weil er keinen Bart hat, ist entzückt über die Rüpligkeit der Jungen. –

Ich bin sehr begierig Deinen lundi zu lesen. Ich küsse Dich!! Deine Änne.

Die Jungen sind gestern wieder geritten, damit Lalla auch einen »feinen« Geburtstag hatte.

Änne Wolff schreibt an Theodor Wolff

Noordwijk, 9. August 1911

Lieber, goldiger Theo,
wir wären nun auch wieder beim Meerleuchten angelangt und das Wasser liegt glatt wie im Spiegel. Butzi machte heut kühne Schwimmversuche und Lalla rollte Mühle mit den Händchen und machte sich so Wellen. Jetzt spielen die Drei dicht am Wasser, wo's noch einigermaßen erträglich ist, aber ich wage garnicht daran zu denken, wie es Euch in der Nacht zu Mute sein mag. Wir haben ja einen richtigen Tropensommer. – Die Kinder sind unberufen immer vergnügt und stöhnen nicht mit den Großen. –

Martin Cohn ist, um der Hitze hier zu entfliehen, nach dem Brenner gefahren. Und Deine Mutter und Marta sind heut morgen auf die Reise gegangen. – Ich habe mich schon wegen der Tram-verbindung nach Leiden erkundigt und ich hoffe, wir werden früh genug mit den Kindern fertig werden, um Dich in Leiden empfangen zu können. Morgen um 10 Uhr fährt Frau M. fort und so wäre auch diese Zeit sehr schnell hingegangen. In 5 Tagen werden Elias-sens einziehen und wenige Tage später, wird's wieder so richtig schön werden. –

Hoffentlich hast Du Dich an Lalla's Geburtstag im Grunewald recht gut unterhalten und chice Damen bewundert. Wenn Du dann auch noch wirklich Luft hattest, fahre nur recht oft des Abends heraus. An Arbeiten kann man doch kaum denken. – Ich verstehe Reinhardt nicht. Diese Vorstellungen sind doch nur, damit das Personal der Theaterschule sich üben kann. Mir tut die arme »Königin« so leid; das Stück wird doch nicht wiederzuerkennen sein. – –

Dein Brief und die Zeitung sind für mich hier die Tagesereig-nisse. Dein »lundi« war wieder sehr eindrucksvoll und schön. Wie war's nur möglich an dem heißesten Tage so Feines zu schreiben? – Schade, daß Hetty Lachmann so viel durchzumachen hatte. Martin hatte sie noch vor wenigen Tagen gesehen.

Ich küsse Dich in sehr großer sehnsuchtsvoller Liebe und denke nur immer an den Tag des Wiedersehens. Deine Änne.

Änne Wolff schreibt an Theodor Wolff

Noordwijk, 10. August 1911

Lieb,

wir haben eben bei fürchterlicher Hitze Frau M. zur Bahn gebracht und jetzt frühstücken die Kinder im Haus, weil ich es für unmöglich halte, sie an den Strand zu schicken. Trotz der entsetzlichen Temperatur wird verhältnismäßig wenig gebadet, denn Viele fürchten die Quallen, die der Ostwind wieder in großen Mengen zurückgebracht hat. Über dem Meer liegt der Dunst wie ein schwerer grauer Schleier und das Wasser schlägt garnicht mehr an. –

Na, Frau M. war sehr gerührt, dankte vielmals und rief zu guter letzt noch aus dem Fenster, daß sie uns diesen Winter in Berlin besuchen müßte, denn sie hätte uns *zu lieb*. Der Zug setzte sich in Bewegung, ich konnte vor Schreck nichts mehr auf diese Drohung erwidern. Na, zum Glück ist noch nicht Winter und bis dahin werden wir schon Rat finden. Jetzt denke ich voller Freude an den nächsten Gang zum Bahnhof, nur hoffe ich, daß Du nicht unter so kannibalischer Hitze einziehen mußt. Frau M. brachte eines Abends eine sehr nette Holländerin, eine Professorsfrau, die in Batavia (i. e. Jakarta, Niederländisch-Indien) lebt, mit und sie sagte, daß sie dort eine solch schlimme Hitze hätten. –

Frau Dr. Schiffer erzählte mir, daß sich Martin C. in München mit seiner Freundin treffen wollte, die er sehr liebte und nach der er schon Sehnsucht gehabt hätte. Mir kam's auch so vor. – Butz und Rudi habe ich eben als Maler photographiert. Lalla im Wasser ist nicht geglückt, denn sie wollte nicht allein sitzen und ließ mich nicht fort. – Gestern Nachmittag hatte ich Frau M. noch zu Huis der Duin eingeladen, wo wir Professor Casper's trafen. Sie waren in Aufregung, weil ihre Schwägerin in Berlin ein totes, 12 Pf. schweres Kind geboren hat und die Ärzte zweifeln, daß sie am Leben bleibt.

Und das in die paar Wochen Ferien hinein, die Casper hat. Sie sind außer sich und telegraphieren und telephonieren mit Berlin. – –

Wir denken soviel daran, wie schrecklich ihr Armen in der Stadt es habt und finden, daß es uns hier zu gut geht. Lalla spricht auch schon vom Wiedersehen mit dem lieben Pap. Noch 8 oder 9 Tage, dann wird's wundervoll für uns. Ich küsse Dich vieltausendmal, die Kinder auch und Frau M. und Fräulein lassen sehr grüßen. Deine Änne.

Änne Wolff schreibt an Theodor Wolff

Noordwijk, 11. August 1911

Liebster, Wonniger,
noch eine Woche und mit den Schriftgrüßen hat's ein Ende. Da ich Dich über alles lieb habe und soviel Lust, Dich zu küssen und im verschwiegenen Kämmerchen zu liebkosen, sehne ich dieses Ende ungeduldig herbei. Wir leben hier so behaglich und vergnüglich, daß ich nur bedauere, daß sich's in Berlin nicht auch so einrichten läßt. Schade, daß man da die vielen Leute braucht. Das kleine Meisje singt den ganzen Tag und erledigt spielend, worüber die zwei Verschickten widerwillig stöhnten. Das Essen von Hollander ist sehr gut, kostet 5 Gulden und ein Drittel wird stets zum nächsten Frühstück aufgehoben. – Während ich schreibe, sehe ich, wie reizend die Drei am Strand spielen. Wir haben alle, auch Lalla, gebadet, denn es sind schöne, hohe Wellen durch den Nordwind gekommen, die sich sogar Lilly mit Vergnügen gegen den Rücken patschen ließ. Die Jungen sind so dreist geworden, daß sie allein in's Wasser laufen und sich von den Wellen umwerfen lassen. Lalla war süß, wie sie vor dem Meisje renommierte und zeigte, wie auch ihr »Wellen über Kopf« gegangen seien. –

Gestern Nachmittag war ich »los und ledig« bei Cassirer's oben, die mich für heut Abend zum Abschiedsessen der Lotte C. und Dr. Schiffer-Familie einluden. Auch die Familie Sultan wird wohl dabei sein. Alle fahren Montag Abend ab, wollen das heut und morgen bei der Réunion auf Huis der Duin feiern. Ich beteilige mich nur heut, da Fräulein morgen zum Tanz geht, d. h. mit klein Siegfried's Fräulein und deren Bräutigam nach Huis der Duin. – Wie schrecklich, daß die junge Frau Ginsberg in diesen Umständen operiert werden mußte! An eine richtige Heilung der Wunde vor der Geburt des Kindes wird kaum zu denken sein und sie wird wohl lange Zeit liegen müssen. Frau Leistikow hat mir aus Hornbäck geschrieben, sie würde in den nächsten Tagen in Berlin eintreffen. – Die Zeitung ist immer so interessant; es passiert merkwürdig viel in dieser heißen Sommerszeit oder kommt mir's nur so vor, weil es so glänzend aufgestellt ist. Bei dem Auto-Unfall vom Prinzen Heinrich mußte ich an unsere letzte 65 oder 70 Kilometer Fahrt durch den nächtlichen Wald und die Dünen denken. Es war herrlich; man vergaß darüber die Gefahr. –

Ich bete Dich an und morgen werde ich wohl immerzu an die »arme Königin« denken müssen. – –

Sag' Auguste, daß ich sie grüßen lasse und daß ich ihr sehr bald schreiben würde, was sie zu wissen wünscht. Ich küsse Dich! Deine Änne.

Die Jungen spielten bei Onkel C. Boccia.

Änne Wolff schreibt an Theodor Wolff

Noordwijk, 12. August 1911

Liebster,
auch hier hat sich nichts geändert, die Wetterberichte lauten einen Tag wie den andern und der Sturm auf dem Ocean scheint sich sehr gelegt zu haben, denn die Wellen sind nicht mehr so stark und oft wiederkehrend wie gestern. Zuerst war mir's wie eine leise Enttäuschung, als ich las, daß wir uns bis zum Wiedersehen noch 1 ½ Wochen gedulden müßten, aber bleibt das Wetter so sommerlich, ist es natürlich besser, wenn wir die Heimreise möglichst bis 13. oder 14. Sept. verschieben können. Augenblicklich ist es hier bombenvoll, aber ich glaube, Montag wird für Viele der Aufbruchstag werden. Gestern Abend bei Cassirers war's sehr nett. Es wurde vor dem Haus im Freien gegessen und nachher unterhielten wir uns bis 11 recht gut. Da fühlte natürlich Lotte C. das Bedürfnis, etwas zu »machen« und sich in den Mittelpunkt zu stellen. Es wurden also Walzer gespielt und Lotte fing an, auf alle mögliche Art zu tanzen und so die Anderen zu amüsieren. Wie mir Martin erzählte, hatte sie das neulich auch gemacht und sich zum Schluß unter Halloh die

falschen Haare vom Kopf gerissen, weil's ihr zu heiß wurde. Es war schon spät und ich konnte solchen Bacchantentanz nicht abwarten, sah nur noch im Fortgehen, wie Lotte die Herren in die Küche schickte, um alle Kessel zum drauf Pauken zu holen. –

Eliassens haben geschrieben, daß sie am 17. oder 18. kommen würden; die Mädchen treffen schon eher ein. Heut Nachmittag will ich zu Frau Prof. Casper, deren Schwägerin an der Entbindung eines 12 Pf. schweren Kindes gestorben ist. Es ist die Schwester von ihrem Mann und so ist der Professor sofort abgereist. Die Frau Prof. sieht auch ein bischen elend aus; ihre Mutter klagte mir neulich, daß sie fast alle Winter nach dem Süden oder Davos müßte und daß sie stets in Sorge um ihre Tochter wäre. – Tilla Durieux meint, Ellen Neustädter, die natürlich aus der Reinhardt-Theaterschule kommt, sei nicht ganz talentlos, würde aber eine zionistische Königin geben, denn sie wäre häßlich und das Gesicht nur Nase. Na, wie gesagt, bei der Temperatur ist doch alles egal. Hoffentlich überstehst Du die 9 Tage noch gut und wirst nicht krank von der Hitze. Wir halten es hier natürlich sehr schön aus und fühlen uns, unberufen, alle wohl.

Ich küsse Dich vieltausendmal in rechter Sehnsucht. Deine Änne.

Änne Wolff schreibt an Theodor Wolff

Noordwijk, 13. August 1911

Lieb,

Deine Briefe, die für mich die Freude des Tages sind, mußt Du doch nicht »trocken« nennen. Sie sind so lieb, so gut und zärtlich für uns und es thut mir nur immer bitter leid, daß ich Dir nichts von den Wellen und den frischen Winden, die die Hitze erträglicher machen, geben kann. Für die Kinder ist es herrlich, daß sie einen so langen Sommer haben und Du müßtest nur sehen, wie glücklich die kleinen Krabben sind. Butz und Rudi benehmen sich im Wasser wie die Großen, ich darf sie auch nicht mehr anfassen. Über Lalla staunt alle Welt und ich hoffe nur, es ist noch warm genug, wenn Du hier bist, damit Du sie mit bewundern kannst. Darauf freut sie sich schon und sagt: »Papa auch sehen« und »Wellen über Kopf«. –

Die Morgenzeitung habe ich bekommen, aber das gestrige (Freitag) Abendblatt, das immer mit dem Brief um 2 Uhr eintrifft, blieb aus. Ich habe den Postboten ersucht, sich zu erkundigen, ob es in Binnen oder hier auf dem Amt liegen geblieben ist. Leider giebt's auch heut keinen Brief, das ist hier die schlechte Seite des Sonntags. Na, diesen und nächsten muß man's eben hinnehmen, wie es ist. Dann bist Du ja wieder bei uns und das wird sehr, sehr schön sein. –

Heut weht hier ein erfrischender Nordwind, sonst wäre der Sonnenbrand schlimmer denn je. Auch wir haben hier eine Unzahl von Fliegen und Bremsen, daß man kein Essen unbedeckt stehen lassen kann. Alle Thüren und Fenster sind auf, um Durchzug zu schaffen. – Außer Paul C. sind alle anderen Bekannten schon in der Abreise begriffen. Aber leer wird es doch nicht werden, da die holländischen Ferien bis 6. Sept. dauern. – Die Kinder haben ein paar allerliebste Freundinnen, bedeutend größer als sie, die aber so nett mit ihnen am Strand spielen. Besonders Lalla wird sehr verhätschelt. –

Auf Deinen lundi bin ich wieder sehr begierig. Hoffentlich wird Dir das Dichten nicht zu schwer. Wir küssen und grüßen unseren liebsten »Pap« vieltausendmal und ich umarme Dich und wünschte, ich hätte Dich schon hier. Deine Änne.

Änne Wolff schreibt an Theodor Wolff

Noordwijk, 14. August 1911
[Direkt unter dem Datum] 15. wollte ich schon schreiben

Lieb,
hier scheinen wir aus der Tropenhitze heraus zu sein, denn es weht ein kühler Nordwind und wir haben es sehr gut. Aller Dunst ist fortgefegt und der Himmel tiefblau. Das Baden bei dem bewegten Meer war so schön, daß man sich nicht zum Herausgehen entschließen konnte. Gestern Abend war ich spät am Strand, um das Meerleuchten ganz in der Nähe zu sehen. Es war Ebbe und so konnte man weit in's Meer hineingehen. Unter jedem Schritt auf dem nassen Sand leuchtet es blauweiß auf, als träte man in Feuer hinein. Ich hatte das noch nie gesehen und es berührte mich so merkwürdig, machte einen so großen Eindruck auf mich, wie damals die durchsichtig scheinenden bläulichen Gletscherketten des Berner Oberlandes. Ich war so lange unten und hatte immer den Gedanken,

wenn Du nur erst hier wärst und dieses Wunder mit erleben könntest. Es ist etwas unermeßlich Schönes und Großes und jetzt wird es mich jeden Abend hinunter an das Meer ziehen. –

Es ist so herrlich hier und für uns alle der behaglichste Aufenthalt, den wir im Sommer gehabt. Du schreibst, »voraussichtlich« wirst Du Dienstag eintreffen. Ich hoffe sehr, daß Du Dich frei machen wirst und daß wir uns *bestimmt* auf den Dienstag freuen können. Die Fahrt nach Leiden in der Klingelbahn hat vielleicht insofern keinen rechten Sinn, als doch in Leiden nur sechs Minuten bleiben und wir alle wieder in Eile wären, um nur die Klingelbahn nicht zu versäumen. Ich meine, das Abholen in Leiden mit den drei Kleinen macht sich per Auto gut, aber ich weiß nicht, ob Du wegen einer Stunde 14 Gulden spendieren willst. Mit der Bahn müßten wir schon 8 Uhr 25 von hier fort und ich weiß nicht mal, ob ich das mit den Dreien fertig bringe. So erwarten Dich die Drei ausgeschlafen und »gefrühstückt« hier am Bahnhof, freuen sich dem geliebten Pap die Blümchen geben zu können. – Geld brauchst Du mir nicht mehr zu schicken. Das Essen bei Hollander mußt *Du* dann eben bezahlen, das ist ja gleich. Ich werde es dem jungen Hollander sagen. –

Stell' Dich doch öfter unter die Douche in *unserer* Wanne. Du brauchst nur *oben* den Hebel auf kalt zu stellen, dann kannst Du Dich morgens und abends tüchtig abdouchen. – Die Kinder sind zu goldig und sehen bildschön wie kleine Indier aus. Sie werden richtig angestaunt und sind die beste Reklame für Noordwijk.

Ich küsse Dich in aller Liebe. Deine Änne.

Änne Wolff schreibt an Theodor Wolff

Noordwijk, 15. August 1911

Liebster, Einziger,
heut weht's hier ganz gehörig von Nordwest her und das Meer ist sehr aufgewühlt. Aber die Jungen waren doch tapfer und ließen sich nicht vom Baden abhalten. Eben will es etwas regnen, doch treibt der Wind die Regenwolken auseinander. –

Lieb, ich denke nur an den nächsten Dienstag, wo ich Dich endlich wieder haben werde. Ich will Dir keine Liebesbriefe schreiben, aber dies eine Mal läßt Du Dir's doch sagen, daß ich Dich mehr als mein Leben, als alles auf der Welt liebe, daß ich Dich und die Kinder vergöttere, daß ich mich nach Dir sehne und in Dich verliebt bin, als wäre ich eben erst Dein geworden. Ich bete Dich an, Dich Einzigen, Wonnigen, Guten, der mir das Leben so ungeahnt schön und reich gemacht hat. Wie Du sagst, ist auch mein höchster Wunsch, daß unser Leben so schön, so sonnig, so voller Liebe bleiben möge. – Wir werden doch nach Leiden kommen, weil ich zu glücklich sein werde, Dich eine Stunde früher wieder zu haben. Und die Kleinen wollen auch dem geliebten Papa entgegen fahren. – Ich kann mir nicht denken, daß der sehr heftige Wetterumschlag, der sich hier über Nacht vollzogen hat, so spurlos in Deutschland vorübergehen sollte. Hoffentlich profitiert ihr auch ordentlich davon. Alles ist für Dich fertig und wartet nur, daß Du kommst. Ich werde selig sein, wenn wir Dir entgegen fahren. – Deine Kinder sind zu reizend und zärtlich.

Ich küsse Dich in Glückseligkeit über das baldige Wiedersehen. Deine Änne.

Änne Wolff schreibt an Theodor Wolff

Noordwijk, 15. August 1911

Lieb,
vorhin, als ich an Dich schrieb, konnte ich nichts anderes denken, als unsere Liebe und die große Freude des ersehnten Wiedersehens. Inzwischen kam Dein Brief in dem Du fragst, ob Du erst Dienstag oder Mittwoch fahren sollst. Nein bitte, bitte nein, komm' sobald es irgend geht, da ein Aufschieben doch keine Verlängerung des Urlaubes für Dich bedeuten würde und da wir uns doch wahrlich lange genug erholt haben.

[Eingefügt:] Lieber Pap, komm nur bald zu die Jungens, ich will Dir einen Kuß geben. Butzi.

Du siehst, Dein Herr Sohn stand hinter mir und hat nicht eher Ruhe gegeben, bis er Dir einen Kuß gegeben hat. Rudi und Lalla haben eben Kakao getrunken und werden angezogen. – Die Söhne haben auch Sehnsucht nach ihrem Pap und Lilly erzählt schon immer von Huschebahn und »Papa kommen«. – Ich habe mich gefreut, daß Du einen schönen Tag auf Schulzendorf hattest. Ist das schon wieder ein halbes Jahr her, seit wir die junge Frau Werkmeister bei Rothschild's getroffen haben? Die Zeit rennt doch unheimlich schnell. Damals war das Bébé fünf Wochen alt. – Daß Dir die alte Engländerin anvertraut hat, wie schlecht Israel's Kinder gegessen haben, ist mir ein Trost. Also unsere sind demnach nicht die einzig Schlimmen. Jetzt ist es auch viel besser geworden und manchmal geht's sogar ohne Reden. – Von Bekannten sind außer Paul C.'s nur noch Dr. Schiffer's und die Schwester von Frau Dr. Südekum hier, mit der ich mich heut Abend im Huis der Duin treffen werde.

P. C.'s haben die beiden Herrn Guttmann im Auto begleitet, sind noch nicht zurück. Ich will nachher mal sehen, ob Eliassens 2 Mädchen schon eingetroffen sind und sie eventuell zu Tilla Durieux's Helene bringen, die ihnen helfen kann. – Alle finden unsere Wohnung so hübsch und wir fühlen uns auch sehr wohl. Darum kann ich garnicht erwarten, daß Du wieder bei uns bist. – Rudi und Lalla sind jetzt unten. [Eingefügt:] Wir wollen nach Leiden zum Papa mit einer Kutsche fahren und ich will auf dem Kutscherbock sitzen. Rudi. Kuß, Lalla

Ich küsse, küsse Dich tausendmal. Deine Änne.

Änne Wolff schreibt an Theodor Wolff

Noordwijk, 16. August 1911

Du Liebster, einzig Wonniger,
ich bin schon rein verdreht vor Freude über unser Wiedersehen und wie wir es feiern werden. Mir ist, als müßte es eines werden, wie wir sie damals in Paris nach endloser Trennung erlebten und ich bin selig bei dem Gedanken daran. –

Hier schicke ich Dir wieder ein paar Bildchen von unseren Süßen. Das eine, wo sie die Bilder austuschen, wurde an einem der heißesten Vormittage aufgenommen und die Drei sitzen darauf im Schatten vor der Veranda und haben fast nichts an. Butzi tuscht die Kuh mit dem größten Eifer braun, mit blauem Halsband und grünen Ohren an. – Ich hätte gern Deiner Mutter ein paar gute Bildchen geschickt, aber in dem Brief aus Marienbad hat sie vergessen, mir die Pension zu nennen, in der sie wohnen. Schreib' Du mir's bitte, damit ich ihr danken kann. An Käthe werde ich heut noch schreiben, ihr kannst Du ja die Bilder von mir und den Kindern zeigen. Vielleicht finden Frl. Böhm's Erzeugnisse mehr Gnade in ihren, als in Marta's Augen. –

Dr. Eliassen's Bedienung (3 Personen) ist schon angerückt und räumt ein. Die Köchin, das Hausmädchen und das Portierfräulein. Morgen werden Doctor's mit Ludwig kommen. – Es hat sich bedeutend abgekühlt und man kann warme Sachen tragen. Sag' bitte Auguste, sie möchte für Lalla weiße Wollstrümpfe mit einpacken, die im Schrank in der Kinderschlafstube liegen.

Die ganze Nacht hat es gestürmt, das Meer ist sehr hoch und das Baden war interessant. – Am Strand war es sehr windig, und Fräulein ist mit den Kindern hinter den Dünen. – Ich bin froh, daß ich die kleine Strohmütze habe; daß Luft an die Haare kommt, thut ihnen sehr gut. – Die Bildchen, die Martin Cohn gemacht, hat er ja mitgenommen, ich weiß nicht mal, ob sie gut geworden sind.

In großer, großer Sehnsucht und Liebe küßt Dich Deine Änne

Änne Wolff schreibt an Theodor Wolff

Noordwijk, 17. August 1911

Liebster,

jetzt habe ich Dir noch nicht einmal gesagt, wie sehr mir Dein lundi gefallen hat. Meine Freude über das nah bevorstehende Wiedersehen ist so groß, daß ich das Gefühl habe, die letzte Woche sei mir ein Tag. Ich bin auch schon erwartungsvoll auf das, was Du vom 2. Act mitbringst und hoffe, Du wirst hier Ruhe finden, um ganz nach Lust arbeiten zu können. – Du, die kleinen Bäderfeuilletons von Auburtin sind doch recht graziös und amüsant, ich lese sie richtig mit Vergnügen. Ist es sehr ungebildet, wenn ich Dir sage, daß ich nicht recht verstanden habe, was Block mit seiner Königin Kopfab gemeint hat. Sonst war manches ganz nett in dem Lourdes-Feuillton. –

Sag' mal, strahlte Licia nicht so recht von Herzen heraus, daß nun endlich der einzige, heißersehnte Wunsch, den sie haben konnte, in Erfüllung gehen wird? Licia hat manchmal so was Unbewegliches, Ausdrucksloses, daß man garnicht weiß, was in ihr vorgeht. Na, er in seiner Harmlosigkeit wird wohl desto mehr der Freude Ausdruck geben. – Mich freut's richtig für Dich, da R. nun eine Ablenkung und als Großpapa mehr Ruhe bekommen wird. – Wir haben hier das angenehmste Wetter und gestern hat's auch mal ordentlich geregnet. Ich bin glücklich, daß wir einen so schönen Sommer hier haben konnten und alles macht mir Freude. – Liebster, nun sind nur noch Freitag, Sonnabend, Sonntag und Montag à 24 Stunden zu überstehen, dann werden wir Dich wieder haben und Du wirst, was an mir liegt, es auch gut haben.

Ich küsse Dich in dem Gedanken an bevorstehende Freuden. Deine Änne.

Bernhard Dernburg schreibt an Theodor Wolff

Rom, Hôtel, 8. Mai 1912

Sehr geehrter Herr und Freund!
Ich bedanke mich schönstens für den Bürgermeister-Artikel in der Montags Nummer.

Er ist psychologisch so fein u. hinleitend, daß ich sicher bin, Sie haben ihn selbst geschrieben.

Das mir angekündigte Rigorosum in politicis hoffe ich, ohne meine Eigenart zu verletzen, schriftlich noch zu bestehen.

Die Frankfurter sind sehr klug, daß sie sich Warmuths, dem ich trotz aller Schwierigkeiten, die er mir durch Sturheit u. Eigensinn gemacht hat, gut u. befreundet geblieben bin, zu versichern suchen.

Wenn Berlin nicht eine ähnliche Persönlichkeit aufstellen kann, bekommt W. im Herrenhause, wo die Selbstverwaltungsbürger als solche zu Worte kommen, zweifellos die Führung u. er wird – dank seinem Rang u. seiner früheren Stellung bei vielen Ministerien durch die große Thüre hineingehen u. etwas erreichen, wo die Kleinen geraume Zeit antichambriren müssen.

Wir haben vor bis ca 5/VI in Italien zu bleiben; ich weiß auch nicht, ob es weise ist u. nöthig, jetzt in Berlin etwas zu thun; sollten Sie oder Ihre Freunde aber anderer Meinung sein, so bin ich jederzeit zur Abaenderung meiner Dispositionen bereit. [...]

Wir haben hier wechselnde, aber im Ganzen genußreiche Tage; leider liegt meine Kleinste hier mit einer heftigen Halsentzündung. Doch hoffen wir auf baldige Besserung.

Meine Frau grüßt Sie u. die Ihrige herzlichst, ebenso stets Ihr, B. Dernburg

Das »Fräulein« schreibt an Änne Wolff

Berlin, [23. Mai 1912]

Sehr geehrte Frau Wolff!
Den Kindern geht es sehr gut, sie sind wohl und munter. Lilli sieht schon viel wohler aus sie is[s]t sehr viel. Das Wetter ist schön wir sind viel draußen.

Herzliche Grüße von Allen. Fräulein

[Noch hinzugefügt]
Liebe Mama und Papa bleibt recht gesund.
Kuß Rudi
Ich bin brav Butzi

Theodor Wolff schreibt an Änne Wolff

Berlin, 4. Juli [1912]

Abends
Mein vielgeliebtes Herzblatt –
Erst jetzt, wo Mitternacht schon vorüber ist, komme ich dazu, Dir zu schreiben. Du weißt ja, der »lundi«. So konnte ich auch nur einen telegraphischen Kuß schicken. Aber mitten in der lundi-Pein habe ich alle Augenblicke an euch gedacht. Natürlich habe ich mich über Deinen heute eingetroffenen Brief gefreut. Hoffentlich bleibt es so schön, obwohl man den Heringsdorfer Wirten etwas weniger friedliches Idyll wünschen möchte. Die erste Flunder Butzis und die beiden andern, die gewiß das bewundernde Gefolge bildeten. Sag' ihnen man, ich ließe ihnen schön für die Karten danken – es schadete nichts, daß Rudi »wier« und »viehle« geschrieben hat.

Dafür sind ja schließlich Ferien! Ich hatte heute vergessen, Brief und Kärtchen zu Mama mitzunehmen, schicke sie ihr aber morgen. […]

Küsse meine geliebten Neubürger – sie sollen sich austoben, aber doch folgsam sein, was feilich nicht immerzu vereinigen sein wird. Und einen schönen, innigen Kuß für Dich, mein geliebtes Herzblatt! Dein Theo

Theodor Wolff schreibt an Änne Wolff

Berlin, 9. August 1912

Mein geliebtes Herzblatt!

Wenn das Wetter nur wenigstens bei euch so sein möchte, wie es heute hier ist, dann könntet ihr doch immerhin die Seeluft genießen und die Kinder könnten, gut eingepackt, auf dem Strand spielen. Denn hier ist es heute bewölkt und kühl, aber ohne Regen. Ich fahre um 5 mit Martin Cohn und Anselmus Hartog nach Schenkendorf, zur festlichen Geburtstagsfeier. Um 10 will ich wieder auf der Redaktion sein.

Gestern Abend konnte ich [unleserlich] erst gegen 11 aus dem Hotel abholen. Wir waren erst im Prinzeß-Café und dann, da sie es durchaus wollten, im Palais de danse. Es war dort garnicht sommerlich, ganz der »Rausch des Lebens«, der nicht mehr ganz junge Helft tanzte wie ehedem, und ähnliche »Kavaliere« desgleichen. Die Damen waren zum Teil durchaus elegant, in Poirot-Kostümen und – wenigstens eine Minorität – auch schlank, und Madame B[unleserlich] erklärte immer wieder: »Mais Madame Wolff est vraiment injuste!« Dann begleitete ich die beiden noch durch das nächtliche Berlin, und sie haben mir viele Grüße für Dich aufgetragen.

Hoffentlich bekommst Du die Zeitung regelmäßig. Unsere Expedition hat es mir geschworen. Die Mädchen sorgen sehr gut für mich und alles geht ordentlich zu. Morgen wird gewiß auf dem Frühstückstisch auch ein Briefchen aus Noordwijk liegen. Darauf freue ich mich schon jetzt.

Küsse meine drei kleinen Dinger, die hoffentlich nicht zu ungezogen sind. Mit tausend Küssen. Dein Theo.

Theodor Wolff schreibt an Änne Wolff

Berlin, 10. August 1912

Mein vielgeliebtes Herzblatt!
Heute früh kam der erwartete Brief, und das war mir natürlich sehr erfreulich. Nur die schlechten Zimmer sind garnicht erfreulich. Ich hoffe, daß ist schon geändert oder wird doch baldigst geändert werden. Das Wetter scheint ja erträglich zu sein – hier ist es heute beinahe schön. Und Wellenschlag ist doch auch nicht zu verachten.

Gestern war ich in Schenkendorf, wo mir Grüße in Menge für Dich aufgetragen wurden. Es waren dort Martin Cohn, Anselm Hartog, Katrin Bachmann mit Mann, die jungen Bachmänner, Frau Marx aus Köln (die viel von Ahns sprach, welche in Köln wieder ein Terrain erworben haben, um ein neues Haus zu bauen. Später kamen auch noch Richard u. [unleserlich]. Um ½ 10 fuhren Anselm, Martin und ich in Martins Auto zurück. Ich war dann auf der Redaktion und traf dann die beiden, mit Schlesinger u. einem anderen Börsenmann, wieder im Kaiserhof. Schlesinger war sehr lustig – er hatte den Börsenmann vorher instruirt, daß er sagen solle, er kenne die Eltern von Martin Hartogs Braut genau, sie hätten 30 Millionen Dollars – diesen Witz verarbeitete dann Schlesinger den ganzen Abend über in den verschiedensten Variationen. Als wir um 1 Uhr den Kaiserhof verlassen wollten, traf ich in der Tür Gregor. Natürlich mußte ich nun noch bleiben, Schlesinger blieb auch, und es wurde 2. Gregor ist allein hier, er mußte wegen der Bauarbeiten in der Komischen Oper von München herkommen, wo er Della gelassen hat. Heute reist er nach München zurück, sie wollen dann noch ein paar Tage auf den Semmering und sind am 15. wieder in Wien. Unser Telegramm haben sie nicht bekommen – sie waren schon von Ostende fort. Ich habe natürlich nun mündlich unseren Dank gesagt.

Meine Wonne, morgen, Sonntag, werde ich vielleicht nicht zum schreiben kommen, da ich meinen lundi fabriziren muß. Diesen Brief hier aber erhältst Du ja auch erst am Montag. – Ich freue mich sehr, zu schön, daß die geliebten Kinder am ersten Tag bei Tisch so manierlich waren. Hoffentlich geht es nun auch weiter so. Küsse unsere Drei, grüße Fräulein u. Cassirers.

Ich küsse Dich von Herzen, meine Wonne. Dein Theo.

Im Autoomnibus traf ich heute Schüler; sie reisen in der nächsten Woche nach Freiburg.

Theodor Wolff schreibt an Änne Wolff

Berlin, 12. August 1912

Meine Anna!
Deine Briefchen klingen zu meiner Freude doch recht vergnügt. Noordwijk scheint wieder sehr schön zu sein und nur das Wetter macht mich ärgerlich. Immerhin, daß die Bengels schon baden konnten, ist doch etwas. Ich freue mich schon furchtbar darauf, wieder in's Wasser gehen zu können. Paul Cassirer lasse ich herzlichst für seine Intervention bei Herrn Hollander danken. Hoffentlich hast Du heute das Zimmer mit Meeresaussicht schon bezogen. Das neue Hotel sieht auf der Karte ja sehr stattlich und nicht geschmacklos aus. Aber Martin Cohn wird wohl dort nicht einziehen, denn er soll angeblich nach Wildbad, um eine Kur zu gebrauchen. Furchtbar leid tut mir natürlich Lotte Cassirer – sie ist leichtsinnig und oberflächlich, hat aber gewiß auch andere Stunden, und die Sache mit dem Jungen ist selbst dann, wenn sie nicht zu schwer verläuft, sehr traurig. Und auch dem Manne gegenüber erschwerend, der nicht ganz mit Unrecht sagen wird, man habe nicht aufgepasst. Allerdings hätte er, als der Junge krank war, wohl auch hinkommen können. [Satz unleserlich].

Gestern, Sonntag, war lundi-Schreibtag, mittags ging ich nach der Weinstube zum Austernmeier, an der Gedächtniskirche, unterwegs traf ich Paul Gidion, der aus Swinemünde zurückkam und von Mama erzählte. Das Wetter ist auch dort ziemlich mangelhaft. Morgens hatte Käthe telefonirt – sie wußte nichts von den verschieden[en] Aufenthalten der Familie und ich mußte ihr erst berichten. Wenn Du Zeit findest, schreibe ihr mal. Abends sollte ich mit Bourdons, die heute abgereist sind, im Bristol diniren, sagte des lundi wegen aber ab und aß, zwischen der Redaktionsarbeit, bei Becker.

Dies ist der hiesige Lebenslauf. Dazwischen stelle ich mir vor, wie es in Noordwijk aussieht und wie ihr so lebt. In ungefähr einer Woche hoffe ich mich persönlich dann zu überzeugen. Auf Deinem

Bett in unserem Schlafzimmer liegen zwei vergessene Knaben-
höschen, die ich dann mitbringen werde. Ich küsse die beiden Besitzer, Dich und Lotte. Dein Theo.

Theodor Wolff schreibt an Änne Wolff

Berlin, Postkarte, 13. August 1912

Mein gel. Lblg! Heute ist's hier etwas wärmer, wenn auch trübe,
und ich hoffe, ihr könnt baden und am Strand sein. Gestern war's
hundekalt und ich dachte immer, Mama würde verlauten lassen,
daß sie nach Hause komme. Sei nur recht vorsichtig mit den
Kindern und lasse auch die Jungen nur baden, wenn's nicht zu kalt
ist. Daß mein Butz sich den Magen verdorben hatte, war ja gewiß
nicht schlimm, aber ein Malheur kommt so leicht angeflogen. Lotte
Cassirer hat heute Cohn telefonirt – dem Jungen geht es garnicht
gut und Fraenkel will sich noch nicht äußern. – Gestern Abend war
ich bei Eisermann, Ullstein war auch dort, sie lassen Dich herzlich
grüßen. Nachher gingen die beiden zu Siechen, ich zur Redaktion. –
Die warmen Herbstmäntel werde ich natürlich mitbringen. Sollte
Dir noch sonst etwas einfallen, was ich besorgen soll, so schreibe es
schleunigst, denn ich hoffe sehr, spätestens Montag reisen zu können.
   Mit tausend Küssen für Dich und die Kinder u. Gruß für [unle-
serlich] Dein Theo.

Theodor Wolff schreibt an Änne Wolff

Berlin, Postkarte, 14. August 1912

M. gel. [Hzbl.]! Heute früh hatte ich wider alle Gewohnheit kein
Briefchen und kein Kärtchen, und da mir eben Grete auf meine
telephonische Frage sagt, daß der Briefträger auch mittags nichts
gebracht, habe ich telegraphirt. Ich hoffe ja, es [ist] nur eine Ver-
spätung ohne wichtige Ursache, aber bei dem kühlen Wetter denke
ich doch immer daran, ob die Kinder nicht beim baden sich was
holen u.s.w. (besonders nachdem Butz sich schon den Magen ver-

dorben hatte) und in jedem Falle möchte ich doch bis zum Abend nicht ohne Nachricht sein. – Rudolf kommt Sonnabend Abend, ich sehe ihn natürlich dann erst Montag und werde Montag Abend – falls nichts dazwischen kommt – fahren. Mama schrieb mir, daß ich ihr Deine Adresse senden solle, was ich gestern getan habe. Es scheint ihr unberufen gut zu gehen, sie war sogar im Freilichttheater u. hat dort »Carmen« gesehen. – Ich warte nun mit einiger Ungeduld auf die Depesche, die ich hoffentlich nach der Heimkehr von Kunzer bald bekommen werde. Küsse meinen Butz, meinen Schwarzen und meine kleine Helle.

Die schönsten Küsse an Dich Theo

Theodor Wolff schreibt an Änne Wolff

Berlin, 16. August 1912

Freitag
Mein vielgeliebtes Herzblatt,
Heute habe ich wieder keinen Brief, auch jetzt, Nachmittags, noch nicht, und ich hoffe nur, daß ein besonderer Anlaß dafür nicht vorliegt. Es ist hier heute geradezu scheußliches Wetter. Für hier ist's mir egal, aber meine Gedanken sind in Noordwijk. Wenn's da auch so gießt!

Denke Dir, wie furchtbar, unser Masseur ist gestorben. Gestern bekam ich eine gedruckte Todesanzeige: 41 Jahre alt, nach kurzem Leiden. Wahrscheinlich eine Lungenentzündung oder dergl. Mir war aber schon in der letzten Zeit, als er zu uns kam, aufgefallen, daß er trotz seiner scheinbar kräftigen Konstitution schlecht und verändert aussah. Ich habe der Frau ein paar Zeilen geschrieben. Die Sache ist mir wirklich nahe gegangen, es war ein anständiger, fleißiger und netter Mann.

Gestern aß ich bei Fritz, sehr gut, sie reisen Anfang September nach Italien. Natürlich lassen sie dich vielmals grüßen, ebenso Frau [unleserlich] und Ruth, bei denen ich dann noch war und die morgen nach der Tatra reisen. Ruth ist *noch* dicker geworden. Eben bei Hupke [?] waren u.a. Bernhard, Kastan, Jacobi, Max, Max Litthauer, Martin, Schlesinger, Hamburger, Katzenstein (der Freund des Kaisers) – das Zimmer war so voll, daß keiner mehr rein konnte.

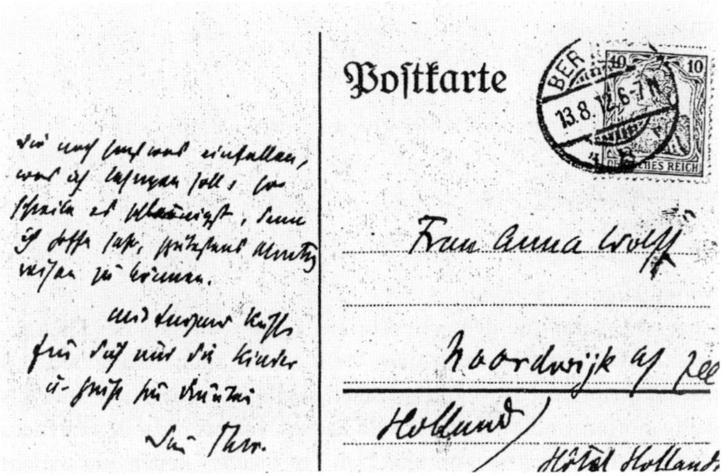

Abb. 27: Eine der Postkarten von Theodor Wolff an Änne.

Hinterher wollte ich mir noch einen Badeanzug kaufen, hatte aber bei diesem Regenwetter das Gefühl, daß man mich im Laden ironisch ansehen werde und vertagte es auf morgen. Grete, die sehr ordentlich das Haus besorgt – ebenso wie die andern – und am Rest des Tages, soviel ich sehe, meist zu häkeln scheint, wird jetzt diesen Brief zur Post bringen. Morgen schreibe ich den letzten Brief, die nächsten Küsse bringe ich euch dann mündlich.

Für heute mit tausend schriftlichen für Dich und die Drei. Dein Theo.

Theodor Wolff schreibt an Änne Wolff

Berlin, 17. August 1912
Sonnabend

Mein geliebtes Herzblatt!
Dies ist für diesmal der Schlußbrief. Heute früh kam der Deinige, der mit den Novemberstürmen. Mein armes, kleines Lallakind, das nur manchmal die Nase rausstrecken darf! Na, man muß immer das Beste hoffen und sich in Geduld fassen. Ich werde mir trotzdem jetzt einen Badeanzug kaufen. Daß Du Deinen neuen noch nicht eingeweiht, finde ich nicht recht. Warum sollst Du nicht auch elegant aussehen, wenn ich nicht da bin? Ich freue mich doch, wenn die Leute sagen: »Theodor Wolff hat eine hübsche Frau!« Namentlich [?], da sie doch auch hinzusetzen müssen: und eine, die brav ist!

Gestern Abend bei Litthauers gab es Fisch […] Der alten Frau [Therese] Litthauer geht es immer Vormittags sehr schlecht u. Abends besser. – Sie ist aber sehr in Verfall. Immerhin saß sie mit bei Tisch und unterhielt sich. Alle haben nach Dir gefragt und lassen Dich grüßen.

Mein Herz, komm' mit den Kindern am Dienstag nur nach Leiden, wenn es ohne jede Ueberhastung geht. Sonst, wenn ich euch nicht finde, komme ich eben allein nach Noordwijk.

Jetzt muß ich zu Hupke [?], dann das Badekostüm kaufen, dann zu Käthe. Morgen ist noch einmal Lunditag.

Auf Wiedersehen, mit schönsten Küssen für Dich und die Kinder. Dein Theo

Änne Wolff schreibt an Theodor Wolff

Heringsdorf, Donnerstag (22. Mai 1913)

Also, mein goldiger, liebster Theo, Du siehst, daß ich von der Erlaubnis Gebrauch gemacht und hier geblieben bin. Deine Mutter hatte ja heimlich depeschiert, ich hatte keine Ahnung und wollte gestern gerade nach dem Bahnhof, den Zug zu erfragen, als Deine Depesche kam. Zwei Seebäder habe ich schon hinter mir, das dritte will ich morgen früh vor der Abreise nehmen. Unser Dickchen ist nun wirklich beinahe das schönste Kind am Strand, entzückend braun, frech verzogen und von unverwüstlich guter Laune. Na, die Tante Marta ist ganz wild mit ihm und hat schon gleich drauf los photographiert. Die Mutter ist nach wie vor glücklich mit Butzi und hat ordentlich Angst vor meinem nächsten Erscheinen, wo ich ihr den Dick wieder entführen muß.

Gottlob geht's auch meinem treulos verlassenen Kleinchen gut und ich habe mich sehr mit Deinem Brief gefreut. Wir sind fortwährend am Strand und gestern Nachmittag sind Marta und ich nach Bansin gewandert. Sonnabend Nachmittag wirst Du ja herfahren, über Sonntag bis Montag Abend hierbleiben. Hoffentlich triffst Du's mit dem Wetter wie ich. Weil ich mich auf Regen hin gekleidet, bleibt's glücklicherweise gut und warm. Das Tageblatt lesen wir jeden Tag. Mein goldiger Theo, ich küsse Dich vieltausendmal, danke Dir für den Brief und freue mich auf das Wiedersehen morgen Nachmittag.

Deine Mutter und Marta lassen sehr herzlich grüßen. Butzi freut sich riesig auf den wonnigen Tag. Deine Änne

Theodor Wolff schreibt an Änne Wolff

Berlin, Postkarte, 24. Juli 1913

Mein vielgel. Herz! Ich lese eben mit Wut und Schrecken in der Wetterankündigung für morgen, daß es »in Süddeutschland weitere Regenfälle« geben soll. Und hier ist das prächtigste Wetter, ein wolkenloser Himmel. Gestern u. vorgestern soll es freilich auch hier geregnet haben. – In München im Schlafwagen – wo ich vergeblich einen Platz suchte – traf ich Vollmöller, der dort gleichfalls suchend umherirrte; wir fuhren dann I. Klasse, beide in einem Coupé allein, u. haben sehr gut geschlafen. Im Zuge waren auch die Eysoldt u. Herr v. Unruh, die ich aber nicht gesehen habe. Zu Hause bei uns sieht es sehr hübsch u. gemütlich aus, Auguste u. Frieda empfingen mich natürlich. Die Unterwohner sind schon ausgezogen. Rudolf Mosses reisen morgen Abend. Schlesinger ist in Hamburg, da er Zucker hat. Ich werde jetzt mit Martin Cohn allein bei Hupke [?] speisen. Dann gehe ich zu Mama.

1000 Küsse Dein Theo

Theodor Wolff schreibt an Änne Wolff

Berlin, 25. Juli 1913

M. gel. Liebling!
Heute Morgen auf dem Frühstückstisch ein Briefchen u. eine Karte von Dir, für die [ich] Dir einen schönen Kuß sende. Darauf, daß sie von Regen triefen würden, müßte ich ja sch[on?] vorbereitet sein. Ich habe heute eine telegraph. Umfrage zu den Bergländern veranstaltet – über die Wetterlage – Du wirst sie im heutigen Abendblatt finden. In einigen Telegrammen steht, daß heute der Regen vorläufig aufgehört hat. Leider steht in dem Münchener Telegramm, d. Bahndamm Sonthofen – Immenstadt sei vom Wasser umspült. Ich hoffe aber, das liest sich schlimmer als es ist; als ich reiste, stand das Wasser noch immerhin ein ganzes Endchen vom Bahndamm. Jedenfalls fahre am Reisetag, wie Du's vorhattest, mit einem früheren Zug. Käthe schrieb mir eine sehr vergnügte Karte aus Klausen. Trotzdem muß auch sie viel Regen erlitten haben – wenn auch nicht *so* viel wie die Oberstdorfer. Als ich von Immenstadt, in dem Münchener Zuge, abfuhr, kam grade der Berliner Zug mit neuen Gästen für Oberstdorf an. In dem Coupé bei mir nebenan lehnte sich ein pöbelhafter Mensch aus dem Fenster und rief den Neuankömmlingen zu: »Nach Oberstdorf? Viel Vergnügen! Da werden Sie wohl auch die Naase bald voll kriegen!«

Gestern, nachdem ich mit Martin Cohn allein bei [unleserlich] gegessen hatte, war ich bis 7 bei Mama, und ich mußte natürlich erzählen. Man fand mich sehr braun u. schlank, und ich habe zu meiner Freude tatsächlich 5 Pfund (mindestens) abgenommen. Also schon etwas! Mama fand es sehr richtig u. vernünftig, daß Du nicht noch nach Heringsdorf gereist bist. Natürlich mußte ich alles haarklein berichten – Nebelhorn, Schuhplattler u. die anderen Erlebnisse der Kinder. Davon daß Rudi gesagt hat: »Nun aber Schluß die Berge!« waren sie entzückt – sie schrieben es gleich an Fritz. Else Litthauer erschien auch noch – alle lassen Dich vielmals grüßen. Else erzählte, daß Dora Mosse aus San Martino ganz melancholisch über das Wetter schreibe.

Heute reisen Rudolf Mosses. Ich esse heute bei Martin Cohn. Morgen bei Else u. Max Litthauer, Sonntag bei Mama. Abends habe ich gestern zu Hause gegessen, ehe ich in die Redaktion ging: Rührei, se[hr] gut. Frieda habe ich 20 Mk gegeben. Die einzige Veränderung in Berlin – das im Westen noch sehr still und verwaist aussieht – ist, daß unser Postamt vom Lützow Ufer nach der Genthiner Str. verzogen ist. Grüße Frau Prof. Borchardt [Wort unleserlich], Hr. u. Fr. Fuchs etc. u. sage Frau Borchardt, ich wolle heute oder morgen mit ihrem Mann telephoniren. Hoffentlich sind meine geliebten Kinder wenigstens einigermaßen artig. Und vor allem wünsche ich, daß die Wetterpropheten Recht haben, die heute wenigstens einige Besserung für Bayern verheißen.

Mit tausend Küssen Dein Theo

Theodor Wolff schreibt an Änne Wolff

Allgäu, Oberstdorf, Rubihaus
Berlin, Postkarte, 29. Juli 1913

Mein gel. Hzbl. Dein Tagesmarsch ist hoffentlich sehr schön gewesen. Ich habe mich gefreut, als ich las, daß Du Dich dazu entschlossen hättest. Bei dem Kirchgang sprichst Du nur von Ruths und Lottes Erbauung – hat unser Großer sich ungebührlich und unfromm benommen? – Ich stecke sehr in der Arbeit – es [türmt?] sich! Gestern Abend bei Heines auf dem Dach war es überwiegend nett. Dieser Dachgarten ist wirklich sehenswert – so groß, wie ein richtiger Garten, mit vielen Blumen, einer wunderschönen Laube, netten Winkeln mit Korbstühlen u. andern Gartenmöbeln. An einer Stelle war eine lange Tafel gedeckt. […]

Ich konnte nur bis ½ 11 bleiben u. mußte dann zur Redaktion. […] Mit 1000 Küssen für Dich u. d. Kinder Dein Theo

Theodor Wolff schreibt an Änne Wolff

Allgäu, Oberstdorf, Rubihaus
Berlin, Postkarte, 30. Juli 1913

M. gel. Herzblatt, das ist der letzte Gruß, den ich Dir u. den Kindern
sende – den nächsten Kuß erhaltet ihr auf dem Anhalter Bahnhof.
Doch ich muß diese Karte eiligst schreiben, damit sie noch mitgeht.
Sehr habe ich mich gefreut, zu lesen, wie schön die Exkursion verlaufen ist. Gestern Abend war ich mit Prof. Borchardt im Weihenstephan – es hat mich sehr gefreut, einmal in Ruhe mit ihm
plaudern zu können. Er hat bei Friedmann St[?] Thalheim kennen
gelernt und findet ihn sehr sympathisch. Vom Weihenstephan
mußte ich zur Redaktion u. um 12 erschienen dort Martin Cohn
und Kleefeld u. wir gingen zusammen in ein Café. Fest steht Martin
hinter mir u. drängt mich, damit ich mit ihm zu Hupke [?] gehe; er
hat schon Hunger. Das Wetter ist schön u. nicht zu heiß, hoffentlich
zieht ihr nicht bei zu großer Hitze ein!
    1000 Küsse, auf Wiedersehen! Dein Theo

Theodor Wolff notiert

Berlin, 3. August 1913

Abends.
Ich komme von meiner geliebten Mutter, mit mehr Angst im
Herzen als in all' diesen Tagen. Heute Vormittag war sie sehr
schwach. Aenne war bei ihr mit Lilli, und sie hat Lilli ein kleines
Bild geschenkt, aus einer Illustrirten Zeitung, das sie aufbewahrt
hatte und das Lilli über ihr Bett hängen sollte. Sie hat zu Aenne
gesagt: »Wenn diese letzten Jahre so schön waren, so danke ich das
vor allem Dir. Du hast mir diese geliebten drei Kinder geschenkt.«
Vor drei Tagen, in der Nacht, als sie einen solchen Schwächeanfall
hatte, daß der Doktor geholt werden mußte, sagte sie, wie Käthe mir
erzählt, immer wieder: »Die drei Kinder, die drei Kinder!« Jetzt
Nachmittags fand ich sie auf dem Sopha im Schlafzimmer. Sie war
matter als an anderen Tagen, wo sie Vormittags sich schlecht gefühlt
hatte. Als ich ihr gut zuredete und ihr sagte, sie brauche nur Ruhe,

und nun, wo endlich eine Pflegerin kommen werde – die sie gestern noch entschieden abgelehnt und heute selbst gewünscht hatte – werde alles besser geregelt werden, hat sie mich so ernst und ohne das weiche Lächeln, das sonst ihr liebes gutes Gesicht übersonnt, an, und erwiderte: »Du hältst mich doch nicht für so dumm, daß ich nicht wissen sollte, was mit mir ist.« Ich erzählte ihr von den Kindern, und wie Rudi soeben, als er mit Butzi Maurer spielte, in dem Kasperletheater, in das er hineinkrochen war, um es »anzustreichen«, vom Tisch gefallen war und dann auf den Schreck ein Schlückchen Rotwein bekommen hatte, und nun lächelte sie ein bischen, und sagte dann, wie schon neulich, und wie sie es auch zu den andern sagt: »Ich möchte die Kinder doch nun gern noch weiter sehen, jetzt wo sie sich so entwickeln und jeden Tag anders sind. Ali habe ich doch gewiß auch lieb, aber sie ist nun schon ein großer Mensch – aber die drei Kinder möchte ich doch noch ein Weilchen heranwachsen sehen. Darum muß ich doch eigentlich auch noch hierbleiben.« Dann sprach sie davon, wie reizend Rudi gewesen sei, als er gestern bei ihr war und ihr erzählte, wie wir von einem Café in der Friedrichstraße aus den Kaiser und die Rückkehr von der Parade gesehen. »Er hat mit seinem breiten, behaglichen Gesicht gesagt: da hat Papa drei Stühle geholt, nein vier, fünf, nein sechs Stühle.«

Nachher saß sie auf dem Balkon, mit Käthe, Martha und mir. Ich fand, daß sie den Kopf so zurücklehnte, wie jemand, dem der Athem mangelt, aber sie sagte, sie fühle sich jetzt ganz wohl, und viel besser als am Vormittag. Sie erzählte sogar einen jüdischen Witz, den Fritz ihr erzählt hatte. Ich mußte den beiden andern noch einmal die Geschichte von Rudi's Sturz vortragen. Sonst hätte sie herzlich darüber gelacht, jetzt lächelte sie nur. Als ich ging und sie küßte, sagte sie: »Adieu, mein Goldiger. Ich habe es eben zu gut auf der Erde, darum will ich noch nicht abschieben.« Thränen traten in ihre Augen – ich hätte sie so umschlingen mögen! Dann sagte sie noch: »Also schick' mir morgen meinen Sonnenjungen!«

Vor vierzehn Tagen, als die erste Attacke so glücklich überwunden schien und sie uns so froh lächelnd sagte: »Na, eure Alte Mutter ist noch einmal zusammengeflickt!« hatte sie mir, auf dem Sopha neben mir sitzend, auch gesagt: »Es muß ja doch mal Abend werden. Der Tag war schön durch euch!«

Angela Reinthal

»Schreib das auf, Wolff!«

Theodor Wolffs »Tagebuch meines Sohnes« und einige Bemerkungen zur Tradition des Elterntagebuches

I. Einführung[1]

Der Wunsch und das »Bedürfniss, mich mit dir zu unterhalten« (Vater-Tagebuch, 16.6.1906) veranlassen Theodor Wolff (1868-1943), 1906 bis 1933 Chefredakteur des *Berliner Tageblatts,* an sein erstgeborenes Kind Richard wenige Tage nach dessen Geburt einen langen Brief in Gestalt eines Vater-Tagebuches zu beginnen, den er erst sieben Jahre später abbricht – der letzte Eintrag ist vom August 1913 (ebd., 1.8.1913). In dieser Zeit sind zwei weitere Geschwister, Rudolf und Lilly, hinzugekommen, und bedingt durch den Ersten Weltkrieg musste der an sich schon vielbeschäftigte politische Journalist seine Aufmerksamkeit vollständig dem Weltgeschehen widmen. Im Folgenden soll die Tradition, in der das Wolff'sche Tagebuch steht, skizziert werden. Ein Fazit lässt sich hier schon ziehen: Das »Tagebuch meines Sohnes« berichtet wie alle Elterntagebücher vom Aufwachsen des Kindes bzw. der Kinder mit allen dazugehörenden Ereignissen und Erlebnissen, ist aber bei weitem nicht so »buchhalterisch« angelegt wie manche andere. Die auch durch die großen Pausen bedingte Distanz sowie Wolffs journalistische Sprachbegabung erlauben die Entstehung eines Textes, der sich einerseits durch einen fesselnden, oft ironischen und auch poetisch anspruchsvollen Stil auszeichnet, der sich von anderen Elterntagebüchern abhebt, sich aber andererseits durch die Beobachtung der Kindesentwicklung und vor allem durch die in allen Zeilen durchschimmernde und auch offen formulierte liebevolle Zuneigung in die Tradition einbettet.

---

1 Eine ausführliche Version dieses Beitrags wird im *Jahrbuch für internationale Germanistik* erscheinen.

Angela Reinthal

II. Die Gattung des Tagebuchs

Das »Interesse an Tagebüchern, Autobiographien und Essays ist seit
langem unübersehbar« und kann als Reaktion auf den »Tod des
Autors«, als »Wiederkehr eines Verlangens nach gesicherten ›Fak-
ten‹« oder als besondere Faszination durch »unmittelbare Präsenz
und Authentizität« interpretiert werden,[2] vielleicht auch als Zunahme des menschlichen Voyeurismus. Heute, in einer Zeit der
permanenten Selbstdarstellung, in der jede Lebensäußerung in sozialen Netzwerken »gepostet« werden muss, kann davon ausgegan-
gen werden, dass das Interesse sogar noch zunimmt. Je mehr man
sich mit dem Phänomen »Tagebuch« beschäftigt, desto deutlicher
wird, dass es wohl ebenso viele Typen von Tagebüchern gibt, wie es
Tagebuchschreiber gibt. Vom handgeschriebenen »journal intime«
über die Kladde pubertierender Jugendlicher, vom vorgedruckten
Kalender, der mit eigenen Notizen aufgefüllt wird, bis zum Internet-
blog ist alles dabei, was man sich vorstellen kann. Ob das Tagebuch
wirklich nur »intim« beziehungsweise halböffentlich oder komplett
öffentlich ist, in Geheimschrift verfasst, welcher Anlass das Tage-
buchschreiben verursacht hat – eine Reise, eine Geburt, eine
Krankheit, eine psychologische Krise –, wie lange es geführt wurde
und von wie vielen Schreibern: alles ist möglich. Das Phänomen
Tagebuch beschränkt sich auch nicht auf Deutschland oder Europa.
Als einziges Unterscheidungskriterium gegenüber fiktionalen
Texten erweist sich die Tatsache, dass ein Tagebuch immer auf ein
offenes Ende hin geschrieben wird, also nicht einem durchdachten
Erzählstrang unterworfen oder von einem späteren Verständnis her
konstruiert werden kann. In – möglicherweise täglichen – Niederschriften wird immer die gegenwärtige Situation fixiert, und zwar
gefiltert einerseits durch den Tagebuchanlass, andererseits durch
den Schreiber bzw. die Schreiberin. Wie sich später noch zeigen
wird, ist das »offene Ende« verwandt mit Zeitungsartikeln, in denen
auch die gegenwärtige Situation dargestellt wird und in denen die
weitere Entwicklung nicht vorausgesehen werden kann. Das Elterntagebuch bewegt sich oft zwischen Tagebuch und Brief, wie der
Anfang des Tagebuchs von Theodor Wolff zeigt: »Mein lieber Sohn!«

2   Renate Hof: Einleitung: Gender und Genre als Ordnungsmuster und Wahrneh-
    mungsmodelle. In: Renate Hof, Susanne Rohr (Hg.): Inszenierte Erfahrung. Gender
    und Genre in Tagebuch, Autobiographie und Essay. Tübingen 2008, S. 7-24 (7).

Im Deutschen Tagebucharchiv (DTA) in Emmendingen befindet sich ein »Elterntagebuch« (DTA, Reg. 746 F., Lotte), das aus 105 Briefen an zwei Söhne besteht, geschrieben in den Jahren 1964 bis 1984.

Der historische Ursprung dessen, was wir als Tagebuch bezeichnen, dürfte in der Renaissance liegen, in der der Mensch erstmals als Individuum gesehen wurde. So können sich neue Formen wie das Tagebuch, das immer auf einem »sich selbst Gegenübertreten« basiert, entwickeln. Die Aufklärung tat ihr Übriges, da sie »in der Säkularisierung der kopernikanischen Wende, die erst in der Mitte des 18. Jahrhunderts das allgemeine Bewusstsein erfasst und die Emanzipation des Ichs bis zur vollkommenen Loslösung aus einem religiös verankerten Weltbild weitergeführt hat«, den Grund legte für die »fortschreitende [...] Entdeckung des Menschen«.[3] Äußere Voraussetzung war »die ständige Zunahme des Schreibunterrichts in bürgerlichen Kreisen«, dazu kam zu Beginn des 18. Jahrhunderts die »Tendenz zum Subjektivismus« in bestimmten religiösen Strömungen wie dem Pietismus.

Das 19. Jahrhundert, das mit dem »Wahrheitsanspruch der Naturwissenschaften wieder ein gesichertes Weltbild impliziert und demzufolge ein optimistischeres Lebensgefühl verbreitet hat« – der Einfluss der Naturwissenschaften sowie die beginnende Entwicklung von Pädagogik und Psychologie haben auf die Gestaltung gerade des Elterntagebuchs eine bedeutende Rolle gespielt –, etablierte zum einen das emanzipierte Ich und, damit zusammenhängend, die »Gattungsarten der nicht-fiktionalen Kunstprosa«. Dagegen »hat die Krise der Moderne im 20. Jahrhundert, ausgelöst durch die Relativierung der naturwissenschaftlichen Erkenntnismöglichkeiten und die damit parallel laufende politische, ökonomische und geistige Krise, die Emanzipation des Ichs bis zu dessen Fragmentierung getrieben.«[4] Oder, anders formuliert: »Das Tagebuch könnte das prädestinierte Medium zur Weitergabe von Sachverhalten und Bewußtseinsinhalten spezifisch ›moderner‹ Prägung sein.«[5]

---

3 Klaus Weissenberger: Einleitung, in: Prosakunst ohne Erzählen. Die Gattungen der nicht-fiktionalen Kunstprosa. Hg. von Klaus Weissenberger. Tübingen 1985, S. 1-6 (4 f.).

4 Drei Zitate: Weissenberger, Einleitung (Anm. 3), S. 5.

5 Claus Vogelgesang: Das Tagebuch, in: Prosakunst ohne Erzählen (Anm. 3), S. 187.

Angela Reinthal

III. Das Elterntagebuch

Wer Tagebuch schreibt, möchte dem Flugsand der Zeit etwas Greifbares abgewinnen. Und mehr noch: ein Tagebuch führt, wer sich dereinst erinnern will. Eintragungen ins Tagebuch schaffen Anhaltspunkte für ein künftiges Sich-Erinnern.[6]

Und es gibt wohl kaum ein einprägsameres Erlebnis als die Geburt eines Kindes, gepaart mit der Empfindung der zu schnell voranschreitenden Zeit und der gefühlt allzu rasch fortschreitenden Entwicklung des Nachwuchses. Um die Erinnerung an diese Erlebnisse und Empfindungen zu bewahren, entstand das – in unterschiedlichen Ausführungen vorliegende – Elterntagebuch. Nicht selbstverständlich ist, dass ein Elterntagebuch von der Mutter verfasst wird, ja der Beginn im 18. Jahrhundert richtete sich nur an Väter. Der Schriftsteller, Pädagoge, Sprachforscher und Verleger Joachim Heinrich Campe (1746-1818) publizierte 1785 eine Preisfrage,[7] die »im Kontext der Genese von Pädagogik (und Psychologie) als eigene[...] Disziplinen der Spätaufklärung« zu sehen ist.[8] Ergebnis dieser Unternehmung sollte »ein gemeinsames Werk mit dem Titel ›Abriß der allgemeinen Revision des gesammten Schul- und Erziehungswesens‹« werden. Dabei sprach Campe gezielt »beobachtende und einsichtsvolle Väter« an, Journale über ihre Kinder anzulegen. Diesem Aufruf folgte unter anderem der im Württembergischen tätige Schulmann und Pfarrer Friedrich Wilhelm Jonathan Dillenius (1754-1815), der die Entwicklung seines dritten Kindes Friederike, geboren am 30. Januar 1786, dokumentierte. Die liebevollen Eintragungen faszinieren auch, weil sich in ihnen der Übergang von einer volkstümlichen in eine naturwissenschaftliche Sphäre zeigt. Zu den weiteren Autoren von Vätertagebüchern des späten 18. Jahrhunderts gehören der Philosophieprofessor und Gräzist Dietrich

---

6 Rüdiger Görner: Das Tagebuch. Eine Einführung. München und Zürich 1986, S. 12.

7 Joachim Heinrich Campe: Vorrede, welche zugleich den Plan des Werks enthält, in: ders. (Hg.): Allgemeine Revision des gesammten Schul- und Erziehungswesens von einer Gesellschaft praktischer Erzieher. Hamburg 1785. Erster Theil, S. III–LVI.

8 Vgl. Pia Schmid: Väter und Forscher. Zu Selbstdarstellungen bürgerlicher Männer um 1800 im Medium empirischer Kinderbeobachtungen, in: Feministische Studien 18 (2000), Nr. 2, S. 35-48 (35 f.). Die folgenden beiden Zitate siehe ebd., S. 41, bzw. S. 38-44.

Tiedemann (1748-1803), der preußische Major Moritz Adolph von Winterfeld (1744-1819), der Gymnasialdirektor in Nordhausen und Weimar Christian Ludwig Lenz (1760-1833) sowie der Pfarrer und Superintendent im Württembergischen Immanuel Daniel Mauchart (1764-1826). Auch der Schweizer Pfarrer, Philosoph und Schriftsteller Johann Caspar Lavater (1741-1801) verfasste Tagebücher für seinen in Göttingen studierenden Sohn Heinrich. Doch die in der Forschung immer wieder begegnende Vorstellung, dass die Eltern sich mit dem Tagebuch »selbst ein Monument« schufen, indem sie sich »in die Erinnerung ihrer Kinder« einschrieben als »Option auf Unsterblichkeit«,[9] hat beispielsweise bei den drei Kindern von Theodor Wolff nicht stattgefunden, da sich diese offenbar nicht mehr an die Existenz dieses Tagebuchs erinnerten, es vielleicht gar nicht kannten, es jedenfalls nie erwähnten.[10]

IV. Die Generation Theodor Wolffs bis heute

Das Genre des Elterntagebuches verändert sich vom 18. Jahrhundert bis heute in einer Hinsicht nicht: Es bleibt vor allem eine Praktik des Bürgertums: »Wir haben es mit Müttern und Vätern mit einer hohen Bildungskompetenz und mit ausreichenden materiellen und zeitlichen Ressourcen zu tun, um sich derart intensiv mit der Entwicklung ihrer Kinder auseinandersetzen zu können.« Die »Verwissenschaftlichung und Pädagogisierung der frühen Kindheit um 1830/50« tragen dazu ebenso bei wie eine »naturwissenschaftlich-psychologische Revolution der Wissenskultur um 1880/1900«.[11]

Eine wichtige Rolle um 1900 nahmen offenbar die zunehmend selbstbewussten Kinderärzte ein, beispielsweise die Überlegungen von Adalbert Czerny (1863-1941), Begründer der Pädiatrieschule an der Berliner Charité und der modernen Kinderheilkunde, der mit

9   Miriam Gebhardt: Die Angst vor dem kindlichen Tyrannen. Eine Geschichte der Erziehung im 20. Jahrhundert. München 2009, S. 32.
10   Mündliche Mitteilung von Bernd Sösemann.
11   Drei Zitate: Gebhardt, Tyrannen (Anm. 9), S. 26, 24. Sie zitiert im zweiten Teil des letzten Zitats Andreas Schulz: Der ›Gang der Natur‹ und die ›Perfektibilität‹ des Menschen. Wissensgrundlagen und Vorstellungen von Kindheit seit der Aufklärung. In: Lothar Gall, Andreas Schulz (Hg.): Wissenskommunikation im 19. Jahrhundert (Nassauer Gespräche der Freiherr-von-Stein-Gesellschaft, Bd. 6). Stuttgart 2003, S. 15-39 (18 f.).

seinen Vorlesungen über »Der Arzt als Erzieher des Kindes« »offenbar die Vorstellungen der Kinderärzte und Ratgeberautoren für mehr als ein halbes Jahrhundert geprägt«[12] hat. Und so traten neben *Unser Kind* Elterntagebuchvorlagen der österreichischen Hebamme Irene Moro-Drasch mit dem Titel *Babys Tagebuch. Merkblätter und die Grundzüge der Säuglingspflege*, zuerst aus dem Jahr 1917 und bis 1941 erschienen (unter dem Titel *Unseres Kleinsten Tagebuch*), die die elterliche Autonomie durch strikte Vorgaben für die Augen des Kinderarztes ersetzten. Daran schlossen sich die Entwicklungspsychologin Hildegard Hetzer (1899-1991) und die Lungenfachärztin Johanna Haarer (1900-1988) an, die mit ihren Publikationen und Vorlagen für Elterntagebüchern die Gleichschaltung der deutschen Kindererziehung vollzogen, das Tagebuch wurde zum »Kontrollinstrument«, und zwar von Eltern und Kindern gleichermaßen. Auch nach 1945 knüpfte man an die Vorstellungen der NS-Zeit zunächst an, Erziehungsziel war nach wie vor eine »generalstabsmäßige Säuglingspflege«. Erst die deutsche Taschenbuchausgabe des amerikanischen Säuglingsratgebers des Kinderarztes und Psychiaters Benjamin Spock (1903-1998), *Säuglings- und Kinderpflege*, 1946 erstmals erschienen, sorgte allmählich für ein Umdenken. Das Buch verkaufte sich über 50 Millionen Mal und zeichnete sich dadurch aus, dass es »Verständnis für das Kind« hatte sowie deutlich machte, dass »Ratschläge [...] keine Vorschriften« sind. Die »Kompetenzhoheit der Eltern«[13] kehrte zurück.

Was allerdings in der zweiten Hälfte des 20. Jahrhunderts noch überwiegend schriftlich niedergelegt wurde, verteilt sich inzwischen sekundenschnell weltweit in sozialen Netzwerken und füttert das Mitteilungsbedürfnis des modernen Menschen. Angesichts der Tatsache, dass das Internet angeblich nichts vergisst, werden sich vielleicht manche Kinder als erwachsene Menschen in ihrer Persönlichkeitsentfaltung beeinträchtigt sehen, wenn ihre Eltern ohne Rücksicht auf die Privatsphäre des Nachwuchses das Netz mit Babybildern fluten.[14]

---

12 Gebhardt, Tyrannen (Anm. 9), S. 53. Die Vorlesungen erschienen erstmals 1908 und zuletzt in 11. Auflage 1946.

13 Vgl. für die letzten sieben Nachweise: Gebhardt, Tyrannen (Anm. 9), S. 70, 74, 78 ff., 120, 121, 125.

14 Vgl. Silke Asmußen: Kinderfotos auf Facebook. »Schatz, hör' auf, die Kinder zu posten!«, t-online.de am 13. 11. 2017.

V. »*Schreib das auf, Wolff!*«[15] – das »*Tagebuch meines Sohnes*«

Es überrascht nicht – auch angesichts der Tagebücher, die Theodor
Wolff in den Jahren 1914 bis 1919 verfasste[16] –, gerade diesen Autor
unter den Tagebuchschreibern zu finden, da sich ein politischer
Journalist von seinem Schlage als Zeitzeuge und Chronist verstand,
und zwischen Tagebuch und Chronik gibt es eine Reihe von Über-
einstimmungen und Berührungspunkten. Die Publikation des *Pariser Tagebuches* spricht auch nicht dagegen: 1908 erschien in München bei Albrecht Langen erstmals das *Pariser Tagebuch* mit kleinen
Feuilletonskizzen von Theodor Wolff. Das Vorwort, datiert von
1908, zeigt, wie nah sich die Gattungen in der Perspektive des Ver-
fassers sind. Die Herstellung der Tagesnotizen hat Sösemann für die
Tagebücher des Ersten Weltkrieges in einer Art und Weise beschrieben, wie Wolff sie wohl auch für sein Vater-Tagebuch eingesetzt hat.
Aus den Notizen wurde dann im Lauf der Nacht (für das Weltkriegs-Tagebuch) oder des Sommerurlaubs (für das Vater-Tagebuch) ein Tagebucheintrag, da Wolff »[e]twas Beschreibbares, seien
es nun Heft, Block oder Zettel, und einen Bleistift« immer bei sich
trug.[17] Da Theodor Wolff sein Vater-Tagebuch in unregelmäßigen
Abständen nachführte, ist davon auszugehen, dass er sich ebenfalls
handschriftliche Notizen machte, um die Entwicklungen festzuhalten
und später in der Reinschrift auszuschmücken, auch wenn es im
Tagebuch nicht thematisiert wird. Das – und die chronische Arbeits-
überlastung – würde erklären, dass er einmal »aus Versehen noch
einmal das schon Erzählte wiederholt« (Vater-Tagebuch, 29.9.1912).
Ob die Tatsache, dass die ersten Seiten des Tagebuchs von fremder,
offenbar weiblicher Hand, aber nicht in der Schrift von Änne Wolff,
geschrieben, wenn auch aus der Perspektive Theodor Wolffs her

---

15 Anspielung auf das Buch »Schreib das auf, Kisch!«. Das Kriegstagebuch. Berlin
    (E. Reiss) 1930 des etwas jüngeren Journalistenkollegen Egon Erwin Kisch
    (1885-1948).
16 Theodor Wolff: Tagebücher 1914-1919. Der Erste Weltkrieg und die Ent-
    stehung der Weimarer Republik in Tagebüchern, Leitartikeln und Briefen des
    Chefredakteurs am »Berliner Tageblatt« und Mitbegründers der »Deutschen
    Demokratischen Partei«. Zwei Teile, eingeleitet und herausgegeben von Bernd
    Sösemann. Boppard am Rhein 1984.
17 Bernd Sösemann: Einleitung, in: Wolff, Tagebücher 1914-1919, Teil I (Anm. 16),
    S. 1-58 (5). Eine Gegenüberstellung ebd., S. 9 f., macht diese Arbeitsweise an-
    schaulich.

verfasst wurde, auch mit der Herstellung des Textes zusammenhängt, ist anzunehmen: Möglicherweise hat Wolff den Text einer
Hausangestellten diktiert, während er anhand seiner Notizen frei
fabulierte – ein Mann des Wortes war er schließlich.[18] Das würde
auch die Textlücken erklären, da die Schreiberin die französischen
Worte nicht kannte und Wolff dachte, er werde diese Stellen später
handschriftlich ausfüllen, wozu es dann allerdings nie kam. Die
Briefe, die Änne Wolff von den Sommerfrischen an den in Berlin
vielbeschäftigten Vater geschrieben hat, dürften auch eine Gedächt-
nisstütze und Anregung für manche im Tagebuch niedergelegte
Formulierung gewesen sein.

Das ursprünglich für das erstgeborene Kind Richard angelegte
Tagebuch erweitert sich in den kommenden Jahren, als die Geschwister Rudolf und Lilly geboren werden, zwar auch auf die
Schilderungen von deren Entwicklung, Ansprechpartner bleibt aber
immer Richard, der erste Sohn. Bei Wolff wird die bürgerliche Vorstellung des »Stammhalters« eine Rolle gespielt haben, auch wenn
er den Begriff nicht verwendet. Doch die Geburt des Bruders Rudolf
verändert natürlich die Familienkonstellation, durch den Richard
der große Bruder, der Ältere wird. Der Vater stellt fest, dass Richard
nun »einen Spielkameraden« hat, mit dem er sich »amüsiren und
prügeln« kann (ebd., 10.5.1907). Doch zwischen den Brüdern gab
es wiederholt Reibereien, die sich erst mit zunehmendem Alter
verlieren. Richard zeigt das typische Eifersuchtsverhalten des Erstgeborenen, der nun durch ein jüngeres Kind entthront wird. Die
vom Vater durchaus kritisch gesehene »Herrennatur« und »Dikta-
torneigung« (ebd., 14.9.1912) Richards kommt hier zum Tragen
(ebd., 3.1.1909). Das Verhalten gegenüber dem jüngsten Kind, der
Schwester Lilly, zeigt sich wohl auch durch das fortgeschrittene
Alter der Söhne dann etwas anders (ebd., 15.9.1909).

Die Eltern versuchen, erzieherisch einzuwirken und Gerechtigkeit zwischen den Kindern herzustellen. Auffallend ist auch, dass
mit fortschreitendem Alter der Kinder und der Entwicklung indivi-

---

18 Ob die Tatsache, dass seine Handschrift von den Kindern als unleserlich an-
gesehen wurde (Lilly beschwert sich einmal brieflich, o.D. [nach 1919?]), eine
Rolle gespielt hat, bleibt unklar. Da er offenbar plante, das Tagebuch seinem
Sohn bzw. seinen Kindern auszuhändigen, könnte er im Vorhinein die bessere
Lesbarkeit seiner Aufzeichnungen bedacht haben. Aber ab dem 10. Mai 1907
schreibt er in seiner eigenen Hand das Tagebuch weiter.

dueller Charaktereigenschaften, der Vater zwar nach wie vor mit liebevoller Bewunderung seinen Erstgeborenen schildert, zunehmend aber auch kritisch wird und erzieherische Maßnahmen ergriffen werden müssen. Beim Urlaub in Oberstdorf wurde Richard etwas vorlaut –»wie oft, wenn du dich als Mittelpunkt fühlst und dich ein bißchen vor Erwachsenen produzieren willst« – und wurde zur Ruhe gewiesen (ebd. 29.7.1913), denn der Vater will durchaus nicht, dass Richard zum »Zierbengelchen« wird (ebd., 19.8.1910) und Rudolf seinen Willen immer durchsetzen kann, und stellt fest: »Schon aus erzieherischen Gründen wird Papa in dieser Beziehung in Zukunft möglichst hartherzig sein.« (ebd., 19.8.1910) Wie es während solcher Erziehungsmaßnahmen innen aussah, wenn er gegen den Ältesten einschreiten musste, vertraute Wolff wohl auch nur dem Tagebuch an (vgl. ebd., 19.8.1910).

Auch die anderen von Wolff angeschlagenen Themen folgen dem Standard von Elterntagebüchern: Die Ähnlichkeit mit den Eltern, die Zähne, das Spielzeug, die Krankheiten und die dazugehörende Sorge von Mutter und Vater, der kindliche Spracherwerb (bei einem Journalisten wie Theodor Wolff mit besonderer Aufmerksamkeit belegt), Religion und Taufe, die Lektüre, der Besuch von Theater und Zirkus, später die Schule – alle Topoi erscheinen auch hier.

Dennoch unterscheidet sich das Tagebuch deutlich von vielen anderen Elterntagebüchern. Das beginnt bereits damit, dass sich im ganzen Tagebuch nicht ein Foto der Kinder oder der Kinder mit den stolzen Eltern findet. Auch abgeschnittene Haarlocken und eingeklebte Geburtsanzeigen fehlen. Die Eintragung von Gewicht, Nahrungsaufnahme und Entleerung und vielen weiteren Details, wie sie sich oft vor allem im 20. Jahrhundert unter dem Diktat der Kinderärzte in Fortsetzung der von Johann Heinrich Campe initiierten »Preisfrage« in den Elterntagebüchern findet, machen vielfach auch Sinn, bei Theodor Wolff sucht man solche peniblen Notizen allerdings vergeblich. Da er meist nur einmal im Jahr das Tagebuch nachträgt, wäre es auch überflüssig gewesen, da man nicht kurzfristig auf die Daten zurückgreifen konnte. Vor allem aber zeichnet sich das Wolff'sche Tagebuch durch seine literarische Qualität aus. Das ist ein Autor, der spannende Texte mit literarischem Anspruch und Unterhaltungswert schreiben konnte! Er war jemand, der seine Eindrücke und Empfindungen in Worte fassen konnte, und da er ein typischer Vertreter des Bürgertums war, fehlen natürlich auch klassische Anspielungen nicht. Und obwohl er sich selbst der väterlichen »Schönfärberei« verdächtigte, überwältigt ihn doch die Bewunderung für den Erstgeborenen und der Wunsch, ihn zu behüten (ebd., 16.6.1906). Dazu kommt die für einen herausragenden Journalisten des frühen 20. Jahrhunderts typische Ironie, die, gemischt mit inniger Zuneigung zu den Kindern und der Mutter, das Tagebuch zu einem Lesevergnügen macht.

Einmal davon abgesehen, dass die Gattung »Tagebuch« für ein Buch über das Bürgerleben eine wichtige Quellengattung ist,[19] zeigt das Vater-Tagebuch von Theodor Wolff aber auch, wie exemplarisch bürgerlich die Familie Wolff lebte, und das gilt nicht nur für die Tatsache, dass Wolff eben selbst Tagebuch schrieb. Die Abgrenzungslinie zu den gesellschaftlich tiefer stehenden Klassen wurde im Bürgertum streng gezogen. Auch Vater Wolff sieht sensibel Klassenunterschiede, wünscht aber, zutiefst humanistisch, seinem Sohn Offenheit und Toleranz gegenüber niedrig stehenden Menschen, da Klassenzugehörigkeit auf Zufall beruht (ebd., 17.6.1906). Die gesellschaftlichen Unterschiede im Blick zu haben, spricht für Theodor Wolff, dem sicherlich bewusst war, dass seine Kinder in einem »soliden Luxus« aufwachsen. Die bürgerliche Struktur beruhte auf Dienstboten: Amme, Kindermädchen, Hausangestellte, Spielzeug und große helle Kinderzimmer – hier alles vorhanden. Sogar die bevorzugten Urlaubsorte, in denen man gemeinsam die Sommerfrische verbrachte, entsprechen den üblichen Gewohnheiten des Bürgertums, gleichgültig, ob nun Oberstdorf in Bayern oder Heringsdorf an der Ostsee und Scheveningen an der Nordsee den Zuschlag erhielt. Erstaunlich, dass im Tagebuch kein für das Bürgertum eigentlich typische Klavier genannt wird, obwohl die Hausmusik bei Wolffs auch gepflegt und Kinderlieder (darunter solche mit militärischem Inhalt) gesungen wurden. Kasperltheater, Zirkus- und Theaterbesuch und die üblichen Kinderbücher wie »Robinson«, »Struwwelpeter« und »Max und Moritz« dürfen natürlich auch nicht fehlen. Die sonntägliche Vorlesezeit im elterlichen Bett (ebd., 3.1.1909) hat zum Glück bis heute überdauert.

Das Tagebuch endet wie manche anderen Diarien ohne »Vorwarnung« und ohne mit Absicht formuliertem Schluss, auch wenn

---

19 Hier und im Folgenden nach Gunilla-Friederike Budde: Auf dem Weg ins Bürgerleben. Kindheit und Erziehung in deutschen und englischen Bürgerfamilien 1840-1914. Göttingen 1994. S. 21 u.ö., 308, 58, 275 f., 94, 136 f.

die Überlegungen am Ende wie ein Fazit wirken mögen – resümierende Formulierungen finden sich auch sonst im Tagebuch. Wolff nutzte oft die Zeit der Sommerfrische, also August oder September, um das Tagebuch nachzutragen, und so hätte der nächste Eintrag im Sommer 1914 folgen können, da der letzte Eintrag vom 1. August 1913 ist, doch da wurde der private Tagebuchschreiber von der Geschichte eingeholt: Der Erste Weltkrieg beginnt, und der erste Eintrag im Weltkriegs-Tagebuch ist der 23. Juli 1914. Zeit für das Vater-Tagebuch hatte der Chefredakteur des *Berliner Tageblatts* dann nachvollziehbarerweise nicht mehr.

Anhang

Editorische Notiz

Die Handschrift *Meines Sohnes Tagebuch* (Staatsbibliothek zu Berlin: Hdschr. 441) besteht aus drei unfoliierten Überlieferungen, die erst 1996/97 in einem knapp zwei Zentimeter starken festen, hell marmorierten Einband zusammengebunden (18 × 22 cm) wurden: Broschur mit Rückentitel: »Meines Sohnes Tagebuch«, Etikett (7,8 × 4,6 cm). Auf der Vorderseite befindet sich das Etikett »Theodor Wolff/Meines Sohnes Tagebuch/Paris 1906-1912 Berlin«. Diese Angaben treffen jedoch nur für einige Blätter des ersten Teiles des Konvoluts zu (fol. 1r bis fol. 22r); von fol. 22v an werden die Geburt und ersten Jahre des zweiten und dritten Kindes thematisiert.

Im Text gibt es kaum Sofortkorrekturen oder Streichungen. – Eine Kopie der Handschrift und eine lücken- und fehlerhafte Transkription befinden sich im DTA unter der »Reg Nr. 1351/I«.

Der erste Teil des Konvoluts (16,8 × 21,3 cm) besteht aus 43 linierten, beidseitig beschriebenen Blättern, von denen das letzte Blatt keinen Text enthält: fol. 1r: »Meines Sohnes Tagebuch« (oberhalb der Mitte, unterstrichen); rechts unten: »Begonnen: Paris, den 16. Juni.« (nachgetragen:) »1906«; fol. 2r bis fol. 22r: lateinische Schreibschrift von einer vermutlich weiblichen Person. Ihr hat T. W. den Text entweder nach einer Vorlage oder Notizen diktiert, oder sie hat die Erstschrift von T. W. transkribiert. Es ist nicht die Handschrift der Ehefrau Änne (die diese Passagen – was allerdings unwahrscheinlich ist – später in Abschrift ergänzt haben könnte.) Die folgenden Blätter (fol. 22v bis 42r) zeigen unzweifelhaft die Handschrift von T. W.; er bediente sich in allen drei Teilen der damals gebräuchlichen deutschen Kurrentschrift. – Der Zeitpunkt für die Reinschrift der Blätter von Frauenhand könnte vor der Geburt des zweiten Kindes gelegen haben, denn T. W. setzte seine Aufzeichnungen am 10. Mai 1907 – am Vortag war Rudolf geboren – auf der Rückseite des 22. Blattes fort.

Bestand des ersten Teiles: 16. Juni 1906 bis 7. April 1909.

Der zweite Teil des Konvoluts (16,0 × 20,9 cm) besteht aus 19 linierten Blättern, von denen 14 ebenfalls beidseitig beschrieben sind, während das 15. Blatt nur auf seiner Vorderseite genutzt wurde; die letzten 4 Blätter sind leer. Die kräftigere Verfärbung eines Blattes in der Form eines »T« (16,0 × 13,5 cm) deutet auf eine ehemals vorhanden gewesene Einlage hin.

Bestand des zweiten Teiles: 3. August 1910 bis 12. September 1912.

Der dritte Teil des Konvoluts (17,3 × 21,3 cm) besteht aus 69 linierten Blättern, von denen die ersten 28 beidseitig beschrieben sind, das Blatt 29 jedoch nur einseitig (fol. 29r); die folgenden 40 Blätter sind unbeschrieben. Ein ausgeschnittenes, jetzt nicht mehr eingeklebtes Foto aus einer Zeitung (4,6 × 6,0 cm) liegt bei: »Geh. Med.-Rat Prof. Dr. A. Hoffa †/Begründer der modernen Orthopädie«. Der ursprüngliche Platz des Fotos ist an einer Verfärbung zu erkennen. – Auf sämtlichen Blättern sind das vollständige Bild oder Teile eines Wasserzeichens zu sehen (»Alfa Paper«), darunter eine mehrere Papyrus-Stauden schneidende Frauengestalt und darunter »A. N. Paris/Made in Scotland«. Die Blätter sind Zuschnitte aus größeren Papierbögen.

Bestand des dritten Teiles: 12. September 1912 bis 1. August 1913.

Das Vater-Tagebuch, die Briefe und weitere Dokumente werden in zwei Kapiteln jeweils chronologisch ediert. Alle Stücke tragen vom Herausgeber vereinheitlichte Köpfe. Einfügungen über einer Zeile und Streichungen sind berücksichtigt, werden aber nicht textkritisch angemerkt. Die eigenwilligen Schreibweisen bleiben ebenso erhalten wie Absatzgliederung und Interpunktion. Fehlende Satzzeichen sind in eckigen Klammern ergänzt, wenn sie das Verständnis erleichtern; Entsprechendes gilt für formale Versehen oder grammatikalische Fehler. Auf Hervorhebungen in den Dokumenten weisen Kursivierungen hin.

Ein Einzelblatt (Sammlung Wolff) offenbart den Schreibprozess für die Aufzeichnung vom 3. Oktober 1912. Die »Gedächtnisstützen« hatte er sich für das Vater-Tagebuch notiert: »Butzi's 1. Schulgang/4-5 Nachm[ittag]/Kurfürstenstr. 99ᵃ [Folgendes unleserlich]/Mama u. ich an der Tür der Klasse. [Folgendes unleserlich]. In d[er] Droschke nach Hause. Du auf d[em] Randplatz. Glühend vor Aufregung, gesprächig, begeistert, stolz. »Ich will Dir zeigen, was ich geschrieben habe – Erst so – dann so – siehst Du.« Lehrer Lohse hat gefragt, was [Folgendes unleserlich], und ich habe es gesagt, die anderen haben es nicht gewußt. »Es ist angenehmer, daß ihr nicht drin wart, da lernt man besser.«

Tagebucheintragungen, Briefe und Dokumente
im Überblick

3.8.1910	Tagebucheintrag von Theodor Wolff
5.8.1910	Brief von Änne Wolff an Theodor Wolff
16.8.1910	Brief von Theodor Wolff an Rudolf Mosse
16.8.1910	Brief von Änne Wolff an Theodor Wolff
19.8.1910	Tagebucheintrag von Theodor Wolff
21.4.1911	Brief von Ludwig Fulda an Theodor Wolff
25.4.1911	Brief von Arthur Kahane an Theodor Wolff
17.7.1911	Brief von Änne Wolff an Theodor Wolff
18.7.1911	Brief von Änne Wolff an Theodor Wolff
20.7.1911	Brief von Änne Wolff an Theodor Wolff
21.7.1911	Brief von Änne Wolff an Theodor Wolff
23.7.1911	Brief von Änne Wolff an Theodor Wolff
24.7.1911	Brief von Änne Wolff an Theodor Wolff
25.7.1911	Brief von Änne Wolff an Theodor Wolff
29.7.1911	Brief von Änne Wolff an Theodor Wolff
31.7.1911	Brief von Änne Wolff an Theodor Wolff
1.8.1911	Brief von Änne Wolff an Theodor Wolff
3.8.1911	Brief von Theodor Wolff an Rudolf Mosse
4.8.1911	Brief von Änne Wolff an Theodor Wolff
5.8.1911	Brief von Änne Wolff an Theodor Wolff
6.8.1911	Brief von Änne Wolff an Theodor Wolff
7.8.1911	Brief von Änne Wolff an Theodor Wolff
8.8.1911	Brief von Änne Wolff an Theodor Wolff
9.8.1911	Brief von Änne Wolff an Theodor Wolff
10.8.1911	Brief von Änne Wolff an Theodor Wolff
11.8.1911	Brief von Änne Wolff an Theodor Wolff
12.8.1911	Brief von Änne Wolff an Theodor Wolff
13.8.1911	Brief von Änne Wolff an Theodor Wolff
14.8.1911	Brief von Änne Wolff an Theodor Wolff
15.8.1911	Brief von Änne Wolff an Theodor Wolff (1)
15.8.1911	Brief von Änne Wolff an Theodor Wolff (2)
16.8.1911	Brief von Änne Wolff an Theodor Wolff
17.8.1911	Brief von Änne Wolff an Theodor Wolff
8.5.1912	Brief von Bernhard Dernburg an Theodor Wolff
23.5.1912	Postkarte von dem »Fräulein« an Änne Wolff
4.7.1912	Brief von Theodor Wolff an Änne Wolff
9.8.1912	Brief von Theodor Wolff an Änne Wolff
10.8.1912	Brief von Theodor Wolff an Änne Wolff
12.8.1912	Brief von Theodor Wolff an Änne Wolff
13.8.1912	Postkarte von Theodor Wolff an Änne Wolff
14.8.1912	Postkarte von Theodor Wolff an Änne Wolff

Erläuterungen

Die Anmerkungen zum Tagebuch sind im ersten Abschnitte zusammengestellt (Datierung mit Sigle »Tgb.«). Ihnen folgt ein zweiter mit Erläuterungen zu den übrigen Dokumenten. – Die bibliographischen Kurzangaben unterscheiden zwischen Wolff, Tagebuch (Wolff, Pariser Tagebuch) und Wolff, Tagebücher (Theodor Wolff, Tagebücher. 1914-1919) sowie Wolff, Vater-Tagebuch (die vorliegende Veröffentlichung), wenn es sich um Querverweise handelt. – T.W. verweist auf Theodor Wolff, BT auf das *Berliner Tageblatt* und »Sammlung Wolff« auf einen Bestand der Forschungsstelle AKiP der Freien Universität Berlin.

Zu den Tagebucheinträgen

S. 55-57: Tgb., 16.6.1906
Dick: englische Kurzform für Richard.
Zu Fahrten und Reisen von T.W. siehe Wolff, Spaziergänge, und Bröhan, Wolff, S. 139-150. – »Uns bleibt Erdenrest, / zu tragen peinlich«: Goethe, Faust, Verse 11954f.

S. 58-59: Tgb., 17.6.1906
Jean Auguste Antoine de Bavier, dit Bavier-Chauffour, und dessen Ehefrau waren mit dem Ehepaar Wolff eng befreundet. T.W. widmete ihm die ersten beiden Auflagen seines Pariser Tagebuchs.

S. 59-62: Tgb., 15. 9. 1906
nounou: von »nourrice«, Amme, Kinderfrau. – Mon pauvre chat: »Mein kleiner Kater«, »Mein kleines Kätzchen«. – Il nous déroute!: »Er verwirrt uns«. – Wie verzweifelt das Ehepaar war, zeigt sich in der Konsultation des Bakteriologen Alexandre Marmorek (1865-1923), der erst später weltberühmt werden sollte.

S. 62-65: Tgb., 30. 9. 1906
folie: »Verrücktheit«. – Friedrich Güll (1812-1879) dichtete »Büblein, wirst du ein Rekrut« 1846. Seine erste Strophe lautet: »Wer will unter die Soldaten, / Der muß haben ein Gewehr, / Das muß er mit Pulver laden / Und mit einer Kugel schwer.«

S. 67-69: Tgb., 6. 11. 1906
qu'on ne lui la ferait pas!: (sinngemäß) »dass man ihn nicht für dumm verkaufen solle!«. – bergère (eigentl. »Schäferin«): bequem gepolsterter und reich verzierter Sessel – petite boule: zärtlich »kleine Kugel«. – polisson: »Schelm«, »Lausebengel«. – qui m'attend au pays breton: »die mich in der Bretagne erwartet«.

S. 74: Tgb., 10. 5. 1907
Zum Thema Minorität s. Wolff, Juden, S. 36 f. – Walther Leistikow (1865-1908) war mit Anna Catharina geb. Mohr (1863-1950) verheiratet; sie hatten zwei Kinder: Gerda (geb. 1896) und Gunnar (geb. 1903).

S. 76-80: Tgb., 1. 9. 1908
1907/1908 publizierte T.W. in mehreren Zeitschriften und bereitete die zweite Auflage seines Romans *Die Sünderin* vor; er verfasste die beiden Essaysammlungen *Pariser Tagebuch* und *Spaziergänge* und schrieb ein Schauspiel, dessen Text und Titel nicht überliefert sind. – Walther Nithack- Stahn (1866-1942), Pfarrer an der Kaiser-Wilhelm-Gedächtniskirche (1906-1929); publizierte auch im *BT*. – Die 2. Haager Friedenskonferenz (15.6.-18.10.1907) scheiterte bei dem Versuch, verbindliche Abrüstungsschritte festzulegen und eine obligatorische Schiedsgerichtsbarkeit einzuführen. – Prof. Dr. Albert Hoffa (1859-1907), Chirurg und Orthopäde, war seit 1902 Direktor der Universitätspoliklinik für Orthopädische Chirurgie, Berlin.

S. 84-85: Tgb., 30. 8. 1909
Ebenso wie man T.W. mit Bernhard Wolff (1811-79), »Wolffs Telegraphisches Bureau,« verwechselt, geschieht es auch seiner Tochter, die gelegent-

lich für eine gleichnamige ermordete jüdische Lehrerin gehalten wird
(1896-1942).

S. 96-101: Tgb., 19.8.1910

Nach dem Umzug von Paris nach Berlin wohnte die Familie Wolff zuerst
möbliert in der Spichernstr. 15, dann in der Hohenzollernstr. 23 und vom
Dezember 1909 bis Anfang März 1912 in der Kaiserin-Augusta-Str. 76.
Am 8. März zog sie in die Hohenzollernstr. 17 (Berlin-West). – Neffe
Jacques Hartog.

S. 102-108: Tgb., 12.9.1912 (2 Eintragungen unter demselben Datum)

Das später als elegant gerühmte Seebad Noordwijk aan Zee nannte die
gleichzeitig mit der Familie Wolff dort anwesende Tilla Durieux (1880-
1971) zwar »ganz primitiv«, bewunderte aber mit Änne »das hübsche
Hotel Huis ter Duin« (Durieux, Jahre, S. 88-90). – Zu der ersten Marokkokrise (1905) und der zweiten sowie den deutschen und französischen Interessen in Afrika (s. Wolff, Krieg, 2. Kap.): »Vielleicht wäre es richtiger
gewesen, die deutsche Regierung hätte sich vor Beginn ihrer Aktion mit
den wichtigsten ihrer Kollegen im Auslande in Verbindung gesetzt, um
nicht wieder so blind hineinzutappen, wie vor und in der Konferenz, aber
das schlimmste Hindernis bleibt doch immer wieder dieser unselige Al-
gecirasvertrag, den die deutsche Diplomatie sich, wie Herkules das Nes-
sushemd, selbst über den Leib geworfen hat (BT, 21.7.1911). – Im Niederländischen wird mit „Meisje« ein (junges) Mädchen benannt.

S. 108-114: Tgb., 14.9.1912

Vor den Wahlen zum Reichstag (12.1.1912) hatte sich T.W. auch mit
Rundschreiben und Flugblattaktionen persönlich für eine Wahlrechts-
reform eingesetzt und Frauen, obwohl sie kein Wahlrecht besaßen, aufgefordert, Einfluss zu nehmen. – Margarete Bolduan (geb. 1889) war beim
Ehepaar Wolff als »Hausmädchen« beschäftigt.

S. 114-117: Tgb., 29.9.1912

Das Brett, eine Art Abakus, ist ein Hilfsmittel für die Grundrechen-
arten.

S. 119-124: Tgb., 31.7.1913

Elisabeth Borchardt geb. Meyer war seit 1906 mit dem weltberühmten
jüdischen Chirurgen Moritz Borchardt (1868-1940) verheiratet.

Anhang

Zu den Briefen und Dokumenten

S. 129: 20. 6. 1904
T. W. begleitete im BT nicht nur während der Dreyfus-Affäre die Politik des liberalen Pierre-Marie Waldeck-Rousseau (1846-1904) mit Wohlwollen (Sösemann, Wolff, S. 94). – T. W. spielt auf den »Berliner Zeitungskrieg« von Mosse, Scherl und Ullstein an und auf die Konsequenzen des »Freundschafts- und Konkurrenzausschlußvertrags« von Scherl und Ullstein (1904) für den Mosse Verlag. 1904 konnte Mosse mit dem Kauf der *Volks-Zeitung* (wird zur *Berliner Volks-Zeitung)* die »Kriegsfolgen« für sich minimieren. – Der Roman *Un Divorce* erschien im Herbst 1904, die Übersetzung von T. W. vermutlich 1905.

S. 132-133: 12. 8. 1904
Der russische Innenminister Wjatscheslaw Konstantinowitsch von Plehwe (1846) wurde am 28. Juli 1904 ermordet.

S. 136-138: September 1906
»Meine lieben Freunde, Ich bin überglücklich über die gute Nachricht! Bravo! Ein Sohn und ein sehr tapferes Mütterchen! Es ist einfach traumhaft. Ich traue mich nicht, mich nach dem Neusten zu erkundigen, aus Angst euch zu stören. Aber ihr lasst von euch hören, sobald ihr eine freie Minute habt, nicht wahr? Ich drücke euch alle drei von ganzem Herzen und wünsche der Kranken eine baldige Besserung und dem Kleinsten eine gute Gesundheit. Eure Freundin, Thérèse Clemenceau« – T. W. war mit dem Ehepaar seit der Dreyfus-Affäre enger befreundet. »Ich habe ihn [George (1841-1929)] gut gekannt, diesen demokratischen Tyrannen, und er kann sehr wohl einmal [...], in einem der häufigen Augenblicke grimmigen Zornes ausgerufen haben, die Demokratie sei das Regime, in dem die Schar der Läuse den Löwen frißt« (Bröhan, Wolff, S. 246); s. Wolff, Tagebuch, 138 f.

S. 138-139: 14. 9. 1906
Der polnische Geiger Bronislaw Huberman(n) (1882-1947) war einer der bedeutendsten Interpreten der Violin-Literatur; er publizierte in jenen Jahren *Aus der Werkstatt des Virtuosen* (Leipzig 1912). Seine Familie war 1892 nach Berlin gezogen; seit 1896 trat er in der Hauptstadt wiederholt auf.

S. 139: 28. 12. 1906
Arthur Levysohn (1841-1908), Sohn eines Verlegers, wie T. W. aus Grünberg; genoss in der Redaktion des *BT* Achtung und Zuneigung (Sösemann, Wolff, S. 21-23, 75). – Der Journalist und Politiker George Clémen-

ceau (1841-1929) hatte im jahrelangen Skandal um Alfred Dreyfus (1859-1935) ebenfalls die Wiederaufnahme des Prozesses gefordert: »Es ist sehr leicht, die glänzenden Fähigkeiten Clémencaus zu schildern, es ist sehr schwer, über seine Persönlichkeit ein gerechtes Urteil zu fällen« (Wolff, Tagebuch, S. 138-145). – T. W. engagierte sich regierungskritisch im Wahlkampf zum Reichstag (»Hottentottenwahl« vom 25.1.1907).

S. 140: 29.12.1906
Beide Marginalien von der Hand des Reichskanzlers. – T. W. hat mehrmals den Aufstand der Volksgruppe der Bondelzwarts gegen die deutsche Kolonialherrschaft in der Kolonie Deutsch-Südwestafrika (1903 bis 1906) kritisch kommentiert. – Zum Staatssekretär im Reichskolonialamt, Bernhard Dernburg (1865-1937) s. Wolff, Tagebücher, Bd. 1, S. 242. – Auguste (im Vater-Tagebuch) bzw. Augusta (in der Korrespondenz) arbeitete bei Wolffs zumindest bis 1916 als Köchin.

S. 141-144: Paris Feuilleton, 1908
Die Schriftsteller Henri Murger (1822-1862) und Charles Baudelaires (1821- 1867) beeinflussten auch die deutsche Literatur (s. Wolff, Beziehungen).

S. 144-150: 26.7.1908
Die erste Künstlergruppe in Berlin war die von Max Liebermann (1847-1935) und Walter Leistikow (1865-1908) gemeinsam gegründete »Vereinigung der XI – Freie Vereinigung zur Veranstaltung von künstlerischen Ausstellungen«. Die Düsseldorfer Kunsthändler Hermann (1850-1940) und Eduard Schulte jr. (1856-1936) hatten 1891 Unter den Linden 4a eine Filiale eröffnet (Meister, Vereinigung, S. 101-107).

S. 150-152: 15.8.1908
Bertha Cäcilie Leistikow geb. Hoyer (1837-1912) war mit Karl (1820-1893) verheiratet; Walter war das zweite von neun Kindern.

S. 154: 6.12.1908
Die Korrespondenz von T. W. mit dem Maler und Bühnenbildner Emil Orlik (1870-1932) zeigt, wie sehr sich beide schätzten (BA, Nachlass Wolff).

S. 156: 25.6.1909
Zu dem Rittergut Schenkendorf, dem großen Immobilienbesitz und das mäzenatische Engagement von Rudolf Mosse s. Oliwkowski, Mosse, passim, und Sösemann, Wolff, S. 14-20.

S. 158: 8.8.1909
Zu dem Ehepaar Anna und (?) Braunberger, ihrem Sohn, ihrer Tochter Lily und auch zu Ännes Nichte Lily Grünberger ließen sich keine Daten ermitteln.

S. 158-159: 13.8.1909
Die folgenden Werke von T.W. erschienen im Verlag von Albert Ahn: *Die Sünder, Die Königin* und *Spaziergänge*.

S. 160-161: 4.7.1910
Am 4. Juli war das Luftschiff »Deutschland« im Teuteburger Wald abgestürzt (keine Todesfälle). – Jacques Hartog war mit Elisabeth (Elise, Lise) geb. Mosse verheiratet.

S. 161-162: 5.8.1910
Ludmilla Schottländer geb. Schlesinger (1877-1933) war mit Paul (1870-1933) verheiratet. – Zum engeren Kontakt von T.W. mit dem deutschen Gesandten in Den Haag, Felix von Müller (1857-1918), s. Wolff, Tagebücher, S. 61 f. (mit Anm. 5), 502. – mère: »Mutter«.

S. 162-163: 16.8.1910
Leitartikel von T.W. (BT, 16.8.1910, Abend-Ausgabe, S. 1). Zwei Tage zuvor hatte sich das Zugunglück in Frankreich ereignet (37 Tote); am selben Tag brach auf der Brüsseler Weltausstellung (23.4.-1.11.) ein großer Brand aus, der bis zum 15. August wütete.

S. 164: 25.4.1911
Die Theater- und Filmschauspieler Harry Liedtke (1882-1945), John Gottowt (1881-1942) und Josef Danegger (1865-1933), Leontine Kühnberg (um 1890 geb.) und Albert Bassermann (1867-1952) traten seit 1909 am Deutschen Theater auf.

S. 165: 17.7.1911
Gemeint ist hier das Ehepaar Charlotte (genannt Lotte) und Hugo Cassirer (1869-1920), ein gut befreundeter Unternehmer und Mäzen der Künste, der in der Gründungsphase der Deutschen Demokratischen Partei die Bemühungen von T.W. finanziell und ideell unterstützte. Paul Cassirer (1871-1926), der Bruder von Hugo und ebenfalls Kunstsammler, hielt sich zusammen mit Tilla Durieux, die er im Jahr zuvor geheiratet hatte, auch in Noordwijk auf. – entre nous: »unter uns«, also vertraulich.

S. 167-168: 20. 7. 1911

Der Journalist und Schriftsteller Bernhard Guttmann (1869-1959) zählte 1918/19 ebenso zu den Gründungsmitgliedern der Deutschen Demokratischen Partei wie der Staatsrechtler und Politiker Hugo Preuß (1860-1925); verheiratet mit Else geb. Liebermann (1842-1914); hier ist es einer von ihren drei Söhnen: Ernst, Kurt, Jean (Sösemann, Wolff, S. 145).

S. 168-170: 21. 7. 1911

Aus der Firmenbezeichnung »The Eastman Kodak Company« (George Eastman, 1854-1932) ist das Verb entstanden. – In seinem Leitartikel (*BT*, 21. 7. 1911) behandelt T. W. die »Zweite Marokkokrise«.

S. 172-173: 25. 7. 1911

Mit dem französischen Wort »lundi« (Montag) bezeichnete nicht nur das Ehepaar Wolff die Leitartikel von T. W., die spätestens am Sonntagabend verfasst werden mussten.

S. 173-174: 29. 7. 1911

Während der europaweiten Hitzewelle stieg die Temperatur in Berlin auf bis 35° C.

S. 174-175: 31. 7. 1911

»Deunendal«: Änne hat den niederländischen Ort »Duin en daal«, eines der ältesten Villen-Viertel in Bloemendal, nahe Haarlem, nach Gehör notiert.

S. 178-179: 4. 8. 1911

Mit »das Schlimmste« dürften die starken Stürme gemeint sein, denen die Niederlande in den Tagen zuvor ausgesetzt gewesen waren. – Margarete geb. Litthauer war seit 1903 mit Hermann Ullstein (1875-1943) verheiratet; die Ehefrau von Rudolf Ullstein (1874-1967) hieß Margarete (Nadolny, Ullstein Roman, S. 146, 210).

S. 179-180: 5. 8. 1911

Ehefrau eines Schulkameradens von T. W., Martin Vogel. – Vermutlich Prof. Dr. Leopold Casper (1859-1959), der international bekannte jüdische Urologe.

S. 180-181: 6. 8. 1911

Eugen Schiffer (1860-1954), später als Gründungsmitglied der Deutschen Demokratischen Gesellschaft und Minister in mehreren Kabinetten T. W.

politisch enger verbunden (Sösemann, Wolff, S. 130); zu seiner Familie gehörten die Ehefrau Berta (1858-1919) und zwei Kinder.

S. 183-184: 8.8.1911
Die Theater- und Filmschauspielerin Johanna Terwin (1884-1962) trat seit 1911 in Berlin an mehreren Theatern auf. – Der »lundi« von T. W. zur 2. Marokkokrise (»Panthersprung nach Agadir«) in *BT*, 7.8.1911: »Auch die Friedlichsten und Englandfreundlichsten unter uns fanden diesmal den englischen Tabak etwas hart, und so wäre es wohl ratsam, in Homburg die Eduard-Gedächtnistafel mit sanft abgetönter Begeisterung zu enthüllen. Im übrigen werden wir uns daran erinnern müssen, daß alle verständigen Menschen von der Agadiraktion nicht einen lauten Sieg, sondern einen geschäftlichen Ausgleich erhofft und daß man bei Verhandlungen dieser Art selten alle Ziele erreicht. Bleibt das Resultat nicht hinter diesen bescheidenen Erwartungen zurück, so mögen die Barden wehklagen und die Erinnyen schreien. Und wenn die Kraftgigerls dann durchaus noch Pulver wollen, rühre man ihnen ein Brausepulver ein.«

S. 187-188: 12.8.1911
Die Berliner Schauspielerin Ellen Neustädter-Geyer (1861-1926), seit 1906 mit dem öseterreichischen Theaterdirektor Emil Geyer (1872-1942) verheiratet, hat vermutlich nur in einer Aufführung mitgewirkt. Die Königin-Rolle hatte zuvor unter der Regie von Max Grube das hübsche, »beim Publikum der Hofbühne beliebte Durchschnittstalent« Vilma v. Mayburg gespielt (Sammlung Wolff).

S. 190-192: 15.8.1911 (2 Eintragungen unter demselben Datum)
Zu Rudolf Mosses Landgut Schulzendorf s. Oliwkowski, Mosse, passim. – Anneliese Südekum (1872-1948) geb. Zuelzer war seit 1904 mit dem Politiker (SPD) und Journalisten Alfred Südekum (1871-1944) verheiratet. Sie hatten drei Kinder: Irmgard (1905-2002), Rosemarie (1906-2002) und Lothar (1908-2002). Ihre hier im Vater-Tagebuch genannte Schwester war Dr. Margarete Hedwig Zuelzer (1877-1944), Mitarbeiterin an der Königlichen Versuchs- und Prüfanstalt für Wasserversorgung in Berlin; sie musste 1933 in die Niederlande emigrieren und kam im Durchgangslager Westerbork um.

S. 193-194: 17.8.1911
Leitartikel von T. W. (Franz Ferdinand) in *BT*, 14.8.1911: »In den Wiener Caféhäusern munkelt man von seiner Vorliebe für das Slaventum und

weitsehende Unglückspropheten trauen ihm eine tatkräftige Begünstigung des Papsttums und den offenen Bruch mit dem kirchenfeindlichen Italien zu.« – Welches Theaterstück T.W. damals schrieb, ist unbekannt. Es könnte sich um die Überarbeitung seines *Der Rabenwahl (Die Riesen)* gehandelt haben (beide Werke blieben unveröffentlicht). – Victor Auburtin (1870-1928) schrieb Dramen und Feuilletons, war als Frankreich-Korrespondent des *BT* (1911-14) tätig (s. Kaiser, Berichte, S. 354-357): T.W. bewunderte an Auburtins Feuilletons seine Sprache und die elegante Darstellung (Sösemann, Wolff, S. 77 f., 191-193). – Paul Block (1869-1934), Schriftsteller, Dramatiker, war vor Auburtin Frankreich-Korrespondent (Sösemann, Wolff, S. 89 f.; Kaiser, Berichte, S. 352-354).

S. 194-195: 8. 5. 1912
T.W. schätzte den langjährigen freikonservativen, nach 1919 deutschnationalen Abgeordneten Fritz Warmuth (1870 geb.) nicht im gleichen Maß wie Dernburg; Mitglied des Herrenhauses wurde er zwar nicht, aber Einfluss hat er nehmen können. – Der Briefschreiber war mit Emma Dernburg geb. Seliger (1860-1941) verheiratet.

S. 196: 9. 8. 1912
Mais Madame Wolff est vraiment injuste: »Aber Frau Wolff ist wirklich ungerecht«. – Im Kostüm eines Hercule Poirot, des Kommissars in den Kriminalromanen von Agatha Christie (1890-1976).

S. 197-198: 10. 8. 1912
T.W. traf vermulich den Bankier und Finanzier Michael Schlesinger (1849-1924).

S. 198-199: 12. 8. 1912
Hugo Cassirer war der Sohn des Unternehmers Louis Cassirer und dessen Frau Emilie (geb. Schiffer). – Hugo und Lotte Cassirer hatten zwei Söhne: Reinhold (1908-2001) und Stephan Walter († 2010). – Der Prinz (1862-1929) war der Bruder Wilhelms II. – Charles Bourdon veröffentlichte im 7. Kapitel von »L'Énigme Allemagne«, Paris 1913, S. 143-156, die Ansichten von T.W. zum deutsch-französischen Verhältnis.

S. 199: 13. 8. 1912
T.W. meint vermutlich den Tuberkulose- und Herzspezialisten Julius Albert Fraenkel (1864-1938). Er wurde, obwohl er 1896 konvertiert war, 1933 wegen seiner jüdischen Herkunft entlassen. – Es dürfte Louis-

Ferdinand Ullstein (1863-1933) gewesen sein, einer der fünf Söhne des Verlagsgründers Leopold Ullstein (1826-99), dessen großer Erfolg mit der *BZ am Mittag* T.W. imponierte.

S. 200-202: 16.8.1912

Zu dem linksliberalen Journalisten und Schriftsteller Georg Bernhard (1875-1944), Chefredakteur der im Ullstein Verlag erschienenen *Vossischen Zeitung*, Gründungsmitglied der Deutschen Demokratischen Partei (Sösemann, Wolff, S. 130, 148 f., 227), hatte T.W. ein ambivalentes Verhältnis. – Den Schriftsteller und Arzt hatte Dr. Isidor Kastan (1840-1931), den »Senior der Berliner Journalisten« (Nachruf in *Vossische Zeitung*, 14.10.1931, Abendausgabe), T.W. in der Gründungsphase der Freien Bühne und im Verein Berliner Bibliophilen Abend kennengelernt und als Autor für das *BT* (Innenpolitik) gewinnen können (ebd., S. 38).

S. 203-204: 24.7.1913

Frieda Lindermann (geb. 1885) war als »Kinderfräulein« im Haushalt des Ehepaars. – Karl Vollmöller (1878-1948) war T.W. als Übersetzer und Dramatiker spätestens im Vorjahr bekannt geworden, als er sein Mysterienspiel *Das Mirakel* veröffentlicht hatte, das auch im *BT* gefeiert worden war. – T.W. begeisterte sich an der schauspielerischen Leistung der »intelligente[n] [...] selbständig künstlerischen Persönlichkeit« Gertrud Eysoldt (1877-1955), die unter Max Reinhardt (1873-1943) in seinem Drama *Niemand weiß es* die Tajo spielte. – In seiner »etwas wahllos vollgestopften Briefmappe«, die der NS-Außenminister Konstantin v. Neurath T.W. ins Exil nachgesandt hatte, bewahrte er etliche der Briefe von Fritz v. Unruh (1785-1970) auf (Sammlung Wolff).

S. 206-207: 3.8.1913

Diese »Tagesnotiz« von T.W. liegt zwischen seinen nachgelassenen Korrespondenzen (Bundesarchiv Koblenz, Nl 1207). – Alice (Ali) Hirschfeld war die Nichte von T.W.

Quellen- und Literaturverzeichnis

Archivalien und historische Zeitungsbestände

Geheimes Staatsarchiv preußischer Kulturbesitz, Berlin – Landesarchiv, Berlin – Amtsgericht Berlin-Mitte und Berlin-Charlottenburg – Handschriftenabteilung und Zeitungsarchiv in der Staatsbibliothek zu Berlin preußischer Kulturbesitz – Forschungsstelle AKiP am Friedrich-Meinecke-Institut der Freien Universität Berlin – Institut für Zeitungsforschung/Archiv, Dortmund – Deutsches Tagebucharchiv, Emmendingen – Deutsches Exilarchiv in der Deutschen Nationalbibliothek, Frankfurt am Main – Deutsche Nationalbibliothek, Leipzig – Deutsches Literaturarchiv Marbach am Neckar – Bundesarchiv, Abteilungen Koblenz und Berlin – Hauptstaatsarchiv, Koblenz – Bayerisches Hauptstaatsarchiv, München – Institut für Zeitgeschichte München, Archiv.

Schriften und Theaterstücke von Theodor Wolff

Der Märchenerzähler. Theaterstück (Erstaufführung: Berliner Ressource, 15.11.1886).

Der Heide. Roman. Berlin 1891.

Der Untergang. Roman. Berlin 1892.

Die stille Insel. Schauspiel in 4 Akten. Berlin 1894.

Die Sünder. Eine Liebesgeschichte. Berlin 1894 (Köln ²1909).

Niemand weiß es. Stück in 3 Aufzügen. München 1895 (Erstaufführung: Berlin, 26.10.1895); Übersetzung ins Französische: Nul ne le sait. Pièce en trois actes. In: Revue bleue. Paris Mai 1903, S. 580-621.

Geistige und künstlerische Beziehungen zwischen Deutschland und Frankreich. In: 25 Jahre deutscher Zeitgeschichte, 1872-1897. Berlin 1897, S. 139-148.

Die Königin. Schauspiel in 3 Aufzügen. Köln 1898 (Erstaufführung: Wien, 15.4.1899); stark überarbeitet in 4 Aufzügen. Köln 1904; Übersetzung ins Dänische. Charlottenlund 1911.

Pariser Tagebuch. München 1908; Neuausgabe Berlin 1927.

Spaziergänge. Köln 1909.

Die Riesen (»Der Rabenwald«). Ein Drama (unveröffentlichtes Manuskript, 1901, in Privatbesitz).

(Titel unbekannt). Ein Schauspiel (1907 in der Korrespondenz mit Otto Brahm erwähnt).

Vollendete Tatsachen, 1914-1917. Berlin 1918.

Das Vorspiel. München 1924; Paris 1926.

Anatole France. Berlin 1924 (Privatdruck).

Der Krieg des Pontius Pilatus. Zürich 1934.

Übersetzungen: La Guerre de Ponce Pilate, Paris 1936, The Eve of 1914, London 1935, The Eve of 1914, New York 1936, sowie Valka Pontia Pilaáta, Prag 1937.

Der Marsch durch zwei Jahrzehnte. Amsterdam 1936.

Übersetzungen: Through two Decades, London 1936, Le Peuple en Marche, Paris 1937; (Titel unbekannt), Florenz (Verlag Sansoni); stark erweiterte Neuausgabe u.d.T. »Die Wilhelminische Epoche«. Hg. von Bernd Sösemann. Frankfurt am Main 1989.

Die Schwimmerin. Ein Roman aus der Gegenwart. Zürich 1937.

Theodor Wolff. »Die Juden«. Ein Dokument aus dem Exil 1942/43. Hg. und eingeleitet von Bernd Sösemann. Königstein/Ts. 1984.

Übersetzungen von Theodor Wolff

Das Glück (»La Veine«, 1901). Komödie in vier Aufzügen von Alfred Capus (Regie-Buch). Berlin o.J. [1902].

Unbekannter deutscher Titel (»Le Voile du Bonheur. Pièce en un acte«. Paris 1901). Musikstück von George Clémenceau (Übersetzung 1902/03?).

Verliebt (»Amoureuse«, 1891). Komödie in drei Akten von Georges Porto-Riche, o.O., o.J. [Berlin 1902; Erstaufführung: Wien, 10.10.1903].

Die Schlossherrin (»La Châtelaine«). Schauspiel in vier Akten von Alfred Capus. Berlin 1903.

Der Gegner (?). Ein aus dem Französischen übersetztes Schauspiel in vier Akten (unbekannter Titel). Berlin 1904.

Die Scheidung (»Un Divorce«, 1904). Roman von Paul Bourget. [Berlin 1905].

Der Spielpächter (»Monsieur Piégois«, 1905). Komödie in drei Akten von Alfred Capus (Französisches Theater 14). Berlin o.J. [1906].

Schriften zu Theodor Wolff

Sösemann, Bernd: Das Ende der Weimarer Republik in der Kritik demokratischer Publizisten. Theodor Wolff, Ernst Feder, Julius Elbau, Leopold Schwarzschild (Abhandlungen und Materialien zur Publizistik 9). Berlin 1976.

Köhler, Wolfram: Der Chefredakteur Theodor Wolff. Ein Leben in Europa, 1868-1943. Düsseldorf 1978.

Sösemann, Bernd: Periode des Übergangs oder »Ende des Systems«? Liberale Publizistik im Weimar der Präsidialkabinette. In: Thomas Koebner (Hg.): Das Ende Weimars (Suhrkamp-Taschenbuch-Materialien, Bd. 2018). Frankfurt a. M. 1982, S. 143-181.

Theodor Wolff. Tagebücher. 1914-1919. Der Erste Weltkrieg und die Entstehung der Weimarer Republik in Tagebüchern, Leitartikeln und Briefen des Chefredakteurs am »Berliner Tageblatt« und Mitbegründers der »Deutschen Demokratischen Partei«. Hg. von Bernd Sösemann (Deutsche Geschichtsquellen des 19. und 20. Jahrhunderts 54), 2 Bde. Boppard/Rh. 1984.

Theodor Wolff. Erlebnisse, Erinnerungen, Gedanken im südfranzösischen Exil. Hg. und eingeleitet von Margrit Bröhan (Schriften des Bundesarchivs 41). Boppard/Rh. 1992.

Theodor Wolff. Der Journalist. Berichte und Leitartikel; ders. Der Publizist. Feuilletons, Gedichte und Aufzeichnungen; ders. Der Chronist. Krieg, Revolution und Frieden im Tagebuch 1914-1919. Hg. von Bernd Sösemann. Düsseldorf 1993, 1995, 1997.

Goldbach, Christel: Distanzierte Beobachtung. Theodor Wolff und das Judentum. »… es sind zwar nicht meine Kerzen, aber ihr Licht ist warm«. Oldenburg 2002.

Porges, Reinhard: Theodor Wolff. The Writer in Exile 1933-1943. Saarbrücken 2010.

Sösemann, Bernd: Theodor Wolff. Ein Leben mit der Zeitung. Stuttgart ²2012.

Ausgewählte Veröffentlichungen zum Thema und zur Epoche

Ammann, Thomas/Stefan Aust: Hitlers Menschenhändler. Das Schicksal der »Austauschjuden«. Berlin 2013.

Asholt, Wolfgang: Gesellschaftskritisches Theater im Frankreich der Belle Époque, 1887-1914 (Studia Romanica 59). Heidelberg 1984.

Blei, Maria: Tagebuch für Tochter Billy: »Deine Liebe ist wild wie der Sturzbach«, hg. von Angela Reinthal mit einem Essay von Gerhard Hubmann unter Mitarbeit von Marianne da Ros, Wien, Köln, Weimar 2018.

Bröhan, Margrit: Walter Leistikow. Berlin ³1989.

Castonier, Elisabeth: Stürmisch bis heiter. Memoiren einer Außenseiterin. München 1964.

Corinth, Lovis: Das Leben des Walter Leistikow. Ein Stück Berliner Kulturgeschichte. Berlin 1910.

Durieux, Tilla: Meine ersten neunzig Jahre. Erinnerungen. Herbig, München 1971.

Härtsch, Fritz: Rudolf Mosse – ein Verleger revolutioniert das Werbegeschäft. 125 Jahre Mosse Zürich. Zürich 1996.

Theodor Herzl, Zionistisches Tagebuch. 1899-1904, bearb. von Johannes Wachten, in: Theodor Herzl. Briefe und Tagebücher, hg. von Alex Bein, Bd. 3. Berlin 1985.

Jurt, Joseph: Frankreichs engagierte Intellektuelle. Von Zola bis Bourdieu (Kleine politische Schriften 19). Göttingen ²2012.

Kaiser, Gerhard R. (Hg.): Deutsche Berichte aus Paris, 1789-1933. Zeiterfahrung in der Stadt der Städte. Göttingen 2017.

Kraus, Elisabeth: Die Familie Mosse. Deutsch-jüdisches Bürgertum im 19. und 20. Jahrhundert. München 1999.

Meister, Sabine: Die Vereinigung der XI – die Künstlergruppe als Keimzelle der organisierten Moderne in Berlin, phil. Diss. Freiburg, 2006 (https://freidok.uni-freiburg.de/data/2769).

Nadolny, Sten. Ullsteinroman. München 2003.

Oliwkowski, Christine: Die Familie Mosse und das Rittergut Schenkendorf 1896-1996. Ein Beitrag zur Regionalgeschichte. Potsdam 2017.

Reinthal, Angela: Das Deutsche Tagebucharchiv in Emmendingen. In: Jahrbuch für Internationale Germanistik 49 (2017), Heft 1, S. 85-96.

Sinsheimer, Hermann: Gelebt im Paradies. München 1953.

Sösemann, Bernd: Exerzierfeld und Labor deutscher Geschichte. Berlin im Wandel der deutschen und europäischen Politik zwischen 1848 und 1933. In: Werner Süß/Ralf Rytlewski (Hg.), Berlin. Die Hauptstadt. Vergangenheit und Zukunft einer europäischen Metropole. Bonn 1999, S. 100-120.

Zimmermann, Moshe: Deutsch-jüdische Vergangenheit: Der Judenhaß als Herausforderung. Paderborn 2005.

Abbildungsnachweise

Bundesarchiv, Koblenz 14, 19, 27
AKiP o (Frontispiz),1,2,3,4,5,6,7,8,9,10,11,13,16,17,18,22,23,24,
  25,26
Privatbesitz 15,20,21
Staatsbibliothek, Berlin 12

Gedruckt mit freundlicher Unterstützung
der Stiftung Pressehaus NRZ, Essen,
und dem Bundesverband Deutscher Zeitungsverleger e. V., Berlin

Bibliografische Information der Deutschen Nationalbibliothek
Die Deutsche Nationalbibliothek verzeichnet
diese Publikation in der Deutschen Nationalbibliografie;
detaillierte bibliografische Daten sind im Internet
über http://dnb.d-nb.de abrufbar.

© Wallstein Verlag, Göttingen 2018
www.wallstein-verlag.de
Vom Verlag gesetzt aus der Aldus
Umschlag: Marion Wiebel, Wallstein Verlag
Umschlagfoto: Theodor Wolf mit seinen drei Kindern Richard, Rudolf und
Lilli am Strand in Noordwijk (undatiert), ©AKiP, FU Berlin.
Lithografie: Schwab Scantechnik, Göttingen
Druck und Verarbeitung: Hubert & Co, Göttingen
ISBN 978-3-8353-3295-9